Claus Leggewie

Zukunft im Süden

Claus Leggewie

Zukunft im Süden

Wie die Mittelmeerunion Europa wiederbeleben kann

edition Körber-STIFTUNG

CPI
Mehr Bäume. Weniger CO_2.
www.cpibooks.de/klimaneutral

MIX
Papier aus verantwortungsvollen Quellen
FSC www.fsc.org FSC® C083411

Bibliografische Information der Deutschen Nationalbibliothek

Die Deutsche Nationalbibliothek verzeichnet diese Publikation in der Deutschen Nationalbibliografie; detaillierte bibliografische Daten sind im Internet unter http://dnb.d-nb.de abrufbar.

Umschlag: Groothuis, Lohfert, Consorten | glcons.de
Coverfoto: Colourbox
Illustration: studio animanova / Christoph J Kellner
Karte: Dr. Hans-Joachim Kämmer | kartographie-kaemmer.de
Herstellung: Das Herstellungsbüro, Hamburg |
buch-herstellungsbuero.de
Druck und Bindung: CPI – Clausen & Bosse, Leck
Printed in Germany

ISBN 978-3-89684-093-6

www.edition-koerber-stiftung.de

Für Dany Cohn-Bendit, den europäischen Freund

Inhalt

Geistiger AUSTAUSCH vom Land
HÄNDLER
TOURISTEN
STUDENTEN
PILGER
OLIVEN
WEIN
BAHNHOF
JUSTIZ
MÜNZE ZOLL
LAND WIRTSCHAFT
GELD TRANSFER GASTARBEITER
BANK
UNIVERSITÄT
SCHULE
FESTUNG
RATHAUS
STERNWARTE
POLIZEI
Markt-Platz
MUSEUM THEATER
VERSICHERUNG
KIRCHE
MOSCHEE
HOSPITAL
SYNAGOGE
CONTAINER LAGER
SCHIFF
HANDWERK
INDUSTRIE
HAFEN
VERNETZUNG
EMISSION
FISCH FANG FLOTTE
N
SALZ & Fisch
KREUZFAHRTEN
vom MEER
FLÜCHTLINGE
PIRATEN
S

Unser Meer?
Die Zukunft im Süden*

»Wenn wir von menschlicher Vervollkommnung träumen,
vom Stolz und Glück der Humanität,
dann wendet sich unser Blick dem Mittelmeer zu.«
GEORGES DUBY (1987)

Noch ist Europa nicht verloren. Krisen gehören schließlich zur Geschichte der europäischen Einigung und waren auf eine bestimmte Weise sogar der Motor der Integration und Anstoß für jede weitere Stufe der Vergemeinschaftung. Eine Lebensversicherung ist das offensichtlich nicht, selbst der Einsturz des ganzen europäischen Hauses ist möglich. Und das hieße im Extremfall: eine Rückkehr von Unsicherheit, Gewalt und Massenarmut nicht nur an den Rändern, sondern auch in Kerneuropa, dessen Verheißung doch stets die Übertragung immerwährender Stabilität und garantierten Wohlstands auf

* In diesem Essay wird auf einen wissenschaftlichen Anmerkungsapparat verzichtet. Interessierte Leserinnen und Leser finden ab Seite 242 (bio-)bibliografische Hinweise zur vertieften und weiterführenden Lektüre.

den gesamten Kontinent war. Die Versuchung nationaler Alleingänge nach dem Motto »Rette sich, wer kann« ist groß, überall propagieren Rechtspopulisten im Bunde mit der Boulevardpresse die Selbstzerlegung der Union und bringen sich als parlamentarische Blockadeopposition in Stellung.

Denkbar sind aber auch ganz andere Entwicklungen, ein besser und umfassender »Vereintes Europa« nämlich, wie es das deutsche Grundgesetz schon immer im Blick hat. Die Krise des Südens, die auch eine Midlife-Krise der gesamten EU ist, wäre dann Ausgangspunkt einer grundlegenden Reform, die Erweiterung *und* Vertiefung der Union in einem neuen, euro-mediterranen Regionenverbund betreibt. Ausgerechnet Griechenland et alii sollen das bewirken? Die *Méditerranée* war und ist für viele Menschen nicht nur ein beliebtes Reiseziel und in gewisser Hinsicht eine angenommene Lebensform, sondern eine Quelle intellektueller und wissenschaftlicher Inspiration. Es mag wie eine Trotzreaktion wirken, wenn ich, kontrafaktisch und antizyklisch, die »Zukunft im Süden« erblicke.

Aber genau das ist mein *real*utopischer Gegenentwurf zur vorherrschenden Fatalität des Scheiterns und zur frivolen Beschwörung des Zerbrechens, die Europa seit Jahren lähmen und entkräften. In Sachen Europa wird entschieden zu viel Vergangenheit bewältigt, zu wenig nach vorn gedacht. Jüngere können schwer nachvollziehen, wenn Angehörige der Kriegs- und Nachkriegsgeneration als Ursprungsmantra der Europäischen Union immer wieder die Katastrophe Europas im Zweiten Weltkrieg und seine Wiedergeburt als Friedensprojekt beschwören. Nachgeborene sehen das nüchterner: Interrail und Erasmus haben sie in den letzten Winkel Europas gebracht, von Frankfurt nach Marseille zum Beispiel benötigt der ICE knapp acht Stunden. Bologna-Abschlüsse werden überall anerkannt. Und die EU macht das grenzüberschreitende Telefonieren und Surfen immer billiger.

Der Ansatz muss also ein anderer sein. Nicht eine große Vergangenheit gilt es zu beschwören oder schmutzige Euro-Wäsche zu waschen, vielmehr geht es um die Wege zu einer Union neuen Typs und deren Zukunftschancen, die auch ohne die aktuelle Krise zu ergreifen gewesen wären: Die überfällige Korrektur des chaotischen Finanzkapitalismus, dessen Irrwitz sich im Süden besonders drastisch gezeigt hat, möge sich verbinden mit der Energiewende in ganz Europa, dem entschiedenen und zügigen Umstieg von fossilen auf erneuerbare Ressourcen, also dem wichtigsten Transformationsprojekt seit der industriellen Revolution. Beides unterstützt die Autokraten-Dämmerung rund ums Mittelmeer und beflügelt eine Demokratiebewegung, die den Keim und Eckpfeiler einer transnationalen Bürgergesellschaft bildet. Es gibt Alternativen zur vermeintlichen Alternativlosigkeit eines fantasielosen Krisenmanagements.

Die europäische Öffentlichkeit, darunter die professionelle Außen- und Europapolitik, Denkfabriken und Beratungseinrichtungen, auch die meisten Unternehmen und Interessenverbände haben solche Perspektiven bisher weitgehend ignoriert und entwickeln kaum Szenarien jenseits von *Grexit*, der Ausstiegsoption für Griechenland und die anderen »PIGS« (Portugal, Italien und Spanien). Alte Loyalitäten und Pfadabhängigkeiten beherrschen ihr Denken, zu den sozialen und politischen Bewegungen im Süden wie im Norden finden sie kein Verhältnis. Bei ihnen hat sich ein Zerrbild der Mittelmeerregion als Sorgenkind, Gefahrenzone und Austrittskandidatin verfestigt, für die wirtschaftlich wie politisch die Exklusion geboten wäre. Wenn die Griechen dauernd falsch wählen, dann missverstehen sie offenbar die von ihren Vorfahren begründete Demokratie. Oder gilt das eher für uns?

Auch der Arabische Frühling von 2011 war im Norden weder gewollt, noch wurde er von dort tatkräftig unterstützt. Wenn aus ihm in Tunesien und Ägypten nun islamistische Regierungen hervorgegangen sind, sieht man sich in der europäischen Wagenburg, ähnlich wie im Staat Israel, in der Einschätzung des Arabischen Herbstes als Sicherheitsrisiko bestätigt. Stabilität geht immer noch vor Freiheit. Übertriebene Angst vor Terror und Flüchtlingen lähmt die politische Fantasie der Europäer. Kerneuropa, so lautet die traurige Botschaft, ginge es ohne seine südliche Peripherie besser. Rette sich, wer kann, bevor die Länder wie Dominosteine fallen.

»Zukunft im Süden« bezieht eine klare Gegenposition. Die Probleme des Südens – exemplarisch die Immobilienspekulation in Spanien und die griechische Klientelbürokratie – sind vielfach hausgemacht, aber sie wurden durch Einflüsse aus dem Norden verschärft, und Auswege aus der akuten Krise und Kooperationsperspektiven für die nächsten Jahrzehnte finden wir nur gemeinsam. Viel zu kurzsichtig war das Umschalten von der neoliberalen Austeritätspolitik *Merkozys* (Sanieren durch Rettungsschirme und Budgetkontrolle) auf die keynesianische Wachstumspolitik *Merkhollandes* (Strukturhilfen und Konjunkturprogramme), denn auch Letztere schafft den Gesellschaften am Mittelmeer per se keine nachhaltige Zukunft.

Als im Frühsommer ein deutscher Oppositionspolitiker im *heute-journal* aufgefordert wurde, Beispiele für eine politische Alternative zu nennen, wiederholte er nur mechanisch das Wort »Wachstum« und reagierte beleidigt, als der Anchorman auf Konkretisierung beharrte. Erst allmählich dämmerte es auch der in Frankreich siegreichen und andernorts im Wartestand befindlichen rot-grünen Opposition, dass man Wirtschaftswachstum heute als nachhaltige Entwicklung qualifizieren muss. Griechenland benötigt zum Beispiel keinen Ausbau der Lkw-Parkplätze (wie es europäische Konjunkturprogramme nach dem Lehman-Crash 2008 vorsahen), vielmehr benötigt ganz Europa erneuerbare Energien, fairen Handel, sozialverträglichen Umweltschutz und ein intelligentes Konzept lokaler und überregionaler Mobilität, also eine echte Transformation zur Nachhaltigkeit.

Griechenland kann dazu als Solarstandort wesentlich beitragen und den südlichen Balkan in eine europäische Energieunion einbeziehen helfen. Es ist diese Sorte von Ideen, die Europa bei den Jüngeren hoffentlich wieder attraktiv macht, eingebettet in ein Konzept des demokratischen Friedens für die gesamte Region. Würde und Arbeit waren die Parolen des Arabischen Frühlings und der Zeltstädte von Madrid bis Tel Aviv. Ob Europa dies den Jungen bieten kann, daran entscheidet sich das Schicksal der EU, sicher nicht an der Zahl der »geretteten« Banken.

Wertschätzung und Respekt für den Süden heißt wie gesagt nicht, den hausgemachten kapitalen Schwächen der Krisengesellschaften rund um das Mittelmeer Absolution zu erteilen. Selbstkritische Stimmen, die in der EU nicht bloß den Sündenbock erblicken, gibt es bisher eher vereinzelt. Es hilft aber auch nicht, sozusagen *azzurophil* den Spieß herumzudrehen und den »heißen« (anarchischen, liebenswerten etc.) Süden gegen den »kalten« (vermeintlich ordnungsfanatischen, sparwütigen etc.) Norden zu verteidigen. Aus dem Süden wahlweise den Untergang oder die Heilung Europas zu erwarten, ist magisches Denken.

Politische Himmelsrichtungen sind genauso obsolet geworden wie die parlamentarische Sitzverteilung des 19. Jahrhunderts. Beide ignorieren die gemeinsamen Grenzen des Erdsystems und die für alle gegebenen Begrenzungen des wirtschaftlichen Wachstums. Das gilt sogar für das 2012 in Rio de Janeiro ausgerufene Programm grünen Wachstums für den globalen Süden. *Green growth*, das Mantra der Vereinten Nationen und der G20, muss sich verbinden mit der menschlichen Entwicklung und den Möglichkeiten guten Lebens, die der Finanzkapitalismus im Norden wie im Süden unterminiert hat. Ohne seine grundlegende Reform und ohne die Wiederentdeckung von globalen und regionalen Allmendegütern bleiben auch die für den Mittelmeerraum vorgeschlagenen Reformansätze Makulatur.

Für eine »Europäische-cum-Mittelmeerunion« neuen Typs gibt es viel zu tun. Vier Politikbereiche und Aufgabenfelder scheinen mir vorrangig und gut zu verbinden zu sein:

1. Das beginnt mit einer Nordwesteuropa, den Mittelmeerraum und Afrika südlich der Sahara verbindenden Energie-

union, einer Art »Montanunion« der heutigen Zeit, die analoge Integrationswirkungen für die gesamte Region auslösen mag wie die Europäische Gemeinschaft für Kohle und Stahl (EGKS alias Montanunion) in den 1950er Jahren für die Vergemeinschaftung Kerneuropas. Die Oligopole der Energieerzeugung im Norden werden damit ebenso obsolet wie die Rentenregime im Süden.

2. Dazu bedarf es einer gründlichen Revision der ökonomischen Arbeitsteilung und demografischen Bewegungen zwischen Norden und Süden: Seit Jahrzehnten dominiert der Handelsaustausch von agrarischen und mineralischen Rohstoffen aus dem Süden gegen langlebige Konsumprodukte und teure Investitionsgüter aus dem Norden, flankiert durch eine transnationale Migrationsbewegung, bei der sich – seit nunmehr sechs Jahrzehnten – die Wege der Arbeit suchenden »Gastarbeiter« und Schutz begehrenden Flüchtlinge aus dem Süden mit denen der sonnenhungrigen Touristen, Frühpensionäre und Geschäftsleute kreuzen. Fairer Handel, würdige Arbeit für alle und soziale Gerechtigkeit über die nationalen Grenzen hinweg müssen an die Stelle dieser schleichenden Expropriation des Südens treten, von der am Ende nur sehr wenige profitiert haben. Beginnen muss dies mit einer grundlegenden Revision der inhumanen Flüchtlingspolitik des FRONTEX-Abschreckungsregimes, dem jährlich Hunderte von Boat People und illegalen Grenzüberschreitern zum Opfer fallen. Der Norden Europas benötigt Immigration und sollte sie willkommen heißen. Die Mauer in Berlin ist 1989 nicht gefal-

len, damit sie in der Mittelmeerregion wieder aufgebaut wird.

3. Da der Tourismus als Monokultur fast die gesamte Mittelmeerregion prägt, schließt die Infragestellung der herkömmlichen Arbeitsteilung auch diesen Bereich ein, der die bedenklichsten Formen des »Billig & Ballermann-Tourismus« bis zu avancierten Formen eines »Sanften Tourismus« umfasst. Möglich ist der Übergang zu einem wirtschaftlich nachhaltigen und sozial- wie umweltverträglichen Massentourismus, der sich vom bewusstlosen Sonnenbad in eine respektvolle interkulturelle Begegnung verwandeln soll. Die mit dem Massentourismus verbundenen Erscheinungen (darunter die Immobilienblase) sind wie eine schwärende Wunde. Sollen die Gesellschaften des Südens nicht an ihr ausbluten, ist ein Überdenken der gesamten transmediterranen Mobilität unabdingbar.

4. Der Zielpunkt des Massentourismus ist die Mittelmeerküste und das unmittelbare Hinterland. Zwar ist die Wasserqualität des Mittelmeers im Vergleich zu anderen marinen Zonen noch relativ gut, aber der Schutz des Meeres, etwa bei der Vermeidung weiterer Überfischung, ist auch hier geboten. Das Mittelmeer ist, wie die meisten Ozeane und Meeresregionen der Welt, zum Brunnen und zur Rinne (oder Kloake) degradiert worden, und das wiederholt sich bei der symbolischen Ausplünderung des Mythos Mittelmeer, der als Projektionsfläche für alle möglichen individuellen Ambitionen und Nostalgien dient, aber als kollek-

tive Identität stiftendes Europa-Narrativ an Glanz verloren und ausgedient hat. Die Mediterranée ist nur noch ein Flair, eine Marke, ein App. Der *genius loci* ist verloren gegangen. *MareNostrum* nennt sich bezeichnenderweise ein Supercomputer an der Polytechnischen Universität in Barcelona.

Mare Nostrum nannten die Römer auf dem Höhepunkt ihrer imperialen Ausdehnung an allen Küsten des Mittelmeers »ihr« damit entstandenes »Binnenmeer«, das sie als Seemacht kontrollierten und wirtschaftlich ausbeuteten. Auf diesem Meer regiert heute die sechste Flotte der Vereinigten Staaten, über dem Meer die NATO-Luftstreitkraft, die in Libyen interveniert hat, während sich Russland in Syrien an den letzten von der Sowjetunion errichteten Stützpunkt Tartus klammert; und zwischen Israel und dem Iran droht ein Konflikt, der sogar mit ABC-Waffen geführt werden könnte. Nicht zu vergessen sind auch der Jugoslawienkrieg 1991 bis 1995, die Scharmützel zwischen den NATO-Mitgliedern Griechenland und Türkei um die Ägäisregion, die latenten Konflikte zwischen Slowenien und Kroatien (und Italien) und die niemals befriedeten Aufstände der Basken und Kurden. Selbst um die Enklave Gibraltar gibt es neuerdings Wortgefechte zwischen Spanien und Großbritannien.

Ungeachtet dieser Machtkonflikte, die zum Teil auf den Kalten Krieg zurückgehen, zum Teil aber auch den Zerfall der bipolaren Weltordnung und das Vordringen neuer Mittelmächte signalisieren, ist die Mittelmeerregion heute eher eine Nische der Weltpolitik, die die Europäische Union lange verkannt und vernachlässigt hat. »Unser Meer« hieße also, den Süden ohne imperiale Attitüden und Rivalitäten und ohne eine von Kurzfristdenken beherrschte Nutzungsambition als historischen Kern Europas zu rehabilitieren und dort ein ebenso zeitgemäßes wie zukunftsfähiges Friedens- und Entwicklungsprojekt aufzulegen.

Das Krisenmanagement für den Süden muss deswegen einhergehen mit der Verfassungsentwicklung der gesamten Europäischen Union. Nicht nur die »Problemländer« verlieren dabei an nationaler Souveränität, auch Deutschland (wie Frankreich etc.) wird künftig ein Land des Vereinten Europa sein, wie jetzt das Saarland, Nordrhein-Westfalen und der Freistaat Bayern Länder der Bundesrepublik sind. Deutschland kann auch nicht mehr, im Bunde mit Frankreich oder nicht, der Hegemon sein. Solche Erwägungen sind nicht nur in Paris und Berlin (oder analog in London und Warschau) schwer auszuhalten, würde man die Nationalstaaten und die an sie gebundene Volkssouveränität relativieren und nicht gleichzeitig für eine Struktur sorgen, die ihnen in einem subsidiär und föderal aufgelockerten Geflecht Raum gibt. Unzureichend legitimiert bliebe eine politische Union auch dann, wenn ihre starke Zentrale durch ein aufgewertetes Parlament kontrolliert würde. Zu einem Vereinten Europa gehören starke Kerne ebenso wie vitale Peripherien, verbunden durch subregionale föderale Zusammenschlüsse.

Keime solcher Zusammenschlüsse sind etwa die informelle Ostsee-Union mit den baltischen und skandinavischen Staaten, Polen und Deutschland oder die Alpen-Adria-Union (mit Österreich, Italien, Slowenien), die Balkan-Union, eine privilegierte Partnerschaft der EU mit Russland und der Türkei, und natürlich die im Folgenden ins Zentrum gerückte Mittelmeer-Union, die wir als Muster einer föderativen und subregionalen Ordnung in Europa und über die Grenzen der heutigen EU hinaus betrachten. Das »Europa der Regionen« war bisher ein Terminus für die sprachlich-kulturelle Vielfalt des Kontinents und die Rechte der ethnischen Minderheiten in den verschiedenen Nationalstaaten, die sich in regionaler Autonomie niederschlagen sollten. Heute müsste ein »Europa der Regionen« weniger provinziell angelegt sein, eher als eine locker gefügte Verbindung subregionaler Verbünde, die neben den Parlamenten und Assoziationen der Zivilgesellschaft einem in Brüssel etablierten »Superstaat« Paroli bieten und supranationalen Entscheidungen Legitimation verschaffen kann. Allein auf diesem emergenten Wege, so lautet die These dieses Buches, im Tumult der Krise also, können eine diversifizierte europäische Gesellschaft und Öffentlichkeit, eine echte EU-Bürgerschaft und ein supranationaler Souverän entstehen, der sich – darauf wartet die Welt nach Jahren lähmender europäischer Selbstverschweizerung und Krisenlamento – auch als globaler Akteur zurückmeldet. Ein Europa, das eine politische Alternative bietet zum Rohstoffimperialismus der chinesischen Autokratie, zur ideologischen Selbstzerstörung der im Abstieg befindlichen Supermächte USA und Russland, zur desaströsen Dominanz aus dem Ruder gelaufener Finanzakteure und zur wachsenden Bedrohung durch politische Gewaltunternehmer aus gescheiterten Staaten. Die Verbesserung der politischen Kooperation auch über die Grenzen der heutigen EU hinaus ist dazu unabdingbar.

Es gibt Alternativen ...

	Krisenphänomene	Horrorszenario	Präventionspolitik	Alternative Entwicklung
Ökonomie	Staatsschulden, Bankenkrise Stagnation	»Fass ohne Boden« Chaos, Domino-Effekte	Ausschluss der EU-Krisenstaaten, Rückzug aus MENA	Nachhaltiges Entwicklungsprogramm (Energie, Touristik, Handel, Bildung)
Kultur	islamistische Regierungen antiwestliche Orientierung politische Instabilität	»Al Qaida ante portas« (failed states) »Eurabia« Atomkonflikt Israel – Iran	Anti-Terror-Kampf Cordon sanitaire Kulturkampf Abschreckung	Demokratieförderung, Stärkung der Zivilgesellschaft Interkulturelle Kooperation Strategien demokratischen Friedens
Sicherheit	Massenwanderung aus MM-Region und Transit Subsahara / MENA / Asien	Unsicherheit und Gewaltkonflikte in den Metropolen, Überfremdung	Abschottung, Stärkung der Grenzregime	Rationale Migrationspolitik Strukturhilfe in den Auswanderungsregionen

Mein folgender Versuch über den »nahen Süden« folgt dem im Schaubild dargelegten Dreischritt: Erst werden die Probleme der euro-mediterranen Integration benannt (und dabei die einschlägigen Horrorversionen verworfen), dann kritisiere ich die aus meiner Sicht zu kurz gegriffenen Präventions- und Abschottungspolitiken, schließlich zeige ich Möglichkeiten auf und skizziere Lösungswege.

In Kapitel eins (Europäische Peripherie) möchte ich die überwiegend dunkle Wahrnehmung des Mittelmeerraums als Bedrohung für die ökonomische Stabilität, die politische Sicherheit und die kulturelle Identität des Nordens durch freundlichere Lesarten der aktuellen Krisen aufhellen. In Kapitel zwei (Große Vergangenheit) sollen die Potenziale des Mittelmeerraums als »Wiege der Zivilisation« vor allem mit Blick auf das dynamische Netzwerk der mediterranen Städte, die Offenheit seiner Grenzen und die Interkonnektivität des Personen- und Warenverkehrs zwischen den Küsten aus der Geschichte der Region entwickelt werden. In Kapitel drei (Petit Tour) wird dieser Überblick anhand einer Rundreise durch vier subjektiv ausgewählte Mittelmeerstädte (Haifa, Dubrovnik, Algier und Istanbul) illustriert und in die Gegenwart überführt. Kapitel vier (Phönix aus der Asche) unternimmt einen Rückblick auf die Schwächen der euro-mediterranen Vergemeinschaftung seit 1945 und beschäftigt sich mit der Frage, wie eine neue Mittelmeerunion aussehen könnte. Kapitel fünf (Blaue und grüne Wunder) gibt dazu Anregungen aus exemplarischen Feldern der Nachhaltigkeitspolitik: Energieunion, Meeres-Governance, Sanfter Tourismus und interkulturelle Kooperation. Kapitel sechs (Europa in besserer Verfassung) versetzt diese Politikfelder der Nachhaltigkeit in eine zeitgemäße Euro-Politie jenseits der Nationalstaaten. Der Ausblick skizziert die Zukunft nicht nur des Südens mit Blick auf eine

Utopie der Gabe, die die politische Union Europas und des Mittelmeers vom Joch des reinen Nutzendenkens befreien und die regionale Kooperation der demokratischen Völker auf eine neue Grundlage stellen soll.

I. Europäische Peripherie
PIGS und andere Unruhestifter

»Es bietet uns alles andere als einen beruhigenden Anblick.«
PREDRAG MATVEJEVIĆ ÜBER DAS MITTELMEER
(»WELT-EX«, 1997)

PIGS – welcher Börsianer oder Eurokrat oder Clown auch immer sich dieses Schweine-Akronym für die Gruppe der südeuropäischen Sorgenkinder **P**ortugal, **I**talien, **G**riechenland, **S**panien ausgedacht haben mag, es steht für die Krise der gesamten Europäischen Union. Im Norden möchten viele das Quartett lieber heute als morgen loswerden, im Süden herrscht die passende Los-von-Brüssel-Stimmung. Und alle gemeinsam beschwören einen Nationalstaat, der noch weniger steuern und bewirken könnte als die zunehmend in Zweifel gezogene supranationale Gemeinschaft. Die europäische Peripherie von Portugal über die nordafrikanischen Staaten bis nach Griechenland gilt als Bedrohungszone, fast wie der Ostblock im Kalten Krieg. Im Süden – einst eine politische Himmelsrichtung, die in der populären Vorstellung und politischen Kultur eher positive und heitere Assoziationen weckte – orten Politiker und öffentliche Meinung heute die größten Sicherheitsrisiken: islamistischen Terror, Euro-Crash (mit Domino-Effekt für die gesamte Finanzarchitektur) und Flüchtlingswellen aus dem globalen Süden.

Eine frivole Kassandra-Stimmung beherrscht die Talkshows und Boulevardzeitungen, in denen die Durchstechereien südländischer Politiker, Al-Qaida-Kommandos an der türkisch-syrischen Grenze oder im Maghreb und drogendealende Illegale in den Metropolen des Nordens genüsslich ausgeschlachtet werden. Die realen Probleme, die der Staatsbankrott von EU-Staaten, die Machtübernahme von Islamisten im Nahen Osten und der Flüchtlingsstrom über das Mittelmeer darstellen, sollen hier keineswegs ignoriert oder verharmlost werden. Doch Angst ist ein bekanntlich schlechter Ratgeber. Hilfreicher wäre eine sachliche Bestandsaufnahme der Lage im Mittelmeerraum, die – wie jede Krise – stets auch Innovationschancen in sich birgt, nämlich die ökonomische Transformation zur Nachhaltigkeit, demokratischen Wandel und eine rationale Migrationspolitik.

Vom Euro-Crash zur nachhaltigen Transformation

Milliardenschwere »Rettungspakete« haben keine auch nur kurzfristige Stabilisierung der südeuropäischen Volkswirtschaften erreicht, nicht einmal die Haushaltsdefizite ausgeglichen oder verringert; vielmehr kam es seit 2008/09 zu galoppierender Massenarbeitslosigkeit, zu strangulierenden Einbußen an Reallöhnen und Einkommen und zum Einbruch der öffentlichen und privaten Investitionen. Als Resultat der Sparmaßnahmen des Jahres 2011 wurde für Griechenland ein Rückgang des Wachstums um 5,5 Prozent, in Portugal um 4,6 Prozent, in Italien um 3,9 Prozent, in Spanien um 3,6 Prozent, aber auch in Deutschland um 1 Prozent bilanziert. So gut wie alle Indikatoren zeigen in so gut wie allen Mittelmeerländern nach unten (s. die Synopse »Euroméditerranée in Zahlen«, S. 232ff.). Das gilt nicht nur für das Bruttoinlandsprodukt, die Defizite in den Handels- und Leistungsbilanzen und die öffentliche Verschuldung, sondern auch für aussagekräftigere Indikatoren der humanen Entwicklung. Das Spardiktat, das die »PIGS« retten sollte, hat sie eher erdrosselt. Allein in Spanien sind in den letzten vier Jahren drei Millionen Arbeitsplätze verschwunden.

Der Sanierungskurs von »Merkozy« ist gescheitert (und damit auch die Politik der deutschen Bundeskanzlerin), ohne dass sich mit einem Kurswechsel von eisernem Sparen zur Förderung von Wachstum schon eine echte Alternative abzeichnen würde. Nach dem triumphalen Wahlsieg des französischen Sozialisten François Hollande im Mai 2012 sollte der Fiskalpakt, der den allesamt hoch verschuldeten EU-Ländern eine striktere Beachtung der Maastricht-Kriterien und eine Homogenisierung ihrer Steuerpolitik abverlangt, sozialverträglicher und wachstumsfreundlicher gestaltet werden. Das klingt besser als Austerität, aber man konnte sich leicht ausmalen, wie die EU unter dieser Parole nun Strukturmittel gießkannenartig über Not leidende Landschaften ausschüttet, auf dass sie sich in blühende verwandeln – mit unsinnigen Infrastrukturmaßnahmen, die dem Gros der pauperisierten und demoralisierten Bevölkerung kaum etwas bringen und in den Bereichen Mobilität und Raumplanung unerwünschte Lock-in-Effekte bewirken.

Europa muss besonders den Jungen im Mittelmeerraum mehr bieten. Südeuropa und die MENA-Staaten (Middle East & North Africa) weisen die im Weltmaßstab höchste Jugendarbeitslosigkeit auf. Unter den Jugendlichen ist dann bald jeder zweite ohne Job. Für sie heißt das: *a lost generation*, für Europa: *a failed idea*.

Die jüngste Wirtschaftskrise hat »Dritte Welt«-Zustände auf die europäische Wohlstandsinsel gebracht, aber auch alte Übel sichtbar gemacht: Die Unterbeschäftigung in den genannten EU-Ländern ist zurückzuführen auf fehlende Bildungsinvestitionen und unzulängliche Berufsbildungssysteme, ferner auf eine ideologisch motivierte Abwicklung der (in der Tat oft ineffizienten) Staatsbetriebe und die überstürzte Flexibilisierung der Arbeitsverhältnisse. Die mediterranen Gesellschaften, allen voran Spanien, haben sich seit 1970 also stark »modernisiert«, aber generell haben Regierungen und Staatsklassen rund um das Mittelmeer weiterhin zu stark auf ihre jeweiligen Rentenökonomien gesetzt. Das bedeutet: Sie haben sich einseitig auf Einkünfte aus dem Erdöl- und Erdgasexport, aus Einnahmen aus dem Grundbesitz, aus dem Tourismus und aus den Rücküberweisungen von Migranten verlassen und diese Einnahmen für unproduktive Ausgaben verschwendet, als gäbe es kein Morgen. Denn solche Renten produzieren kaum Spill-over- oder Ausstrahlungseffekte, sie werden eher für kurzfristigen (Luxus-)Konsum verwandt als für mittel- und langfristige Investitionen.

Hauptnutznießer waren in der Regel nicht dynamische Mittelschichten und Unternehmer, sondern eine schmale Schicht von Superreichen oder Angehörige der Staatsklasse, die sich nach innen durch Patronage und Vetternwirtschaft und nach außen durch privilegierte Beziehungen zu den Regierungen der westlichen und östlichen Partnerländer abgesichert haben. Die Umverteilung erreicht nur wenige Auserwählte oder über einen Wohlfahrtsapparat einen zwar größeren, aber immer noch abhängigen Kreis von Empfängern. Ein großer Teil des Volksvermögens in Griechenland wurde auf diese Weise klientelistisch verausgabt – nur war hier die staatliche Bürokratie der große Empfänger und Umverteiler.

Rentenökonomien sind besonders ausgeprägt in Gesellschaften, die vom Export gefragter Rohstoffe, vor allem von Erdöl und Erdgas, leben. Saudi-Arabien ist da (neben Russland) das klassische schlechte Vorbild. Als 2011 der Arabische Frühling ausbrach und den Gerontokraten in Riad Angst einjagte, schütteten sie rasch 130 Milliarden US-Dollar aus ihren Schatullen für diverse Wohltaten aus. Ähnliches geschah von Marokko bis Syrien. Eine sich selbst tragende Entwicklung mit anspruchsvollen Facharbeiterpositionen blieb aus, und auch gut ausgebildete Hochschulabgänger finden heute keine angemessenen Jobs vor Ort. Die Folge ist Migrationsdruck am unteren und oberen Ende der Sozialpyramide.

Die Daheimgebliebenen sind verfangen in einem Teufelskreis von Arbeitslosigkeit, sozialer Exklusion und Abhängigkeit von den ohnehin schwachen und lückenhaften Sozialsystemen an der südlichen Peripherie. Häufig nehmen Familien ihre Kinder wieder auf, aber auch ihr Zusammenhalt ist durch die Krise massiv betroffen. Wirtschaftssysteme werden informell und Arbeitsbiografien fragil, die Folge sind Entpolitisierung und soziale Anomie. Die meisten Eltern müssen ihren Kindern heute sagen: »Du sollst es einmal (noch) schlechter haben als wir ...!« Da bleibt, nach Hunderten von Absagen auf Bewerbungsschreiben, oft nur der Au-pair-Job im Norden oder, in Umkehr der bisherigen Immigrationsrichtung auf der Iberischen Halbinsel, die Abwanderung nach Brasilien oder Chile.

Der Sozial- und Wirtschaftswissenschaftler Albert O. Hirschman hat für Mitarbeiter schlecht funktionierender Unternehmen drei typische Optionen beschrieben: *exit, voice and loyalty*. Man kann diese Trias auf die südlichen Gesellschaften insgesamt übertragen. *Exit* heißt dann: Abwanderung nach Norden, wie gerade beschrieben. *Voice* bedeutet: außerparlamentarischer Protest – das waren die Zeltstädte und Occupy-Bewegungen des Jahres 2011, die von Tunis und vom Tahrir-Platz in Kairo über die Puerta del Sol in Madrid bis zum Rothschild-Boulevard in Tel Aviv wanderten. Verliert Europa zudem weiter an Ansehen und schafft es nicht zu »liefern«, käme mit den »großen Erzählungen« der Mittelmeerregion eine spezielle Form von *loyalty* zum Tragen: die Renaissance des politischen Islam oder eine Wiederbelebung des Klassenkampfs oder ethnischer Nationalismus. Das Vordringen der Moslembrüder und Salafisten deutet in die erste Richtung, das Erstarken der Syriza-Partei in Griechenland in die zweite, der Vormarsch der offen nationalsozialistischen *Goldenen Morgenröte* (Chrysi Avgi) in die dritte. Was all jene verbindet, ist Euro-Skepsis und die Stärke ihrer politischen, gegen den »Westen« und in der Regel auch gegeneinander gerichteten Feindbilder.

Der Norden Europas bleibt davon keineswegs verschont: Euro-skeptische, populistische und xenophobe Parteien sind auch im Norden die Krisengewinner, und ihre Basis sind häufig (vor allem männliche) Jugendliche. Sie begeistern sich für erklärte und militante Anti-Europäer wie Marine Le Pen, die im ersten Durchgang ein Fünftel der Franzosen als Staatspräsidentin haben wollten, oder Heinz-Christian Strache, der die lahmende Große Koalition in Österreich als Bundeskanzler beerben will. Geert Wilders' Freiheitspartei in den Niederlanden, die Alleanza Nationale bzw. die Lega Nord in Italien, die antisemitische Jobbik in Ungarn, die Fortschrittspartei in Norwegen und die Wahren Finnen haben sich mit zweistelligen Ergebnissen als Koalitionspartner aufgedrängt, in Griechenland haben 2012 die nationalistische ANEL und die neonazistische Chrysi Avgi ein Fünftel Protestwähler hinter sich gebracht. Zuspruch finden diese erklärten Anti-Europäer vor allem bei männlichen Erst- und Jungwählern. Die Misere der Mittelmeerregion bietet also auch der EU insgesamt Anlass genug, ihr Beschäftigungsproblem in den Blick zu nehmen, denn die Jugendarbeitslosigkeit liegt im EU-Durchschnitt heute bei weit über 20 Prozent. Ihnen wird aber vor allem ein Wort zum Trost angeboten: alternativlos.

Es gibt sie, die Alternativen zu den überkommenen Spekulations- und Rentenökonomien, deren Transformation mit dem Rückgang des Tourismus und dem Versiegen von Rohstoffquellen (Peak Oil) im Übrigen längst begonnen hat. Sie seien hier schon angedeutet (und im fünften Kapitel dann näher ausgeführt): An die Stelle des nur scheinbar profitablen Ballermann-Tourismus kann ein sozial- und umweltverträglicher Reiseverkehr treten, der auch das sensible Ökosystem Mittelmeer schützt; an die Stelle der Rohstoffexporte ein fairer Handel mit langlebigen Gebrauchsgütern; an die Stelle spekulativer Finanzgeschäfte im Immobilien- und Anlagensektor nachhaltige Investitionen in zukunftsfähige Infrastrukturen der Energieversorgung und Mobilität.

Dazu müssen sich die versprochenen Strukturhilfen aus dem Norden von bedingten Reflexen der keynesianischen Doktrin (»Löcher aufreißen und zuschütten«) und schädlichen Pfadabhängigkeiten aus dem Produktivismus (»Wachstum schafft Arbeitsplätze«) lösen und eine Transformation zur Nachhaltigkeit stützen: durch den Einbau des Mittelmeerraums in eine gesamteuropäische, bis nach Afrika reichende Energiewirtschaft, durch Arbeitsplatzgarantien für gut ausgebildete Akademiker und Facharbeiter, durch den Aufbau leistungsfähiger und nachhaltiger Berufsbildungssysteme und eine intensive Kooperation in Wissenschaft und Forschung.

Vom Regimewechsel zur Förderung des demokratischen Friedens

Neben dem Euro-Crash und dem Einsturz der europäischen Finanzarchitektur ist die größte Angst die vor einer Islamisierung des Südens und am Ende ganz Europas. Durch diese Brille betrachtet, hat sich der Arabische Frühling von 2011 längst in einen Herbst oder Winter verwandelt. Die europäische Politik hat kein Verhältnis gefunden zu dem von ihr kaum erwarteten politischen Wandel in Nordafrika und im Nahen Osten, der größten globalen Umwälzung seit dem Fall der Mauer 1989. Auch wenn die *Jasmin-Revolution* (so wurde der Aufstand in Tunesien getauft, dessen nationales Symbol die Jasmin-Blume darstellt) nicht die von Optimisten erhofften Ergebnisse gebracht hat, ist die Demokratisierung der Region unaufhaltsam. Binnen Kurzem sind drei Machthaber von der Bildfläche verschwunden, die im In- und Ausland als unüberwindbar bis zu ihrem natürlichen Tod galten: Muammar al-Gaddafi nach 42 Jahren an der Macht, Hosni Mubarak nach 30 Jahren im Präsidentenamt, Zine el-Abidine Ben Ali nach 24 Jahren – die Tage von Jemens Ali Abdullah Salih (seit 1978) und Syriens Baschar al-Assad (seit 2000) sind ebenfalls gezählt. Dass seit den ersten (halb) freien Wahlen nun im Maghreb und Maschrek mehrheitlich der politische Islam repräsentiert ist, ändert ja nichts an ihrem Wert. Und es wäre fatal, würde sich Europa aus Sorge um die Stabilität und Sicherheit im Mittleren Osten nunmehr der saudischen Monarchie an den Hals werfen oder ließe es die ägyptische Militärführung gewähren, wenn diese gegenüber den regierenden Moslembrüdern die algerische

Karte zöge, die des Verbots und der erneuten Verfolgung des politischen Islam.

Die Initialzündung der arabischen Revolution im Januar 2011 war der Aufstand in Tunesien, das seit Jahrzehnten von dem kleptokratischen Regime der Familie Ben Ali regiert wurde. Auslöser dort war die Selbstverbrennung von Mohamed Bouazizi am 17. Dezember 2010 in Sidi Bouzid, 250 Kilometer südlich der Hauptstadt – ein marginaler Winkel in Tunesien wie in der arabisch-islamischen Welt. Bouazizi ernährte seine Familie als Gemüsehändler, sein Marktstand wurde wegen einer angeblich fehlenden Genehmigung beschlagnahmt, seine Beschwerde bei der Stadtverwaltung fruchtete nicht. Nachdem der Händler auf einer Polizeiwache misshandelt worden war, zündete er sich an und erlag am 4. Januar 2011 in einem Krankenhaus seinen Verletzungen. Dieser Verzweiflungsakt des Opfers – ein altruistischer Selbstmord (Emile Durkheim), der, anders als Selbstmordattentate, niemanden sonst in Mitleidenschaft zieht – wird in Erinnerung bleiben, nicht allein wegen des jugendlichen Alters Bouazizis (26 Jahre) oder des scheinbar trivialen Anlasses (Behördenwillkür und missbräuchliche Polizeigewalt). Ein mediales Lauffeuer hatte dieses Fanal via Fernsehen, YouTube und Twitter in den Rest der Welt getragen, weil es die Geschichte des arabischen Aufstands wie in einer Nussschale präsentiert. Es bedurfte nur eines kleinen Funkens am Pulverfass. Im Kern ging es nicht um Religion und Stammesehre, sondern um Würde und Freiheit – und Arbeit.

Was ist von diesen hoffnungsvollen Anfängen geblieben? Viele Beobachter starren jetzt auf die Wahlerfolge der Islamisten, sind fassungslos angesichts der Nachrichten und Bilder aus dem grauenhaften Bürgerkrieg in Syrien. Doch hat der Arabische Frühling sehr unterschiedliche Blüten getrieben:

- einen moderaten Reformkurs der marokkanischen und jordanischen Königshäuser von Mohamed VI. und Abdullah II., die vorsichtige Verfassungsreformen von oben eingeleitet haben und eine moderate islamische Opposition tolerieren beziehungsweise integrieren;
- eine beängstigende Friedhofsruhe in Algerien, von wo nur vereinzelte, oft autodestruktive Proteste gemeldet wurden;
- eine halbwegs gelungene Transformation in Tunesien, wo sich ein säkularer Präsident und ein islamistischer Regierungschef die Macht teilen;
- einen nach dem bewaffneten Aufstand gegen den Alleinherrscher Gaddafi zunächst am Rande des Scheiterns stehenden Staat in Libyen, wo dann aber in regulären Wahlen eine eher liberale islamische Partei die Oberhand gewonnen hat;
- den Überlebenskampf des ägyptischen Militärregimes, das die von den Muslimbrüdern gewonnenen Parlamentswahlen annulliert hat, gegen andrängende Islamisten unterschiedlicher Radikalität;
- die Proteste unterschiedlicher Intensität in den Golfstaaten, deren Fürsten erst einmal nicht bedroht scheinen;
- einen prekären Schwebezustand im Libanon und
- die mörderischen nun schon Monate währenden Bürgerkriege im Jemen und in Syrien.

Das Spektrum umfasst wie im Lehrbuch sämtliche Varianten des Übergangs von der Diktatur zur Demokratie: Selbstaufklärung der Machthaber (Marokko), Machtteilungen zwischen alten und neuen Eliten (Ägypten), weitgehende Auswechslung des politischen Führungspersonals (Libyen, Tunesien); ethnisch-religiöser Bürgerkrieg (Syrien), militärische oder polizeiliche Intervention von außen (Libyen, Bahrein). Die MENA-Region als Ganze ist ohnehin eine geopolitische Fiktion, in der Tradition des europäischen Orientalismus (und analog zur Residualkategorie Ostmitteleuropa im Transformationsprozess nach 1990). Zu unterschiedlich sind die Sozialstrukturen zwischen Marokko und dem Golf, zu groß das Wohlstands- und Entwicklungsgefälle, zu divers auch die religiösen Grundlagen, nicht nur mit Blick auf Sunniten und Schiiten, sondern auch mit Blick auf die jeweiligen Regimetypen und den Grad der Säkularisierung.

Was die Region verbindet, ist zum einen die Imprägnierung durch die islamische Tradition (daher die populäre Losung: »Der Islam ist die Lösung!«), zum anderen eine starke, von vielen Proponenten dieser Losung aus der Religion abgeleitete Trennung der Geschlechter und Homophobie, die sich im Alltag und in der Arbeitswelt niederschlagen. Ferner charakterisiert die Region ein – trotz des sagenhaften Erdölreichtums einiger Staaten – generell niedriges humanes Entwicklungsniveau und eine Vorherrschaft autoritär-patriarchaler Regime.

Das Gelingen der Transformation ist keineswegs gesichert, aber die Demokratiebewegung ist nicht tot, zivilgesellschaftliche Kräfte haben sich fast überall etabliert, ohne freilich die autokratischen Strukturen abschütteln und die radikalislamistischen Kräfte domestizieren zu können. Und sie rühren sich, wie die Demonstrationen in Tunis und Kairo im Sommer 2012 gezeigt haben. Eine Rückkehr der Pharaonen (wie Mubarak genannt wurde) oder Kleptokraten (wie Ben Ali mit seiner Familie einer war) scheint insgesamt ebenso ausgeschlossen wie eine Säkularisierung und Liberalisierung nach westlichem Muster. Hatte sich vor 2010 bereits das Dogma des »arabischen Autoritarismus« verfestigt, so haben die soziale Mobilisierung und der politische Wandel seither bereits die grundsätzliche Vereinbarkeit der arabischen Gesellschaften mit bürgerlichen und politischen Freiheiten, auch mit der politischen Partizipation von Frauen unter Beweis gestellt. Der Elitenwandel hat bereits auf breiter Front stattgefunden, die Zivilität der arabischen Gesellschaften, auch mit Blick auf die Ansprüche einer unabhängigen Justiz und Rechtspflege sowie Meinungs-, Kunst- und Wissenschaftsfreiheit, ist deutlich gestiegen.

Dass sich die von den urbanen Protestbewegungen in Tunesien und Ägypten artikulierten Vorstellungen nicht in entsprechende Wahlerfolge von politischen Strömungen übersetzt haben, die weder den alten Regimen entwachsen sind noch dem Lager der Islamisten zugerechnet werden wollen, mag diese selbst und viele Beobachter im Westen frustrieren. Doch verlief der politische Übergang nach der »Samtenen Revolution« in Ostmitteleuropa kaum anders, nämlich häufig als eine Teilung der Macht zwischen gewendeten Postkommunisten und einem oft ebenso religiös und ethnonationalistisch geprägten Oppositionsmilieu, während die Bürgerrechtsbewegung sich zersplitterte und in der breiten Masse keine nachhaltige Unterstützung gewinnen konnte. Auch in stabilisierten Post-Autokratien hat es oft sehr lange gedauert oder wartet man bis heute (wie in Rumänien und Bulgarien), dass sich diese dritte Kraft effektiv bündelt und in den Machtkampf eingreifen kann. Wahrscheinlich werden sich speziell islamische Formen der Demokratie (wie unter anderen Vorzeichen in der Türkei) etablieren und halten, die den verbreiteten Unmut über westliche Lebensformen und Politikstile auffangen könnten, ohne dass sie die Durchdringung der Tradition mit eben diesem Okzident in allen Fugen der Gesellschaft übertünchen oder rückgängig machen könnten.

Die arabischen Aufstände und die Revolutionen, vor allem in Ägypten, haben erhebliche Auswirkungen auf die internationale Politik und die Sicherheits- und Entwicklungskonzepte der Europäischen Union. Bisher ging bei den ehemaligen Supermächten wie bei den Europäern Sicherheit stets vor Demokratie; Einfluss wurde im Wesentlichen über Waffenlieferungen ausgeübt. Die Post-Autokratien sind weniger berechenbar und kaum zu steuern, weder in Bezug auf die innere Regimestruktur noch mit Blick auf deren Verhalten im Nahostkonflikt. Zu erwarten ist, dass gerade demokratisch stärker legitimierte und religiös ausgerichtete Regierungen dem Wunsch der »Arabischen Straße« nach einer deutlicheren Gegnerschaft mit Israel nachgeben werden.

Es wäre auch eine Illusion zu glauben, die gewohnte (und ja immer brüchige) innere Stabilität würde bald wieder einkehren. Angesichts des in den MENA-Ländern über Jahrzehnte hinweg innenpolitisch und ökonomisch angewachsenen Reformstaus dürfen Gewalteruptionen und -eskalationen niemanden wundern. Jeder globale Akteur, die ehemaligen Supermächte in der Mittelmeerregion eingeschlossen, steht hier vor enormen Problemen – es wäre wohlfeil, von der Europäischen Union ein Patentrezept zu erwarten. Gleichwohl ließe sich aus der Überraschung durch die *Arabellion* und die Fehler des Krisenmanagements vieles lernen. Die »Gemeinsame Außen- und Sicherheitspolitik« (GASP) der EU kam im Jahr 2011 aber kaum zum Tragen; vielmehr herrschen bei den alten (Frankreich, Großbritannien) und neuen Führungsmächten (Deutschland) noch immer bedingte Reflexe vor, die sich aus alten Loyalitäten, Einflusszonen und mentalen Dispositionen speisen. Insofern hat Europa aus dem Jugoslawienkrieg wenig gelernt, denn auch da hatte die EU nicht mit einer Stimme gesprochen.

Als die Situation in Libyen, Syrien und am Golf eskalierte, gab es kein koordiniertes Entscheidungsinstrumentarium. Zudem hatte die EU nie einen »Plan B« für die MENA-Region, weil ihre Diplomatie ebenso stabilitäts- wie normalitätsfixiert, also nicht in »unwahrscheinlichen« Fällen und möglichen *worst cases* denkt, sondern den Status quo fortzuschreiben geneigt ist. Daher die Verblüffung, dass es tatsächlich eine Zeit nach Mubarak oder Gaddafi geben könnte. Dabei ist diese Diplomatie ganz auf sich selbst bezogen; *public diplomacy* unter Einschluss der Zivilgesellschaften in der MENA-Region war ihr fremd und ist ihr bis heute unheimlich, wenn man, etwa im deutschen Fall, von den Aktivitäten der politischen Stiftungen, des Goethe-Instituts und einiger regierungsnaher Think Tanks wie der Berliner Stiftung Wissenschaft und Politik (SWP) absieht. Insgesamt ist die deutsche wie die europäische Südpolitik erstaunlich sprachlos und passiv geblieben. Weder koordinieren Kanzleramt und Auswärtiges Amt die deutsche Politik, noch gibt es eine europäische Abstimmung der nationalen Strategien.

Dazu gehört, dass Agenden wie die nukleare Aufrüstung des Iran und der Israel-Palästina-Konflikt ohne große Rücksicht auf die neue Lage weiterdiskutiert und verhandelt werden. Dazu gehört auch, dass die spezielle Rolle der Türkei in der MENA-Region weder ausreichend reflektiert noch klug genutzt wurde. Dabei ist ja nicht zu übersehen, wie die einstige osmanische Großmacht in der Region seit einiger Zeit wieder an Ansehen gewinnt und mit dem moderaten Islamismus der AKP als Rollenmodell für die Transformation der arabischen Regime infrage käme, während der iranische Einfluss (via Syrien und Hamas) eher schwindet und überdies die Frage offen ist, ob die *Arabellion* im Iran das Feuer noch einmal entfachen könnte, das 2009 mit der Niederschlagung der dortigen Demokratiebewegung brutal ausgetreten worden war. Ohne diesen Umstand als »Facebook-Revolution« überschätzen zu wollen, ist in der MENA-Region, nicht zuletzt durch die neuen Sozialmedien und TV-Sender wie Al-Jazeera und Al-Arabiya, ein Kommunikationsraum entstanden, dessen Potenz trotz der relativ geringen Internet-Durchdringung und der staatlichen Kontrolle und Repression der Blogosphäre nicht zu vernachlässigen ist.

Zusammenfassend: Europa und die EU sind in der Region stärker gefragt, als sie sich bisher zu engagieren bereit gefunden haben. Dazu trägt der erwähnte Einflussverlust der Vereinigten Staaten und der Russischen Föderation bei, auch die Zurückhaltung der Volksrepublik China, vor allem aber

Europas geopolitische Nachbarschaft. Pauschalempfehlungen für die gesamte Region sind so wenig angebracht wie Patentrezepte, aber die genannten Defizite der diplomatischen Aktion müssten rasch behoben werden: in Richtung einer echten gemeinsamen Außen- und Sicherheitspolitik und eines besser abgestimmten Krisenmanagements – unter Einbindung der zivilgesellschaftlichen Strömungen.

Nur so können anti-islamische Kulturkampf-Bestrebungen, die direkt oder indirekt auf eine Rechristianisierung Europas hinauslaufen und in nationalpopulistischen Kreisen Gehör finden, konterkariert werden. Das Schreckgespenst »Eurabia«, das nicht nur einen Attentäter wie den Norweger Anders Breivik umgetrieben hat, kann zum einen durch intergouvernementale und ökonomische »Eurabia«-Pläne entzaubert werden, die im Wesentlichen um die Energieversorgung kreisen, vor allem aber durch säkulare Muster und Mittel der Kooperation, die um die Etablierung autonomer Zivilgesellschaften, die Sicherung von Menschenrechtsstandards und die Garantie von Bürgerrechten (wie der Meinungs- und Pressefreiheit) bemüht sind. Rechtspopulistische Regierungsbeteiligungen stärken das erste Szenario, das zweite erwägt ein Business as usual mit eventuell reformierten Regierungen, das letztgenannte verspricht die höchste Nachhaltigkeit einer Union demokratischer Mittelmeergesellschaften auf neuen Grundlagen und – auf Augenhöhe.

Dieses »Eurabien« wird auf jeden Fall islamischer sein, indem es auch die Präsenz von mittlerweile Millionen muslimischer Einwanderer im Norden anerkennt und diese endlich, bei allen Friktionen, würdigt. Nicht zuletzt durch die transnationalen Diasporagemeinschaften sind die beiden Küsten politisch-kulturell näher gerückt. In diesem Prozess kann sich der Gegensatz zwischen säkularen beziehungsweise laizistischen Auffassungen und der politisierten Religion verstärken, welche den Islam, das Judentum und das Christentum nicht als private Formen der Lebensführung einstuft, sondern als kategoriale Vorschrift für Gesellschaft und Politik. Letzteres wird von Fall zu Fall missionarische Anstrengungen beinhalten, die jeweils Ungläubigen zum rechten Glauben zu bekehren. Am stärksten betreibt dies derzeit der von Saudi-Arabien (z. B. in Form von Moscheebauten und Koranschulen) geförderte wahhabitische Islam und die radikale Minderheit der Salafisten, die neuerdings verstärkt in der europäischen Diaspora rekrutieren. Bei ihnen ist die unversöhnliche Gegnerschaft zu westlichen Lebensweisen, auch die Feinderklärung an den demokratischen Verfassungsstaat, unverkennbar. Dies nimmt bisweilen »dschihadistische« Formen an, eine aggressive Militanz gegen Ungläubige (Christen, Juden, Atheisten) und revitalisiert, wie noch näher zu zeigen sein wird (Kap. II, S. 51 f.), eine historische, im Mittelmeerraum seit dem 7. Jahrhundert immer wieder manifeste Opposition von Christentum und Islam.

Die spiegelbildliche Version davon ist die orientalistische These von der absoluten Unvereinbarkeit des Islam, dem »Kind der Wüste«, mit der von Rom (und Byzanz) ausgehenden christlichen Mittelmeerwelt. Die arabisch-islamische Expansion, so die berühmte, später noch vergröberte These des belgischen Historikers Henri Pirenne, habe die kulturelle Einheit dieser Welt zerstört und ihre ökonomische Dynamik auf Jahrhunderte retardiert. Statt diese Weggabelung zu einem »Clash of

Civilizations« hochzuspielen, sollte man die empirische Vielzahl der alltäglichen Kontakte, lebensweltlichen Überschneidungen und theologisch-intellektuellen Wechselwirkungen, auch die Synkretismen und Konversionen zwischen den monotheistischen Religionskulturen des Mittelmeerraums von der Spätantike bis zur frühen Neuzeit in Erinnerung rufen.

Hier spielte vor allem das Judentum eine Mittlerrolle, und es kam, bei allen Konflikten und kriegerischen Eskalationen, zu Phasen spiritueller und alltagsweltlicher Convivencia, wie man die friedliche Koexistenz zwischen Juden, Christen und Muslimen in Spanien vor 1492 bezeichnet hat. Genauso wenig wie man diese romantisieren soll, ist es angebracht, die historisch stets vorhandene Spannung und die episodisch aufbrechende Exklusion heute für Kulturkampfansagen zu missbrauchen.

Insgesamt ist unverkennbar, dass ein großer Teil der jungen Aufständischen von 2011, auch wenn diese sich nicht an europäischer Politik orientiert haben, »die von Europa vertretenen, liberal-demokratischen Werte aber ganz selbstverständlich als die ihren betrachten und damit deren Universalität unterstreichen. In gewisser Weise hat Europa hier politische Unterstützung aus einer Region erhalten, aus der es sie zweifellos nicht erwartet hatte. Nicht nur deshalb muss das Interesse Europas an einem Erfolg demokratischer Transformationen im arabischen Raum ähnlich hoch sein wie vor zwanzig Jahren in Osteuropa.« (Volker Perthes)

Gemessen werden letztlich auch die von Moslembrüdern geführten Regierungen vor allem daran, ob sie der zum Beispiel in Tunesien und Ägypten über 50 Prozent betragenden

Jugendarbeitslosigkeit etwas entgegenzusetzen haben. Können sie Gesellschaften eine Zukunft bieten, in denen bis zu zwei Drittel der Bevölkerung unter 25 Jahre alt sind und von denen viele ambivalente, zwischen Attraktion und Abstoßung oszillierende Beziehungen in die Diaspora-Regionen Europas unterhalten? Es ist bereits absehbar, dass die anfängliche Begeisterung für den politischen Islam sich an dem Unvermögen abkühlt, hier rasch Abhilfe zu schaffen.

Vom Migrationsdruck zum offenen Meer

Als dritte große Gefahr für Europas reichen Norden sehen viele den Migrationsdruck, der in Horrorszenarien zur wahren Völkerwanderung übertrieben wird. Namentlich junge Leute – so der reale Hintergrund dieser Angst –, die in Nordafrika keine berufliche Aussicht und generell keine Lebensperspektiven für sich sehen, wird es weiterhin nach Norden ziehen. Zu dem im Frühjahr 2011 an die Wand gemalten Massenexodus ist es zwar nie gekommen, nach Schätzungen des UNHCR sind 2011 rund 56 000 Flüchtlinge vor allem aus Tunesien und Libyen in die EU-Länder geflohen, die meisten über Italien. Nordafrika ist im Übrigen ein Durchreisegebiet für Flüchtlinge aus den südlich der Sahara gelegenen Elendszonen Afrikas, so wie Griechenland zum Durchgangstor für Flüchtlinge aus dem Mittleren Osten und Asien geworden ist, rund 55 000 illegale Migranten sollen bei Evros über die griechisch-türkische Grenze gelangt sein.

Etwa 1500 Menschen sind bei dem Versuch, Europa über das Mittelmeer zu erreichen, ertrunken oder gelten seither als vermisst. Immer wieder werden Leichen und Bootswracks an die Küsten gespült. Auf den Booten, die in der Regel überbesetzt und in marodem Zustand sind, herrschen menschenunwürdige Zustände und spielen sich apokalyptische Szenen ab. Laut UNHCR ist das Mittelmeer damit das tödlichste Meer der Welt geworden. Das Gros der nicht registrierten Einwanderer kommt jedoch auf dem Landweg in die EU, darunter viele, die erst mit Ablaufen ihrer Aufenthaltsberechtigung oder auch durch Gesetzesänderungen zu Illegalen gemacht worden sind.

Die Europäische Union setzt eher auf Abwehr als auf Aufnahme von Flüchtlingen und Migranten. Das liegt nachvollziehbar daran, dass der unmittelbare Problemdruck auf Griechenland, Italien, Malta und Spanien lastet, wo die Migranten auf dem Landweg oder im Boot anlanden, also in Ländern, in denen der soziale Sprengstoff gerade in den urbanen Ballungszentren, den nächsten Anlaufstationen der Einwanderer, besonders groß ist und xenophobe Bewegungen die Volkswut gegen die (meistens dunkelhäutigen) Fremden richten. Beispiele dafür sind die Attacken des rechtsradikalen Mobs auf afghanische Flüchtlinge in Griechenland oder ultrarechter Israelis auf Schwarzafrikaner im Frühjahr 2012. Die anhaltende Wirtschaftskrise führt wie schon so oft zu massiver ethnischer Diskriminierung und offenem Rassismus.

Die lokalen Regierungen gehen vor diesen Protesten oftmals in die Knie, und die Europäische Union rüstet weiter auf. Die Grenzüberwachungs-Initiative EUROSUR soll verstärkt mit militärischen Mitteln wie Drohnen und hochauflösenden

Kameras, Satellitensystemen und Offshore-Sensoren Flüchtlingsboote aufspüren, bevor sie die europäischen Grenzen erreichen. Nach Meinung von Menschenrechts- und Flüchtlingsinitiativen dient dies nicht etwa der Rettung von Boat People, sondern der reinen Abschreckung und im Übrigen der verkappten Subventionierung der Rüstungsindustrie, die das Instrumentarium in der Höhe von veranschlagten 338 Millionen Euro bereitstellen wird. Die parallel dazu erweiterte Datenerfassung Smart Borders registriert sämtliche Reisende aus Nicht-EU-Ländern, die mit dem Registrierungssystem EES bei ihrer Einreise mit biometrischen Daten erfasst werden, um herauszufinden, wer eine Aufenthaltserlaubnis überzieht. Die EU gibt für FRONTEX ein Vielfaches der Mittel für Asylangelegenheiten aus; sie zeigt damit, um wie viel wichtiger ihr ein quasi militärisches Eingreifen gegen Flüchtlinge als eine humanitäre Einwanderungs- und Flüchtlingspolitik ist.

Silja Klepp hat in einer Fallstudie gezeigt, welche gefährlichen Überfahrten »Illegale« von Afrika nach Malta und Lampedusa zurücklegen und wie sie nach Möglichkeit in den Norden weiterziehen. Dass sich Nationalstaaten und die EU gegen nicht registrierte und undokumentierte Zuwanderung zur Wehr setzen, ist verständlich und im Übrigen geltendes Recht. Ein strikter Abschottungskurs ist aber inkonsequent und keineswegs rational. Denn das faktische Abschreckungsregime lässt gewollte Schlupflöcher für Illegale offen, die in prekären Arbeitsverhältnissen eingesetzt werden, weil sie dort gebraucht werden. Und auf mittlere Sicht kann sich das rasant älter werdende Europa den zudem sehr kostspieligen Kurs der »Ausschaffung« (wie es in der Schweiz heißt) nicht leisten. Einwanderung wird notwendiger, um den Bedarf an Fachkräften wie Hilfsarbeitern zu decken und um die Rentensysteme im reichen Norden aufrechterhalten zu können, die ja nicht nur in Griechenland auf Pump angelegt worden sind. Schon deshalb wird Immigration zum Garanten des Wohlfahrtsstaates. Bisher Illegale sollten aus der Schattenwirtschaft herausgeholt und durch periodische Legalisierung dem regulären Arbeitsmarkt und Steuersystem zur Verfügung gestellt werden. Speziell die Bundesrepublik Deutschland, die in den 1990er Jahren Hauptaufnahmeland für Asylbewerber war, bis die Europäisierung der Asylpolitik diesen Druck an die europäische Peripherie verlagert hat, sollte sich zu einer baldigen Humanisierung des Migrationssystems durchringen.

Die aktuelle Brisanz des Themas Migration ergibt sich nicht allein aus den Sicherheitsproblemen vor Ort und ihrer Instrumentalisierbarkeit für fremdenfeindliche und europaskeptische Kampagnen. Die Irritation liegt tiefer, sie ist sozusagen im genetischen Code des supranationalen Konstrukts Europa eingebaut, das Grenzen setzt, aber auch verhandelbar macht. Schaut man sich Landkarten Europas seit der Antike an, ist das eigentlich nichts Besonderes – nicht nur die Außengrenzen Europas, sondern auch seine Binnengrenzen haben sich unendlich oft verschoben. Aber die Ära des Nationalismus und des Nationalstaates – mit seiner typischen Vorspiegelung der Übereinstimmung von Gebiet, Sprache, Geschichte und kollektiver Identität – hat hier eine Definitionssicherheit suggeriert, die eine poröse EU-Außengrenze noch weniger halten kann. Die Europäische Union, als »supranationaler Zweckverband mit prinzipieller Erweiterungsoffenheit« (Maurizio

Bach), hat per se flüssige Grenzen; sie werden durch europäisches Recht gesetzt und sind in den Grenzräumen notorisch umstritten.

In der Mittelmeerregion wird diese fluide Begrenzung noch problematischer, weil sie eben nicht durch einen Grenzzaun oder entsprechende territoriale Markierungen zu symbolisieren ist, sondern sich buchstäblich am schwankenden Horizont verliert und nur durch gelegentliche Patrouillen behauptet werden kann. Hier dramatisiert sich eine Erfahrung der Globalisierung, die der Soziologe Georg Simmel schon vor gut hundert Jahren reflektiert hat: Grenzen sind soziale Tatsachen und kulturelle Setzungen, die sich räumlich formen (können). Die Europäische Union wird also am besten von ihren Grenzen her begriffen, dort aber wird ihre Souveränität auch am stärksten angegriffen. Letztlich drückt sich darin ein uraltes Problem europäischer Identität aus, die schon immer exzentrisch war, weil vieles »Europäische« aus »Klein«-Asien stammt, und exterritorial, weil Europa seine Errungenschaften auf friedliche wie kriegerisch-koloniale Weise in alle Welt exportierte. Die Unsicherheit der Grenzen nach Süden und Osten wird im Mittelmeerraum geradezu physisch spürbar: Im Wasser werden Grenzverläufe flüssig und ambivalent, ihre Gültigkeit ist umstritten. Zusätzliche Unsicherheit bringen das Wetter, der Zustand der Schiffe und die Patrouillen.

Ziehen wir ein erstes Fazit. Der BILD-Populismus präsentiert den Süden als fett gedrucktes Horrorszenario: Die Euro-Kette reißt an ihren schwächsten Gliedern, Al-Qaida macht sich in der Diaspora breit, Europa ist einem Ansturm von Flüchtlingen aus dem globalen Süden ausgesetzt. Weil sich alle diese Tendenzen um die Mittelmeerachse abwickeln, wird der Süden als schwer zu schützende Achillesferse der europäischen Integration wahrgenommen. Ich möchte herausarbeiten, warum eine fatalistische Deutung weder zutreffend noch alternativlos ist, und will dazu konkrete Lösungswege aufzeigen.

Hüten müssen wir uns allerdings auch vor der Gesundbeterei, die nicht wenige europäische Repräsentanten und auch viele Liebhaber des Mittelmeers gerade betreiben – »alles wird gut« (und wie früher). Früher und bis in die jüngste Geschichte war das Mittelmeer, wie das nächste Kapital zeigen soll, stets auch ein Hort der Unsicherheit, ja ein Kriegsgebiet. Das hat zuletzt der fulminante Roman »Zone« des polyglotten, als Arabischlehrer in Barcelona lebenden Franzosen Mathias Énard in Erinnerung gerufen, dessen finsterer Protagonist wie ein wütender Achill dem Echo früherer Schlachten lauscht und den neuesten Massakern nachfährt – »von Homers Trojanern bis zu Jean Genets Palästinensern, vom Spanischen Bürgerkrieg bis zum Algerienkrieg, von den Verbrechen der deutschen Besatzer in Griechenland und der Deportation der Juden aus Thessaloniki bis zum mörderischen Zusammenbruch des ehemaligen Jugoslawien« (Jürgen Ritte), »von der Schlacht bei den Thermopylen über den Italienfeldzug Napoleons, den Pistolenschuss Gavrilo Princips, die Deportation der griechischen Juden, das Abschlachten der Palästinenser in den Lagern von Sabra und Schatila, das Aufschlitzen einer serbischen Großmutter mit ihrem Kruzifix« (Katharina Teutsch). In Serbien nennt man das Mittelmeer gelegentlich den »blauen Friedhof«.

Eine realistische Mittelmeerpolitik muss sich dieser Gewaltgeschichte vergewissern, um sie nicht erneut durchmachen zu müssen. Zu lernen ist mit der Historisierung aber eben auch, auf welche Weise der mediterrane Raum mit seinen Hafenstädten und Inseln friedlich vernetzt und politisch, ökonomisch und kulturell verbunden war.

II. Große Vergangenheit
Auf den Spuren der Méditerranée

»... die Jugend der Welt steht immer am gleichen Ufer. In das gemeinsame Europa geworfen, in dem, der Schönheit und Freundschaft beraubt, die stolzeste aller Rassen stirbt, leben wir Mediterranen immer im gleichen Licht. Inmitten der europäischen Nacht erwartet das Sonnendenken, die Kultur mit dem doppelten Gesicht, die Morgendämmerung. Aber sie beleuchtet schon die Wege einer echten Überlegenheit.«
ALBERT CAMUS (1950)

Schon vor gut 400 000 Jahren soll die Mittelmeerregion von entfernten Vorläufern des *homo sapiens sapiens* bewohnt gewesen sein, und mit der minoischen Gesellschaft auf Kreta hat sie im dritten Jahrtausend vor unserer Zeitrechnung eine der ersten Hochzivilisationen hervorgebracht, an der schon die Besonderheiten des mediterranen Raumes erkennbar geworden sind. Vor diesem langen Hintergrund haben Kulturwissenschaftler und Intellektuelle immer wieder markante Züge von *Mediterraneität* herausdestilliert und diese als eine kulturelle Einheit zu fassen versucht, die nach außen unverwechselbar ist und nach innen kollektive Identität stiftet. Vor allem ein Autor, der französische Historiker Fernand Braudel (1902–1985), hat mit seiner 1949 erschienenen Habilitationsschrift *La Méditerranée (et le monde méditerranéen à l'époque de Philippe II.)* das Mittelmeerbild über Jahrzehnte beeinflusst und auch die politische Rahmung der Mittelmeerpolitik bis heute bestimmt. »Ich habe meinen Braudel gelesen«, proklamierte der französische Staatspräsident Nicolas Sarkozy 2008 zur Ausrufung der *Union méditerranéenne* in Toulon.

Auch wenn am Gewicht (und an der methodischen Innovationskraft) dieses großen Werkes kein Zweifel besteht, wird Braudels Sichtweise mittlerweile kritischer gesehen. So fruchtbar sein Insistieren auf der Bedeutung räumlicher und ökologischer Faktoren und die Betonung ihrer »langen Dauer« im Verhältnis zu den politischen und diplomatischen Ereigniskonjunkturen war, so sehr stört heute der damit verbundene Geo-Determinismus und mehr noch die Fiktion einer in der Landschaft und ihren Hervorbringungen (Oliven, Wein …) fixierten »mediterranen Identität« über die Jahrhunderte hinweg. Nicht die Einheit des Raumes, eher die ethnische, sprachliche, religiöse und politische Vielfalt der Netzwerke, die sich über das Mittelmeer hinweg spannen, bestimmt die moderne Mittelmeerforschung. Und nicht die Statik und der aus einem dörflichen Kodex von Ehre und Scham abgeleitete Konservatismus fallen auf, sondern die ungeheure Dynamik des sozialen und politischen Wandels. Urbane Wechselwirkungen stehen im Mittelpunkt einer globalgeschichtlichen Betrachtung des Mittelmeergebiets.

Zu stark scheinen im Übrigen bei der (großgeschriebenen)

Méditerranée der Braudel-Schule die Bemühungen durch, das Mittelmeer französisch zu machen, also die frankophone Zivilisation zu erweitern oder doch wenigstens eine lateinisch-katholisch-romanische Wahlverwandtschaft unter Pariser Führung zu (re)konstruieren – Sarkozys Verwendung Braudels weist darauf hin. Dieser Zugriff impliziert eine Frontstellung gegenüber Afrika und dem Islam, die aus postkolonialer Sicht unhaltbar und unter gesamteuropäischen Vorzeichen schlicht unpassend ist. So wenig das Mittelmeer römisch oder gar eine Verlängerung des französischen Sechsecks war, so wenig darf die Mittelmeerpolitik der Europäischen Union in diese spätkoloniale Falle tappen.

Der britische, aus einer alten sephardischen Familie in Galiläa stammende Historiker David Abulafia hat den derzeit wohl maßgeblichen Überblick über die Geschichte der »Großen See« vorgelegt. Darin unterteilt er deren Geschichte in fünf große Perioden: vom Aufstieg bis 1200 v. Chr. (als Troja fiel) über die klassische Periode bis 500 v. Chr. (Athens Thalassokratie), die Zeit relativer Stagnation bis Mitte des 14. Jahrhunderts (der Schwarze Tod), die imperiale Konkurrenz vor allem zwischen dem katholischen Spanien und dem Osmanischen Reich bis zum Verlust der mediterranen Zentralachse 1869 (Eröffnung des Suezkanals) und zur noch anhaltenden fünften Phase des »globalisierten Mittelmeers«.

Der Zeitstrahl auf den folgenden Seiten führt einige zentrale Ereignisse und Wendepunkte auf, kann aber unmöglich die Geschichte einer ganzen Welt auch nur bruchstückhaft nacherzählen. Vielmehr betrachte ich die mediterrane Geschichte unter dem Blickwinkel, welche Versuche zu verschiedenen Zeiten gestartet worden sind, einen ausgedehnten Handelsraum und eine vielfältige Zivilisation politisch zu einen und unter Kontrolle zu bringen. Diese Zentralisierung wurde auf zweierlei Weise angestrebt: als liquide Allianzbildung unter der Ägide von Seemächten (als Thalassokratie) und als imperiale Landnahme durch große Reiche (das Mare Nostrum der Römer oder Weißes Meer, wie das Mittelmeer im Persischen, Arabischen und Türkischen heißt).

Der folgende knappe Durchgang rekapituliert die physischen Grundlagen der Region, ihre kulturelle Einheit in der Vielfalt und die politischen Netzwerke. Damit möchte ich die politisch-kulturellen Spaltungslinien, aber auch die historischen Grundlagen für die erneuerte subregionale Vergemeinschaftung heute offenlegen. Im Mittelpunkt stehen dabei die sozialen und politischen Verbindungen zwischen den Städten des Mittelmeerraumes, die Händler, Reisende und Militärs geknüpft haben. Nicht zu vergessen sind auch die Dichter und Interpreten von Homer und Dido über Ibn Battuta bis Albert Camus sowie Huda Shaarawi und die religiösen Virtuosen. In Blütezeiten haben sich Juden, Christen und Muslime zu einer spirituellen »convivencia« verbunden und eine wissenschaftliche Universitas begründet, zu anderen Zeiten im gewaltsamen Kulturkampf angefeindet.

Physis: Das Mittelmeer als Meer

Ein vorzügliches Merkmal der von Braudels Denkschule ausgehenden Analyse des Mittelmeerraumes bestand darin, seine geophysikalische Beschaffenheit und die ökosystemare Einbettung von Kultur, Geschichte und Politik herauszustreichen. Die Natur des Raumes war stets ein Mitspieler der Haupt- und Staatsaktionen, eine wesentliche Bedingung der Regimewechsel und wirtschaftlichen Nutzungen. Seinen Namen *mare mediterraneum* hat das Mittelmeer, weil es Afrika, Asien und Europa verbindet und trennt. Der trikontinentale Zwischenraum, den man auch als »flüssigen Kontinent« bezeichnet hat, ist nicht exakt einzugrenzen, so fließen Geografie, Klima und Kultur in den Definitionen jeweils zusammen.

Vom Satelliten aus gesehen erstreckt er sich an der Nordküste über (das am Atlantik gelegene) Portugal, Spanien, den südlichen Teil Frankreichs, Italien, Slowenien, Kroatien, Bosnien-Herzegowina (mit nur einem ganz kleinen Seezugang), Montenegro, Albanien, Griechenland und die europäische Türkei, dazwischen liegen die Kleinstaaten Andorra, Monaco, San Marino, Vatikanstadt und nicht zu vergessen Malta. Der südliche Teil umfasst die asiatische Türkei, Syrien, Libanon, Israel, die palästinensischen Autonomiegebiete, Jordanien, die Insel Zypern und die nördlichen Landesteile von Ägypten, Libyen, Tunesien, Algerien und Marokko – als Middle East und North Africa (MENA) bezeichnen andere diese Region. Rund 1,35 Millionen Quadratkilometer Landumgebung reichen in Europa an die Ausläufer der Alpen, grenzen in Afrika an die Sahara und in Asien an das Zweistromland.

In der Zusammenschau mit wirklich großen Ozeanen wirkt dieses Meer mit seinen rund 2,5 Millionen Quadratkilometern Wassermasse geradezu winzig. Geografen klassifizieren es als Nebenmeer des Atlantischen Ozeans, dessen Nebenmeere wiederum man vielleicht schwach aus dem Erdkundeunterricht erinnert: das Ligurische, Tyrrhenische, Ionische und Levantinische Meer, dann die Straße von Sizilien und die Kleine Syrte (die sich jüngst als Austragungsort des Aufstands gegen Gaddafi in Erinnerung rief), und jedes Kind kennt Adria und Ägäis.

Heraus kommt man aus diesem badewannenförmig anmutenden Becken zum Atlantik durch die Straße von Gibraltar, am Affenfelsen vorbei, zum Schwarzen Meer durch die Dardanellen, das Marmarameer und den Bosporus, zum Roten Meer durch den 1869 eröffneten Suezkanal, der die Passage um Afrika herum erübrigte und den Europäern den kurzen Weg in den Indischen Ozean öffnete. Diese Routen fahren die modernen Kreuzfahrer in ihren Traumschiffen nach, hier verläuft aber auch die ganz prosaische und oft knallharte Transitstrecke für die Containerschiffe und Supertanker, darunter für ein gutes Viertel der Öl- und Gastransporte weltweit. Gebaut werden Schiffe hier, außer an ein paar griechischen Werften, kaum noch.

Große Landmarken im Wortsinne sind die Iberische Halbinsel mit Spanien und Portugal, die Apenninen-Halbinsel mit Italien, die Balkan-Halbinsel und Kleinasien. Wichtige Inseln sind Korsika, Sardinien und Sizilien, Malta und Zypern, hervorstechende Inselgruppen die Balearen mit der Hauptinsel Mallorca, die Ionischen Inseln in der Ägäis und der Toskanische Archipel um Elba. Das Mittelmeer speist sich aus allen Richtungen, unter anderem aus Nil, Ebro, Rhône, Po und den türkischen Menderes-Flüssen. Insgesamt ist der Süßwassereintrag bescheiden, und er lässt nach, während sich die Wassertemperatur erhöht.

Ikonisch geworden für die mediterrane Markenbildung sind die vielen größeren und kleineren Golfe, mit zum Teil relativ flachen Stränden. Das Mittelmeer hat einen niedrigen Tidenhub, und belebt ist es üblicherweise nur in den Lagunen vor Venedig und Triest, an der Meerenge von Gibraltar und im Golf von Gabès. Auf Reliefgloben der Weltmeere kann man mit den Fingern begreifen, wie vergleichsweise flach das Mittelmeer ist, in das sich gleichwohl auch unter dem Meeresspiegel die großen Flüsse noch weiter eingraben. Der tiefste, »Calypso« genannte Punkt liegt südwestlich der griechischen Halbinsel Peloponnes, wo sich die Afrikanische in die Asiatische Kontinentalplatte schiebt. Oft kommt es zu schweren Erdbeben mit Tausenden Toten und Obdachlosen (Türkei 1983, 1992, 1999; Italien 1976, 1980, 2009; Algerien 1954, 1980, 2003), zuletzt in der Emilia Romagna (Mai 2012); seismisch aktiv ist auch der Übergang vom westlichen zum östlichen Becken zwischen Italien und Sizilien. Dabei ist es in der Vergangenheit auch im Mittelmeer zu Tsunamis mit verheerenden Überschwemmungen gekommen.

Die Blickrichtung der Kultur- und Sozialanthropologie war in der Regel vom Meer landeinwärts gerichtet, hier vor allem auf die spezifischen Formen der mediterranen Landwirtschaften und Dorfstrukturen: Ehedem eine Getreidekammer des Römischen Reiches, dominiert in der Wahrnehmung der

Olivenbaum fast rund um das gesamte Mittelmeer, ebenso der Weinanbau und die Imkerei. Wichtig waren die Bewässerungskulturen für Obst und Gemüse, die heute großflächigen Gewächshauskulturen Platz gemacht haben. Typisch für die Tierwelt des Raums sind Maultiere und Esel, Lämmer und Stiere; Letztere haben zusammen mit den agrarischen Produkten und Meerestieren eine ebenso einfache wie raffinierte mediterrane Küche geprägt, darunter auch die Verbindung von Fisch und Salz in der venezianischen Küche.

»Typisch mediterran« wirkt der Terrassenbau, eine über Jahrhunderte erbrachte Agrikulturleistung, die das diversifizierte Angebot an mediterranen Speisen und Getränken entstehen ließ. Terrassen beherrschen an vielen Stellen noch das Landschaftsbild und leisten wichtige Dienste: Sie halten Sedimente, sorgen für die Einwurzelung von Weinstöcken, Oliven- und Zitrusbäumen auf steinigem Grund, sie erleichtern den Aufstieg an steilen Hängen und räumen mit ihrem Aufbau Steine vom Feld, schließlich binden sie heftige Regenfälle und verhindern Erosion. Den meisten Betrachtern wird gar nicht bewusst, welche ästhetische Prägung und Anziehungskraft mediterrane Landschaften durch diese Terrassen haben, die leider an vielen Stellen zerfallen und verrotten.

Wanderer, die in der Mittelmeerregion mehr die Einsamkeit (oder Fossilien) suchen, schätzen als Pendant die »Badlands«, die man in Spanien, Griechenland und Südfrankreich findet. So heißen ausgedehnte, von Rinnen und Schluchten zerfurchte Landstriche, deren fruchtbare Böden erodiert sind und die sich dem Betrachter durch dramatische Formen und Farben auszeichnen. Die »mauvaises terres« gibt es in ariden, periodisch von heftigen Niederschlägen heimgesuchten Gegenden mit karger Vegetation und lockerem Sediment. Was wie eine Vorstufe von Wüstengebiet aussieht, ist eine originäre Erscheinung, nicht zu verwechseln mit der von menschlichen Eingriffen verursachten Desertifizierung.

Angenehm und für Reisende anziehend ist das mediterrane Klima: sehr warme, überwiegend trockene Sommer mit Durchschnittstemperaturen von 23 bis 26 Grad wechseln ab mit von Westen nach Osten abnehmend niederschlagsreichen und milden Wintern (10 bis 16 Grad). Von Norden her dringen regelmäßig starke, sprichwörtlich gewordene Winde ein – der *Mistral* in Südfrankreich und die *Bora* in Kroatien mit kalter Luft und hohen Geschwindigkeiten, von Süden der *Chamsin*, ein trockenheißer Wüstenwind an der Levante, und der *Scirocco*, ein warmer Wind aus der Sahara, der sich über dem Mittelmeer mit Feuchtigkeit auflädt.

Der Mittelmeerraum zeichnet sich, unter anderem als Ziel- und Durchgangsstation von Vogelwanderungen, durch eine besonders hohe Artenvielfalt aus. Auch die Liste der Meerestiere ist lang, unter den über 700 Fischarten finden sich Wale, Haie und Delphine; und für mediterrane Fischsorten können Fischer und Händler durchweg hohe bis sehr hohe Preise verlangen. Auch Bodenschätze wie Salz, diverse Erze, Quecksilber und Bauxit lagern rund um das Mittelmeer, drei Viertel des weltweit geförderten Phosphats stammen aus Marokko, Braun- und Steinkohle haben Kroatien und Montenegro zu bieten. Nach Schätzungen des *United States Geological Survey* sollen im Mittelmeer rund 1,7 Milliarden Barrel Erdöl und 122 Billionen Kubikfuß Erdgas liegen.

Das Meer ist in der Vergangenheit zwei großen Revolutionen ausgesetzt gewesen – einer neolithischen, in der die Landbewohner als Jäger (von Meerestieren) und Sammler (von Rohstoffen) tätig wurden, und einer industriellen, in der sie das Meer systematisch für die Güterproduktion und Dienstleistungen ausgebeutet haben. Aquakulturen und Offshore-Plattformen symbolisieren die jüngste Entwicklung. Gegen eine Nutzung des Meeres ist an sich nichts einzuwenden. Nun scheint aber eine kritische physische Grenze erreicht zu sein. Es ist wichtig, diese Grenzen zu kennen und zu respektieren, die das Erdsystem anthropogenen Einwirkungen und Einflüssen auferlegt und deren Überschreitung regional wie global zu katastrophalen Fehlentwicklungen führt. Die Anzeichen dafür sind unverkennbar: Das Mittelmeer gehört heute zu den am stärksten verschmutzten Seegebieten der Welt, außerdem hat der seit Jahrtausenden anhaltende unkontrollierte Holzeinschlag viele Waldflächen und Baumsorten unwiederbringlich zerstört. Die für die Region typischen (und zum Teil willkommenen) Waldbrände haben epidemische Formen angenommen – beigetragen haben dazu auch die dichte Besiedlung, die Bodenspekulation und Brandstiftungen. In der Landwirtschaft, wo der Trockenfeldbau mit mehrjährigen Brachen vorherrscht, sind die Böden zunehmend degradiert; künstliche Bewässerung lässt den Grundwasserspiegel absinken und führt zu großflächigem Verlust von Kulturland. Zahlreiche Ränder der Mittelmeerregion, auch in Europa, sind von massiver Bodenerosion und Wüstenbildung bedroht.

Aus naturwissenschaftlicher Sicht lässt sich die stoffliche und energetische Mensch-Meer-Interaktion als Entropiebeschleuniger verstehen. Die Menschheit extrahiert aus dem Meer konzentrierte Energie- und Proteinträger für ihre Ernährung, Produktion und ihren Handel und leitet auf der anderen Seite direkt und indirekt nicht mehr nutzbare Abfälle ins Meer, sowohl durch die Verklappung als auch durch Einträge über die großen Flusssysteme. Indem die Schwerkraft die Flussrichtung des Wassers vorgibt, wird das Meer zum Endlager und einer »Senke« stofflicher und energetischer Abfälle. Aus thermodynamischer und biologischer Sicht führen Verklappung und Überfischung zu einer bedrohlichen anthropogenen Störung des bestehenden Systemzustandes. In der Konsequenz bedeutet das, die anthropogenen Ströme zur Wiedererlangung von Nachhaltigkeit in der Mensch-Meer-Interaktion energisch einzudämmen, um ein relatives Systemgleichgewicht zu erreichen. Ähnlich wie ein Garten durch übermäßige oder zu sparsame Eingriffe seines Besitzers ruiniert werden kann, muss auf der einen Seite die Überausbeutung gestoppt werden und auf der anderen Seite ein seegärtnerischer Eingriff die qualitative Aufwertung des Meeres herbeiführen.

Ein besonders dringendes Problem in weiten Teilen des Mittelmeerraums ist die Wasserknappheit. Die Frischwasserressourcen aus Flüssen und Seen werden in dieser Trockenregion von ganz unterschiedlichen Nutzungen angezapft: Stadtbewohner und Touristen verlangen außer nach großen Mengen Trinkwassers nach Dusche, WC und Car-Wash-Anlagen, das Gros der Agrarproduktion erfordert ganzjährige künstliche Bewässerung. Atomkraftwerke haben einen enormen Kühlwasserverbrauch. Hinzu kommen, kaum bemerkt, externe Effekte: Mitteleuropa schneidet bei Wasserqualität und -verbrauch nur deswegen gut ab, weil ein großer Teil der für den heimischen Verbrauch benötigten Nahrungsmittel dank künstlicher Bewässerung andernorts erzeugt wird, etwa im extrem trockenen Andalusien oder in der Negev-Wüste. Jeder, der Tomaten aus Spanien oder Erdbeeren aus Israel verzehrt, ist damit ein Mittelmeeranrainer.

An vielen Stellen führt das zu bedrohlichen Versorgungsengpässen, die durch den Klimawandel verstärkt werden dürften und deren Lösung durch Großprojekte, wie Staudämme oder Kanäle, wiederum zum Teil negative ökologische Folgen zeitigt. Die Folgen des fehlenden Wassermanagements ziehen Streitigkeiten nach sich, die sich, etwa am Jordan (der Wasserscheide zwischen Israel, Palästina und Jordanien), an Euphrat und Tigris (zwischen der Türkei, Syrien, Irak und Iran) sowie in Nordgriechenland (an der Grenze zu Bulgarien, Makedonien und der Türkei) jederzeit aufladen und zu Territorialkonflikten eskalieren können. Wasserknappheit durch den rasant ansteigenden Verbrauch und Trockenperioden führen an vielen Stellen zu einer teilweise rasanten Desertifizierung, zum Ausgreifen der Sahara auf die fruchtbaren Küstenstreifen (ehedem Getreidekammern Roms!), im Norden zur Ausbreitung von Wüstenregionen vor allem in Spanien, wo der Prozess durch Abholzung und Überweidung bereits seit Jahrhunderten anhält.

Aber auch unterhalb dieser Schwelle führt der ökologische Stress in der Mittelmeerregion zu mannigfachen Zielkonflikten zwischen industrieller Nutzung, Tourismus, Naturschutz und den Versorgungsbedürfnissen der lokalen Bevölkerung. Ohne Selbstbeschränkung zerstört der Massentourismus durch hohen Ressourcenverbrauch und Landschaftszerstörung genau das Gut, das er anbietet – den unvergesslichen Sommerurlaub am Strand oder in den Bergen.

Mythos: Der Süden

Dagegen bedarf es einer neuen »großen Erzählung«, wenn man so sagen darf: eines neuen Mythos vom Meer. Mythos ist hier nicht zu verstehen als Erzählung von Göttern und Menschen wie Gustav Schwabs »schönste Sagen des Altertums«, erst recht keine bewusste Verfälschung der Wirklichkeit. Mythen sind vielmehr welterklärende und handlungsleitende Denkformen, in denen sich Erfahrungswirklichkeit und Entwürfe einer anderen Welt verbinden. In diesem Sinne hat Elisabeth Mann Borgese in den 1970er Jahren vom »Drama der Meere« gesprochen und Paul Valéry in den 1930er Jahren sein legendär gewordenes *Centre Universitaire Méditerranéen* in Nizza konzipiert. Und so soll nun der Mythos Meer allgemein und speziell am Fall des Mittelmeeres rekonstruiert werden.

Die Menschheit hat ihr Verhältnis zum Meer historisch sehr unterschiedlich gestaltet. Man kann diese Entwicklung grob in drei Phasen einteilen, deren erste, vormoderne sich als kollektive Meeresabgewandtheit bezeichnen lässt. Mentalitätsgeschichtliche Studien haben gezeigt, wie bis in die Neuzeit hinein das Meer – von jeher wichtige Nahrungsressource (Fischfang), Fortbewegungsmedium (Seefahrt) und Abfalldeponie (durch den Eintrag der Flüsse ins Meer) – als Hort des

Schreckens und Quelle ständiger Gefährdungen empfunden wurde. Es erinnerte an die Sündhaftigkeit und Hinfälligkeit des Menschen, symbolisierte die Möglichkeit des universellen, die Menschheit verschlingenden Chaos. Die Küstenzonen und der Limes zwischen Meer und Himmel waren Orte der Spannung, von denen aus es möglichst rasch wieder »festen Boden« unter den Füßen zu gewinnen galt.

Küstenlandschaften und Meere sind Symbolräume, die seit alters her Milieus mit hoher beziehungsweise dubioser Reputation hervorgebracht haben – Fischer, Händler, nautisches Personal, Seeräuber, Schmuggler und so weiter. Den alten Mythos Meer bevölkerten Fabelwesen, Götter (Poseidon/Neptun) und Seeungeheuer. Die Geschichtsschreibung seit Herodot zeugt von Raub- und Kreuzzügen auf hoher See, und unzählige Geschichten künden vom Verirren, Entdecken und »Cruisen«. Hans Blumenberg hat sie 1979 in seinem gleichnamigen Buch als »Schiffbruch mit Zuschauer« resümiert:

> »Der Mensch führt sein Leben und errichtet seine Institutionen auf dem festen Lande. Die Bewegung seines Daseins im Ganzen jedoch sucht er bevorzugt unter der Metapher der gewagten Seefahrt zu begreifen. Das Repertoire dieser nautischen Daseinsmetaphorik ist reichhaltig. Es gibt Küsten und Inseln, Hafen und Hohes Meer, Riffe und Stürme, Untiefen und Windstillen, Segel und Steuerruder, Kompass und astronomische Navigation, Leuchttürme und Lotsen. Oft dient die Vorstellung der Gefährdungen auf der hohen See nur dazu, die Behaglichkeit und Ruhe, die Sicherheit und Heiterkeit des Ha-

> fens vorzustellen, in dem die Seefahrt ihr Ende finden soll. (...) Zwei Voraussetzungen bestimmen vor allem die Bedeutungslast der Metaphorik von Seefahrt und Schiffbruch: einmal das Meer als naturgegebene Grenze des Raumes menschlicher Unternehmungen und zum anderen seine Dämonisierung als Sphäre der Unberechenbarkeit, Gesetzlosigkeit, Orientierungswidrigkeit.«

Solche Metaphern und Narrative tradieren sich bis heute in der Seemannssprache (Landratten und »Piraten«-Partei), in der bildenden Kunst (von Claude Lorrain und Caspar David Friedrich bis Hiroshi Sugimoto), in der Literatur (von mythischen und biblischen Figuren wie Kirke und Jona über Prospero in William Shakespeares »Sturm«, Robinson Crusoe und Lord Jim oder Kapitän Ahab in Herman Melvilles »Moby Dick« bis zu Frank Schätzings Sciene-Fiction-Thriller »Der Schwarm« und Antje Rávic Strubls »Sturz der Tage in die Nacht«), im Film (von Jacques Cousteaus Dokumentationsfilmen und dem »Flipper«-Kinderfilm bis hin zu Blockbustern wie »The Big Blue«, »Waterworld«, »Der weiße Hai« und »Das Boot«), im Lied und Shanty (von Charles Trenets »La Mer« bis zum vielfach gecoverten Weltschlager »La Paloma«).

Doch vorbereitet durch die Säkularisierung und Verwissenschaftlichung der Weltbilder, auch durch die ästhetische Re-Vision, wurden Meere in der zweiten Phase zu Anlässen der Bewunderung und Medien der Welterschließung – »Meereslust« (Corbin) entwickelte und verbreitete sich. Zwar behielt die See ihren konkreten Schrecken (der Untergang der *Titanic* vor hundert Jahren haftet immer noch im kollektiven

Gedächtnis der Welt), aber es überwiegt die Faszination der im und via Meer erreichbaren Möglichkeiten und Ressourcen. Das Restrisiko wurde durch die Entwicklung von Navigationssystemen, durch die Küstenbefestigung und die Ver-Sicherung und Routinierung des internationalen Seetransportwesens eingedämmt, es bleiben nur der Nervenkitzel der *Titanic* im Film und der *Costa Concordia*. Zugleich gewannen die Meere eine kompensatorische Bedeutung: Bevölkerungen, die in Meeresnähe leben, aber vor allem reiselustige Fremde und Touristen entdeckten die Küsten als ebenso schönen wie nutzbringenden Vorzugsraum. Im 19. Jahrhundert begannen der Strandtourismus und die friedliche Kreuzfahrerei, die sich im Verlauf des 20. Jahrhunderts vom Privileg von Aristokratie und Oberschichten zum egalitären Massenkonsumgut entwickelten. Die Küsten bevölkerten sich mit Hobbynauten, die Überseepassage verlor ihren exquisiten Schrecken.

In dieser Phase potenzierten sich die Nutzungsformen der Weltmeere als »Brunnen und Rinne«, was in einer typischen »Tragik der Allmende« (Hardin) zu den beschriebenen Effekten der Übernutzung und Kloakenbildung führte und durch Schutzregulierungen auf globaler und regionaler Ebene bisher nicht aufzuhalten war. Damit steht die Menschheit heute womöglich an der Schwelle zur dritten Phase, sollte das Meer auf lange Sicht seine (weder durch Telekommunikation noch Flugverkehr ersetzbaren) Funktionen für die gesamte Menschheit verlieren. Es ist bemerkenswert, wie die Meere heute erneut als Ausgangspunkt von Katastrophen und Ursache wachsender Schadenskosten wahrgenommen werden: Die Auswirkungen des Klimawandels, darunter der Anstieg und die Versauerung der Meere, sowie das bis zur sechsten (endgültigen) Auslöschung gehende marine Artensterben haben sich zu einer manifesten Bedrohung von Inseln und Küstenstreifen, von Hafenstädten, Mega-Citys und Deltaregionen gebündelt. Zum einen büßen die Meere ihre Funktion als Nahrungsressource ein, damit auch als Beschäftigungsquelle für Fischer und wiederum mit ihnen verbundene Professionen und Milieus. Zum anderen geraten die Meere, wie die »Landnahme« in der durch den Klimawandel zunehmend eisfreien Arktisregion demonstriert, durch die Exploration und Ausbeutung von Rohstoffen unter Stress.

Ein Beispiel aus dem östlichen Mittelmeer: Der Ölkonzern BP brachte 2007 eine Tiefseebohrung vor der libyschen Küste ein und erwarb ein 54000 Quadratkilometer großes Ölfeld, dessen Exploration die italienische Regierung zu scharfen Protesten veranlasste – im »kleinen« Mittelmeer würde eine Katastrophe vom Typ »Deepwater Horizon« noch größere Schäden anrichten als im Golf von Mexiko. Dasselbe gilt für Tankerhavarien. Auch das Klima im Mittelmeerraum hat sich in den letzten Jahrzehnten merklich gewandelt: Der Meeresspiegel steigt derzeit um bis zu 2,5 bis 10 mm jährlich (im Mittel 1990 und 2007), die Wassertemperatur seit den 1970er Jahren um 0,12 bis 0,5 °C im Jahr. Schon spekulieren Meteorologen über Hurrikane über dem Mittelmeer. »Medicane« (kleinere Wirbelstürme im Herbst) sind nichts Ungewöhnliches, aber 2011 kam es zu einer Premiere, als die Côte d'Azur und die italienische Riviera unter einem Tiefdruckgebiet mit tagelangem Starkregen litten, welches die US-Wetterbehörde NOAA als tropischen Sturm der Stärke »01M« einstufte. Die

Klimaprognosen für die Region sagen mehr Hitzesommer, Starkregen und Sturmereignisse voraus.

Dagegen muss auch der letzten »Landratte« klar werden, dass hier ein Erbe der Menschheit aufs Spiel gesetzt wird, das auch wir unseren Kindern und Enkeln übergeben wollen. Man kann Teile des Meeres zur Schutzzone erklären und »hands-off« proklamieren, aber natürlich nicht die Wasseroberfläche insgesamt. Der Schutz des Erbes bedeutet, dass wir als *kluge* Jäger und Sammler und als *behutsame* Gärtner eine intelligentere Nutzung der Meere einleiten und tatkräftigen Respekt vor der maritimen Natursphäre bezeugen, wie vor den Regenwäldern und den Himalayagletschern. Während die meisten Menschen verstanden haben, dass die Atmosphäre über uns, die nur eine Hundertschaft von Astronauten durchfliegen konnte, durch Treibhausgase belastet und durch Mitigation zu schützen ist, fällt das mit Blick auf das Allmendegut Meer, das Millionen befahren und Milliarden bevölkern, offenbar viel schwerer. Nach dem Verzehr und Genuss wendet man sich dem Land zu und hat höchstens den eigenen Küstenstreifen und Horizontausschnitt im Blick, obwohl die globale Interdependenz nirgendwo größer ist als in den Ozeanen. Ein deutscher Umweltminister äußerte sich einmal sehr erstaunt über unser Interesse am Mittelmeer oder den Weltmeeren allgemein – wir hätten doch nur ein paar Hundert Kilometer Wasserkante. Dabei ist Deutschland eine der größten (passiven) »Seemächte«, indem deutsche Produzenten und Verbraucher einen großen Teil des globalen Containerverkehrs nutzen, massenhaft Produkte aus Meeresgebieten und Küstenzonen verzehren und verarbeiten und der aus deutschen Landen eingetragene oder verklappte Abfall am Ende genauso in inselgroßen Plastikwirbeln auf dem Pazifik oder am tiefsten Punkt im Marianengraben landet. Unsere weltweit führende Meeresforschung konzentriert sich gleichwohl auf Nord- und Ostsee.

Damit zur zweiten und lokalen Ebene des Mythos Meer, der im Fall des Mittelmeers, der »corrupting sea« (Peregrine Horden/Nicholas Purcell), die Himmelsrichtungsmetapher vom Süden angenommen hat. *Abschied vom Süden* lautete eine Titelgeschichte der ZEIT im Sommer 2012 – ohne Fragezeichen. Die deutsche Wirtschaftspresse quoll schon seit Monaten über mit Geschichten über das Wirtschaftsversagen der PIGS, als seien die Volkswirtschaften im Mittelmeerraum Infektionsherde, die man nur sorgsam isolieren müsste, um eine Ansteckung der Weltwirtschaft zu verhindern – und als habe die ganze Globalisierungsrhetorik nur so lange gegolten, als man den globalen Süden noch ökonomisch anzupassen und unterzuordnen bemüht war.

Kulturhistorisch interessant ist an diesem Dualismus, dass mit »kalter« Rationalität des Nordens und »heißer« Unvernunft des Südens krude Klimastereotype des 17. Jahrhunderts hervorgekramt werden, die etwa Montesquieu in seiner epochemachenden Schrift *Vom Geist der Gesetze* (1748) aufgetischt hatte. Klischees lassen sich positiv und negativ besetzen, hier zur Kennzeichnung eines Modernisierungsrückstandes ebenso wie zum Lobpreis einer vor- oder alternativ-modernen Lebensart, zur wirtschaftspädagogischen Belehrung der mediterranen »Faulpelze« ebenso wie zur Selbstreflexion und Horizonterweiterung des einseitigen *Rational Man*, der lebt, um zu arbeiten, und nicht arbeitet, um zu leben.

Sicher müssen beide Sorten von Klischees hinterfragt werden, aber in der mediterranophilen Sichtweise liegen Wurzeln eines neuen Mythos, der aus der kulturellen Defensive heraus argumentiert. Franco Cassano, ein marxistischer Soziologe aus Bari, hat das »südliche Denken« dem »nördlichen« (oder westlichen) Mainstream spiegelbildlich als heilsame Idee entgegengesetzt. Er postuliert eine mediterrane Denkweise, die den Süden (Europas) nicht durch nordwestliche Augen betrachtet, vielmehr als globale Antithese der Entschleunigung gegen das faustische Bestreben, sich die Welt unterzuordnen, oder als homogenisierende Welt manischer Arbeit und genusslosen Konsums, als Alternative zum Fundamentalismus des Landes wie der See. Zwei exemplarische Kommentare aus jüngster Zeit ergänzen diese Sichtweise. Der erste, von dem »nördlichen« Literaturhistoriker Dieter Richter, ruft Goethes Italienbegeisterung auf und aktualisiert sie:

> »Was spräche eigentlich dagegen, ebenjene ›Manier‹ Goethes auch in aktuelle Nord-Süd-Debatten einzubringen und in den gescholtenen Südländern über Zahlungsbilanzen und Bruttoinlandsprodukte hinaus auch Ressourcen und nicht nur Defizite zu entdecken und damit schließlich sogar das Eigene vor dem anderen ein wenig zu relativieren? Die mediterranen Länder gehören unverzichtbar zu Europa, und worin ihr Beitrag zu dem Ganzen und Einzigen aus Süden und Norden besteht, lässt sich in der Tat nur erkennen, wenn man sie ›nur in sich selbst und recht im Detail ansieht‹. Großzügigkeit, Improvisationsfähigkeit, eine Art von anarchischem

> Zusammenhalt, der Primat des Persönlichen vor dem Institutionellen, Schönheitssinn, Darstellungskunst, Genussfähigkeit, ein ungezwungeneres Verhältnis zur Arbeit – könnte eine Annäherung an ›mentalitätsbedingte Disparitäten‹ nicht auch in diese Richtung gehen? Und wäre dann dieses Europa, nicht hierarchisch, sondern als Konzert gedacht, nicht in der Tat ›ein großer herrlicher Anblick‹?« (DIE ZEIT, 25, 14.06.2012, S. 48)

Dem pflichtet der zweite, aus der Feder des spanischen Schriftstellers Antonio Muñoz Molina, aus »südlicher« Sicht bei. Er erinnert an die Beiträge des Mittelmeerraums zum wirtschaftlichen Aufstieg Europas und ruft zu einer neuen rechnerischen wie mentalen Balance auf:

> »Der Fleiß und die technischen Fähigkeiten des Nordens brauchen die Märkte des Südens. Im milden Klima des Südens erfahren die Menschen des Nordens Momente des Glücks. Aber weder können wir Südländer uns mit der Rolle fügsamer Käufer und Kellner und Lieferanten kurzweiliger Unterhaltung abfinden, noch ist es gerecht, dass der Norden mit hochnäsiger, geradezu imperialistischer Herablassung auf uns niederblickt. (…) Den Norden verlieren, den Süden verlieren, die Orientierung oder das Schöne im Leben, das scheinen zwei völlig verschiedene Dinge zu sein, sie bedeuten aber dasselbe: Wir berauben uns dessen, was unser Wertvollstes ist, das Gleichgewicht zwischen persönlicher Freiheit und Solidarität, zwischen technischer Effizienz und Lebensstil, zwischen

> Kapitalismus und Gerechtigkeit, wie es nur in Europa existiert.« (DIE ZEIT, 31, 26.07.2012, S. 31)

Das heißt: Nordlichter und Südländer sollen so bleiben, wie sie sind. Ethnische Stereotype bilden den sozialen Kitt multikultureller Gesellschaften, aber dem aufmerksamen Ethnologen fällt es schwer, in einer mitteleuropäischen Fußgängerzone vornehmlich Fleiß oder in einem Londoner Bankhaus nur penible Buchhaltung zu erkennen, so wie er im Zentrum Barcelonas, im Erdgasterminal von Arzew oder in einem mittelständischen Betrieb von Thessaloniki nicht überwiegend Schlendrian oder Schönheitssinn entdecken wird. Und dem Kosmopoliten fällt es ebenso schwer, sich vorzustellen, am mediterranen Wesen werde die Welt als Ganze genesen.

Euro-mediterran denken hieße eher, die alten Abziehbilder von protestantischem Norden und katholischem Süden zu überwinden, also die verführerische Einheit von Raum, Kultur und Nation hinter sich zu lassen. Und zu dem vorzustoßen, was Muñoz und Richter ja auch fordern – eine ganzheitliche Sicht und wechselseitige Solidarität. Bedenklich ist eine mentalitätsbezogene Arbeitsteilung, weil sie den Süden trotzig auf die Rolle von »Käufern und Kellnern und Lieferanten kurzweiliger Unterhaltung« (Muñoz Molina) festlegt und dem Norden Standards von Rationalität und Effizienz aufzwingt, die sich in der gegenwärtigen Finanzkrise als obsolet erwiesen haben. Das Entwicklungsmodell muss sich als Ganzes verändern, und dazu kommt das Heil weder allein aus dem Norden noch aus dem Süden.

Polis: Die Aktualität euro- und transmediterraner Netzwerke

Der Gedanke der Polis ist bekanntlich im Mittelmeerraum von einer der ersten Seemächte der Erde erdacht und erprobt worden – von den Stadtstaaten des Attischen Seebundes im fünften Jahrhundert vor unserer Zeitrechnung. Ihr Symbol war der von Perikles angeordnete Bau der Akropolis von Athen, die in den Abendnachrichten nunmehr zur Ruinenikone des mediterranen »Sauladens« degradiert wurde. Ohne diesen Bund der Poleis *(hoi Athenaíoi kai hoi sýmmachoi)* idealisieren und übermäßig aktualisieren zu wollen, enthält er doch einen bedenkenswerten politischen Kern für die transnationale Kooperation heute: An die Stelle einer orientalischen Landmacht, der Despotie der Perser, trat als politische Macht ein für die damalige Zeit ungewöhnlicher horizontaler Bund von Kleinstädten, die ihren Vollbürgern demokratische Mitwirkung einräumten (Meier 1995).

Die Symmachie verband Stadtstaaten auf dem griechischen Festland, im westlichen Kleinasien, in Thrakien und auf den ägäischen Inseln. Ihr Versammlungsort war erst die Kykladeninsel Delos, dann Athen. Dort tagte die Bundesversammlung, in den Tempeln des Apollon beziehungsweise der Athene lagerten die Finanzmittel des Bundes, die durch Tribute der Mitglieder aufgebracht wurden.

Als Verteidigungsbündnis gegen die Perser gegründet und in der Seeschlacht von Salamis gegen diese siegreich, wurde der Seebund ein Instrument der Hegemonie Athens. Kolonisation und Demokratieexport gingen Hand in Hand, bis diese Union vornehmlich Herrschafts- und Ausbeutungsinteressen diente, darunter nicht zuletzt der in die athenische Demokratie einbezogenen Theten (Ruderer) – damals führten Demokratien auch Angriffskriege. Der brutale Übergriff Athens auf die unbotmäßigen Bewohner der kleinen Insel Melos zeugt davon ebenso wie die durch archäologische Funde belegte Umweltkrise im 4. Jahrhundert, die durch Schlackehalden aus den Bleibergwerken und die radikale Abholzung zur Gewinnung von Brennholz für die Schmelzöfen verursacht war.

Waren die historischen Reiche (mit Ausnahme der Wikinger) terrestrisch geerdet, bildet das Meer in der Neuzeit die natürliche und systemische Umwelt des internationalen Staatensystems. Die Herausbildung der modernen Staatlichkeit und Ökonomie wurde wesentlich durch die auf den Weltmeeren vollzogene Globalisierung im »Zeitalter der Entdeckungen« vorangetrieben, zunächst unter portugiesischer und spanischer, dann niederländischer und britischer Ägide. Internationale Beziehungen, Völkerrecht und freier Welthandel entwickelten sich wesentlich auf dieser Grundlage. Das Mittelmeer war hier nur der Ausgangspunkt, seit der Florentiner Amerigo Vespucci und der Genueser Christoph Kolumbus von Lissabon und Càdiz aus den Atlantik überquerten. Die marine Expansion unterscheidet sich wesentlich von der terrestrischen, insofern sie, auf schwankendem Grund, nicht durch Grenzmarkierungen geleitet oder behindert war. Dieser praktische Universalismus und spontane Kosmopolitismus prägte das Seerecht und die weltumspannenden Handels- und Verkehrsbeziehungen, doch mehr und mehr als Funktion der terrestrischen Entwicklung, die auf der Konstitution, Konzentration und Kooperation nationalstaatlicher Systeme beruhte und das Mittelmeer ab dem 16. Jahrhundert in eine Randlage brachte.

Ein Forscherkreis um die schweizerisch-slowenische Historikerin Desanka Schwara hat den Mittelmeerraum als eine Verschachtelung von Diasporagemeinschaften dargestellt. Auf der schwankenden Grundlage der See sind solche Migrantenzirkel in imperialen Räumen lange vor der Ausbildung und Festigung der modernen Nationalstaaten entstanden. Ihre wichtigsten Trägergruppen waren Kaufleute, Seefahrer und Piraten, Personengruppen also, die ihrer Natur nach hochmobil sind, die auf ihre Bewegungsfreiheit achten und – im dezidierten Interesse an Gewinn und Beute – eher religiöse und großfamiliäre als nationale Bindungen und Loyalitäten eingegangen waren.

Das Mittelmeer lag als ausgedehnter Raum für Waren, Passagiere und Ideen vor ihnen. Sie machten es zu einem dichten Kommunikationsraum geteilter Weltbilder und rivalisierender Glaubensüberzeugungen, die sich in einem bunten Festkalender manifestierten. Dabei waren die Grenzen zwischen anerkanntem Handel und kriminell-klandestinem Korsarentum, zwischen theologischem Disput und missionarischem Eifer durchaus fließend.

Das Mittelmeer als große Diasporazone, in welcher *routes* (Wege) mehr galten als *roots* (Wurzeln) – diese Sichtweise darf gleichwohl nicht zu einer rückblickenden Romantisierung von Mobilität und Entwurzelung führen, denn viele Migrationsfälle waren auch in früheren Epochen gewaltsam erzwungen. »Zerstreuung«, wie Diaspora wörtlich zu übersetzen wäre, ist nicht per se eine Brutstätte von Innovation und Kosmopolitismus, sie wird dazu nur unter günstigen Umständen urbaner Toleranz. Zu bevorzugen ist deshalb der neutralere Begriff der Netzwerke. Jedenfalls stellten die physischen Interaktionen und imaginierten Verbindungen im Mittelmeerraum kein klares Wir-Gefühl und keine territoriale Einheit her, sie schufen eher *margins* (Natalie Zemon Davis), Zwischenwelten. Diese reichen in die kulturellen Ursprünge Europas im Zweistromland zurück und strahlen aus in den nord- und südatlantischen Raum, in die kolonisierten Gebiete Afrikas und Asiens und in diverse mediterrane Diasporagemeinschaften in aller Welt. Méditerranée in diesem Sinne findet sich dann auch bei den Sopranos in New Jersey, bei den Papakonstantinous in Melbourne und den Mandelbaums in Los Angeles und Schanghai.

Von besonderer Bedeutung für die Mittelmeerwelten seit den Phöniziern und Etruskern waren die Netzwerke zwischen den Stadtstaaten, deren Austausch auch für Braudel die faktische Einheit des Mittelmeerraums stiftete. Das bedeutet auch: Die Mittelmeerregion konnte das Zentrum der Welt und die Arena einer ersten Globalisierung sein, solange dieses Netzwerk funktionierte; ihr Einfluss und ihre prägende Kraft nahmen ab, als die Globalisierung auf die Atlantikachse ausgriff und die westfälische Ordnung konfessionell homogener Nationalstaaten und das Wettrennen um imperiale Einflusszonen die internationalen Beziehungen prägte.

Aus diesem Grund gilt es, sich die urbanen Systeme in Erinnerung zu rufen, deren Vitalität auf einem öffentlichen Raum beruhte, der von allen (männlichen) Gemeinschaften frequentiert und geteilt wurde. In ihm entfaltete sich die Palette von Professionen, Nationen und Glaubensgemeinschaften, dort ließ sich ein hohes Maß an Heterogenität integrieren, welches den Minderheiten und Außenseitern relativ großen Bewegungsspielraum einräumte und den Emporkömmlingen soziale Aufstiege und politische Karrieren ermöglichte. Hier entwickelte sich ein welthistorisch außerordentlicher Reichtum an (wiederum männlich dominierten) Patronage- und Klientelsystemen, an Geschäftsbeziehungen und Freundschaftsnetzen, hier standen die Stapel- und Bankhäuser, auch die Armenasyle und Siechenanstalten, hier begegnete man sich in Tavernen, Kaffeehäusern und Festsälen. Und hier behielt, trotz aller Cliquen und Kabalen, der öffentliche Platz seine inklusive republikanische Funktion der Versammlung und Deliberation.

Es wurde schon angedeutet, dass dieses »christliche Abendland« stark durch jüdische und muslimische Minderheiten und Eliten beeinflusst und geprägt war und auch auf der anderen Seite des Meeres die Araber erst mit ihrer Expansion nach Mesopotamien, Syrien, Ägypten und schließlich Südeuropa ihr hohes Entwicklungsniveau erreichten. Städte wie Damaskus, Kairo, Kairouan, Fes, Palermo, Cordoba und andere Orte im Al-Andalus waren die Zentren der geistlichen und wissenschaftlichen Welt im späten Mittelalter und in der frühen Neuzeit. Theologie, Philosophie, Jurisprudenz, Mathematik, Astronomie und andere Fächer blühten ebenso wie die schöne Literatur, die Architektur und die Heilkunde. Vor allem in der Schule von Toledo fand der Brückenschlag von der antiken Kultur ins moderne Europa statt; dabei war Arabisch die

Lingua franca der Gelehrten, in der wichtige Werke der Weltliteratur verfasst wurden, darunter die Autoren des goldenen Zeitalters der jüdischen Literatur.

Die Reconquista, die Vertreibung des Islam und der Juden aus dem westlichen Mittelmeerraum, versetzte der geistigen Entwicklung im katholischen Europa genau wie in der arabischen Welt einen empfindlichen Schlag, aber ohne die Übersetzungs- und Transferleistungen des islamischen Al-Andalus wären weder der Aufstieg Spaniens zur Weltmacht noch die westeuropäische Dominanz in der späteren Weltgesellschaft denkbar gewesen. Wer derlei Reminiszenzen als »multikulturalistische« Romantik abtut, irrt. Denn niemand leugnet die politisch-theologische Konkurrenz zwischen den monotheistischen Religionsgemeinschaften und die zum Teil mit Gewalt ausgetragenen Konflikte. Aber niemand sollte die Leistung dieser Epoche und damit auch ihren Vorbildcharakter für eine Mittelmeerunion neuen Typs verkennen, wie dies aus tagespolitischen Gründen seit 2001 zunehmend der Fall ist.

Man darf der Geschichtsklitterung vom ewigen christlich-islamischen Dualismus und Antagonismus keine allzu forsche Aktualisierung jener Potenzen entgegenhalten, die vor langer Zeit die Méditerranée ausgezeichnet haben und wohl unwiederbringlich dahin sind. Nüchtern zu konstatieren ist die Verlustgeschichte, die der Niedergang der mediterranen Welt und Vielfalt schon seit dem 16. Jahrhundert darstellt. Gleichwohl darf man in der akuten Krise nach Anschlüssen für eine polymorphe Gestaltung des heutigen Europa suchen, die das revitalisierte Netzwerk der Stadtstaaten ohne Einflussangst zum Vorbild und zur Drehscheibe einer euro-mediterranen Einigung erhebt. So würde das *Mare Nostrum* endgültig entkolonialisiert und seine nationalen, ethnischen und religiösen Antagonismen entschärft.

VESPUCCI
KOLUMBUS
HAFENSTÄDTE
Vernetzung
HANDEL
EU
Geistiger Austausch
Atlantik
AUFBRUCH in den WESTEN
nach 1500
Phase der DEKADENZ
bis 1500
GOLDENES ZEITALTER
CHRISTEN, JUDEN & MUSLIME
GLOBALISIERUNG
MAROKKO
ALGERIEN
TUNESIEN
Politischer Wille zur NEU VERNETZUNG
ENDE Politischer KORRUPTION
VERNÜNFTIGE MIGRATIONSPOLITIK
ENERGIEWENDE auf Basis ERNEUERBARER ENERGIEN - in BEIDE RICHTUNGEN
Schutz des Mittelmeeres selbst
SANFTER TOURISMUS mit Respekt
EUROMEDITERRAN und doch VERSCHIEDEN
BILDUNG
VISIO
seit 2008
UNION für das MITTELMEER
27 EU-STAATEN, Mittelmeeranrainerstaaten und JORDANIEN, MAURETANIEN
MAURETANIEN
KEINEN NORD-
ENTST

OPA
"UNSER Meer"
LEERGEFISCHT.
Unsere EMISSIONEN
von unserer FANGFLOTTE
?
Der KAMPF um die ERINNERUNG
DESTINATION URLAUB
ZUKUNFT STATT BEDROHUNG
VÖLKERWANDERUNG
ISLA
PIRATEN
Mediterran
ASIEN
TÜRKEI
KONFLIKT
KONFLIKT
KONFLIKT
ÖSTRŪM
SYRIE
LIBANO
JORDAN
PALÄSTINENSISC
AUTONOMIEGEBIE
ISRAEL
LIBYEN
ÄGYPTEN
AFRIKA
NFLIKT
LASSEN

III. Petit Tour

Eine Städtereise nach Utopia

»Das große Karthago führte drei Kriege.
Nach dem ersten war es noch mächtig.
Nach dem zweiten war es noch bewohnbar.
Nach dem dritten war es nicht mehr zu finden.«
BERTOLT BRECHT

In den Küstengebieten und Inselzonen des Mittelmeers sind die Stadtstaaten mit hohem Autonomiebewusstsein zunächst als Antipoden der Flächenstaaten aufgetreten und haben in ihnen später als lebendige und selbstbewusste Enklaven gewirkt. Es ist kein Zufall, dass sich ein großer Teil der Mittelmeerforschung, auch der Belletristik und Essayistik, auf diese urbanen Agglomerationen bezieht, weniger auf das dörflich-agrarische Hinterland, das vielen Anthropologen und Reisenden in einer gewissen Nostalgie als der eigentliche ruhende Pol und Stabilitätsgarant der Mittelmeerwelt galt. Der klingenden Städtenamen auf der Mittelmeerkarte sind nun unendlich viele: die Gründungen der Phönizier und Etrusker, Athen, Karthago und Rom in der klassischen Antike, die Residenzen der

Karolinger und Staufer, die großen und kleinen Metropolen wie Byzanz und Granada, Venedig und Ragusa – und so weiter und so fort. Hier am Mittelmeer entwickelten sich der Typus der neuzeitlichen Stadt und ein starkes Muster von Urbanität und Urbanisierung schlechthin, das bis ins 19. Jahrhundert hinein, bis zur Herausbildung und Dominanz der amerikanischen (Vor-)Stadt maßgeblich geblieben ist. Auch heute noch leben an diesem Meer die meisten Menschen an den Küstenstreifen und Deltas, am dichtesten in der zusammenwachsenden Metropolregion Kairo am Nildelta (16 Millionen), in Mega-Citys wie Istanbul (13), in Agglomerationen um Athen (4), Algier (3,5), Rom (3,3) und Barcelona (3). Das Nachtbild der urbanen Leuchtpole zeichnet den Küstenverlauf wie eine Lichterkette nach.

Dass Reisen bildet, kann man dem heutigen Massentourismus nicht unbedingt nachsagen. Auch ist, was man dabei erlebt, zutiefst persönlich, von Zufällen abhängig und idiosynkratisch. Der Baedeker und seine Nachfolger bis hin zu heutigen Apps, die einem direktiv den Weg in die nächste Pizzeria oder zu »places to stay« weisen, geben bestimmte Regeln vor und haben das allgemeine Reisen standardisiert. Das steht in lockerer Verbindung mit der »Grand Tour«, der seit der Renaissance (Montaigne!) in Mode gekommenen Mittelmeererkundung der Söhne (selten: und Töchter) des europäischen Adels, später des gehobenen Bürgertums, die antike Stätten bis ins Heilige Land umfasste (s. S. 190 f.)

Die im Folgenden beschriebene »Petit Tour«, die ich in den letzten Jahrzehnten zu besonders schwierigen Orten der transmediterranen Kooperation unternommen habe, ist subjektiv, aber doch nicht willkürlich gewählt. Sie soll gewohnt schöne und faszinierende, mit Blick auf das Projekt Mittelmeerunion aber eher problematische Szenen aufreihen und an ihnen die Hindernisse und Perspektiven der Europäisierung demonstrieren.

- Die nordisraelische Hafenstadt *Haifa*, lange Zeit eine arabisch-jüdische Ausnahme, lässt einen an der Vertracktheit des »Nahostkonflikts« schier verzweifeln.
- Die dalmatinische Welterbe-Stadt *Dubrovnik* symbolisiert das wohl größte europäische Kooperationsversagen nach der Wiedervereinigung von Ost und West im Jugoslawienkrieg von 1991 bis 1995.
- Die »weiße Stadt« *al-Dschazā'ir,* die Hauptstadt Algeriens, wirkt wie gelähmt durch die Hypothek eines über hundertjährigen Kolonialkonflikts und eines über Jahrzehnte währenden Bürgerkriegs.
- Die türkische Metropole *Istanbul* mit ihren Brücken vom geografischen Europa ins nominelle Kleinasien symbolisiert das uneingelöste Kooperationsversprechen im östlichen Mittelmeerraum.

Begleitet haben mich jeweils Schriftsteller und Künstler beiderlei Geschlechts aus diesen Städten – ihre Stimmen sind die wichtigen.

Haifa

Im Juni 2001 durfte ich im Rahmen einer Vorlesungsreihe am Bucerius Institute der Universität Haifa über Multikulturalität sprechen. Die Studierenden und Doktoranden waren interessiert am kulturellen Pluralismus in Deutschland, das sie fast ohne Rekurs auf seine rassistische Vergangenheit als Schmelztiegel schätzten und als Spiegel ihrer eigenen polyethnischen Gesellschaft betrachteten. Nach dem Vortrag saßen wir in einer Kneipe auf der Ben-Gurion-Straße zusammen. Meine Gastgeber stellten Haifa, die drittgrößte Stadt des Landes nach Tel Aviv und Jerusalem, als den Ort vor, an dem das Zusammenleben zwischen Juden und Arabern noch einigermaßen reibungslos funktioniere und die andernorts überhandnehmende Frömmelei weniger ausgeprägt sei, sodass selbst am Sabbat das öffentliche Leben weitergehe.

Cheifa (hebräisch חיפה, arabisch Ḥayfā حيفا) liegt mit heute rund 270 000 Einwohnern an einer lang gezogenen Bucht am Mittelmeer, vor den Hängen des Karmelgebirges, zur libanesischen und syrischen Grenze ist es nicht weit. Ursprünglich eine Residenz arabischer Beduinen, urbanisierte sich Haifa im 19. Jahrhundert vornehmlich durch Zuwanderung von außen. Internationale Bedeutung erlangte die damals modernste Stadt Palästinas als Station der Hedschasbahn Richtung Medina, mehr noch unter britischer Verwaltung als Etappe einer Seemacht, die damals vom Mittelmeer bis nach Indien reichte. Hafen und Raffinerie nahmen Rohöl aus dem Irak auf, jüdische und arabische Arbeitsmigranten machten Haifa in den 1930er Jahren zu etwa gleichen Teilen zur Großstadt.

Sie verband nicht nur Damaskus, Kairo und Beirut, sondern auch Asien und Afrika mit Europa.

Diese multinationale Blütezeit endete abrupt, als 1948 die Hagana, die zionistische Untergrundarmee, binnen weniger Stunden die meisten der 60 000 Araber gewaltsam vertrieb. Höchstens 4000 blieben in Haifa. Die Ölpipeline wurde gesperrt, der internationale Bahnverkehr eingestellt. Die Stadt wäre völlig zum Provinzkaff geschrumpft, wären nicht die vielen Schiffe mit Holocaust-Überlebenden gelandet, zwischen 1948 und 1951 um die 3000 Menschen pro Woche, die der Hölle entronnen waren. Nach dem Ende der Sowjetunion hat Haifa noch einmal 40 000 russische Juden aufgenommen, zuletzt auch eine große Zahl amerikanischer Juden.

Haifa wurde zur jüdischen Stadt, blieb aber gleichwohl stolz auf seine Vielfalt. Ein Wahrzeichen (neben dem klobigen Dogon-Getreidesilo und dem Technion, dem weit sichtbaren Turm der renommierten Universität) ist das Weltzentrum der Bahai mit dem Schrein des Religionsstifters Bab, dessen Persische Gärten sich terrassenförmig den Hang des Karmel herabschlängeln. Weiter oben liegt das Karmeliterkloster Stella Maris, ein Wallfahrtsort zu der Höhle, in der einst der Prophet Elija gelebt haben soll. Im Stadtviertel Kababir gibt es eine Gemeinde der Ahmadiyya, die andernorts in der islamischen Welt als Häretiker verpönt sind und verfolgt werden.

Der Abend in der Ben-Gurion-Straße war vergnügt, unsere Gastgeber lebten spürbar gerne in dieser Stadt, die ihren Kindern mehr Sicherheit zu bieten hatte als umstrittenere Orte des Landes. Noch im Lauf dieser Nacht erhielt diese Annahme ein großes Fragezeichen, da ganz in der Nähe eine Nagelbombe explodierte, mit noch glimpflichen Folgen. Wenige Monate später wurde ein Anschlag auf einen Bus verübt, ein weiterer folgte 2003 auf der belebten Moriah Avenue, dem 17 überwiegend jugendliche Passagiere zum Opfer fielen, dann ein Selbstmordattentat auf das Restaurant »Maxim«, noch ein Symbol für das multireligiöse Haifa. Im Libanonkrieg 2006 schlugen dann die aus dem Iran gelieferten Raketen der Hisbollah ein, der Konflikt hatte sich internationalisiert, und der Gedanke der Intifada ergriff die in Israel lebenden Araber.

Im Gegenzug traten in Haifa mehr jüdische Fundamentalisten auf, die ebenso kompromisslos auf der Absolutheit ihres Glaubens beharren und Israel weniger als sicheren Hafen von Holocaust-Überlebenden und Diaspora-Heimkehrern betrachten, sondern – darin jenen muslimischen Fanatikern gleich, die Jerusalem ganz für sich reklamieren – einen politisch-theologischen Anspruch auf das Heilige Land anmelden und Fremden jegliche Anerkennung verweigern. Mit diesem totalen Anspruch zielen beide radikalen Lager, so verfeindet sie sein mögen, auf einen identischen Feind: eine multiethnische Levante.

Dafür stand einmal ein Stadtteil Haifas namens Wadi Salib, damals ein Trümmerareal in der Unterstadt nahe dem Ostbahnhof. Yfaat Weiss, die Leiterin des Bucerius Institute, war wohl schon dabei, an diesem verlassenen Ort eine komplizierte, für ganz Israel und Palästina typische, aber auch für die gesamte Mittelmeerregion exemplarische Konstellation zu rekonstruieren. Die Geschichte der »verdrängten Nachbarn«, die 2007 auf Hebräisch, wenig später auf Englisch erschienen und 2012 ins Deutsche übersetzt worden ist, hat ihren dramatischen Angelpunkt im Juli 1959, als aus einem eher lächerlichen Kneipenstreit und einer tödlichen Kugel aus einer Polizeipistole ein regelrechter Aufstand wurde. Das war nun kein Vorläufer der Intifada, sondern ein innerjüdischer Konflikt zwischen *Mizrahim*, den armen Flüchtlingen aus Marokko, und den *Ashkenasim*, »alteingesessenen« europäischen Juden. Und jene zumeist sozialdemokratische Elite blickte nicht selten auf die Orientalen so herab wie einst die assimilierten Juden West- und Zentraleuropas auf die »Ostjuden«.

Jüdisch geworden war das Viertel am 21. April 1948 durch die Enteignung und Vertreibung seiner arabischen Einwohner, mit einer Brutalität, die die spätere Premierministerin Israels, Golda Meir, eine Parallele zur Shoah ziehen ließ: »Ich konnte nicht anders, als mir vor Augen zu führen, dass das sicher das Bild in vielen jüdischen Städtchen gewesen ist.« Wadi Salib, von dem nur der Name arabisch bleiben sollte, wurde nun zur Heimstatt für marokkanische Juden durch eine ethnische Säuberung, die sich – das ist der Clou der Geschichte – bei eben diesen Juden zweiter Klasse elf Jahre später wiederholen sollte.

Auf der Grundlage von Dokumenten und mündlicher Geschichtsschreibung und mit exzellenter Ortskenntnis hat Weiss minutiös den Krieg vom Aufruhr über die Evakuierung bis zur *Chirbe* (Ruinenlandschaft im Herzen der Stadt) rekonstruiert. Sie zeigt damit, wie im Jahr 1959 Juden infolge ihres Aufbegehrens gegen eine segregierte und ungerechte israelische Gesellschaft an den Stadtrand verdrängt wurden. Das heißt: In Erez Israel, dem Gelobten Land, mussten sie eine weitere Vertreibungsepisode durchmachen, veranlasst von den Lenkern des Staates und der Stadt aus der Holocaust-Generation.

Gettobildung und Gentrifizierung, das zeigt die allgemeine globale Stadtgeschichte, pflegen an imaginierten Volksgrenzen nicht haltzumachen. In der nach Äonen zählenden jüdischen Geschichte ereignete sich 1948 und in den darauffolgenden Jahren die Umkehr von 1900 Jahren mediterraner Diaspora durch die Restitution im mythisch gewordenen Herkunftsland. Die Juden hatten nach der Zerstörung des Tempels in Jerusalem das Mittelmeer nur nolens volens bevölkert und als ihr »Terrain« betrachtet, das in Wahrheit ein Exil war. Doch die auf dem jüdischen Gründungsmythos und der Leidensgeschichte beruhende Fiktion ethnischer Homogenität, unterstützt durch ein exklusives, sich auf die Abstammung von einer jüdischen Mutter berufendes Staatsangehörigkeitsrecht, wurde in Wadi Salib exemplarisch aufgedeckt. Dort zeigte sich, dass Israel eben nicht allein wegen seiner arabischen Bevölkerung eine multikulturelle Gesellschaft *contre cœur* ist, was sich ironischerweise in ihrem hochgradig zersplitterten Parteien(un)wesen spiegelt. Yfaat Weiss' Fallstudie hebt diese Subgeschichte des »Nahostkonflikts« ans Licht und präsentiert zugleich eine historische Soziologie der (im Ursprung mediterranen) Urbanität, die zur Lösung eben dieses Konfliktes beitragen könnte.

Denn Haifa erlebte seine (sicher nicht problemfreie!) Glanzzeit, als die Stadt offen und das Fremde in ihr eine Normalität war. Das zionistische Besiedlungsprogramm, genau wie der sich an die Scholle krallende Gegenentwurf arabischer Kollektividentität und die Paradies-Besessenheit religiöser Eiferer waren und sind anti-urbane Apartheid-Programme. In Wadi Salib ist übrigens nach dem Verfall des Viertels ein Gerichtskomplex entstanden, um den herum Rechtsanwaltskanzleien und Buchhaltungsbüros Grundstücke erwerben und die orientalischen Reste herausputzen. Wohnen mag hier aber keiner mehr.

Fünf Hauptkonflikte seit Anfang des 20. Jahrhunderts, sechs Kriege seit 1948, drei Friedensabkommen seit 1967 und ungezählte gescheiterte Verhandlungsrunden – immer mehr Menschen zweifeln grundsätzlich an der Lösbarkeit »des« Nahostkonflikts. Damit resigniert die Politik, die im Kern Friedensstiftung sein muss, und das gilt gerade für diesen Fall, der als notorisch unlösbar gilt. In gewissem Sinne ist er der ultimative Test für jede euro-mediterrane Union, die in allen Sachfragen durch den israelisch-arabischen Metakonflikt paralysiert bleibt.

Die fünf Streitpunkte sind: das Existenzrecht Israels in sicheren Grenzen, die Rückkehr der palästinensischen Flüchtlinge und die Restitution ihres Eigentums, die jüdischen Siedlungen in den besetzten Gebieten, die Knappheit von Wasser und anderen Ressourcen und nicht zuletzt: die Zukunft Jerusalems, des religiösen Zentrums von Juden, Muslimen und Christen. Die Kriege, die darum geführt wurden, waren der Palästinakrieg 1948 und 1949, der mit der Gründung und partiellen Anerkennung des Staates Israel endete, der Suez-Krieg 1956, der im Nebeneffekt die kolonialen Mächte Frankreich und Großbritannien aus dem Spiel nahm; mit dem Sechstagekrieg von 1967 vergrößerte Israel sein Territorium, nicht aber seine Sicherheit, was sechs Jahre später der Yom-Kippur-Krieg von 1973 zeigte; es folgten die israelischen Feldzüge im Libanon (1982 und 2006) und im Gaza-Streifen (2003 und 2008). Parallel dazu bedrohten Guerillabewegungen (Intifada 1987 und 2000), Selbstmordanschläge und Raketenangriffe (wie aus dem Irak 1991 und bis in die jüngste Zeit aus Stellungen von Hisbollah und Hamas auf dem Gebiet des Libanon und vom Gaza-Streifen aus) die Sicherheit Israels im Innern.

Damit einher ging die Internationalisierung des Konflikts: Zum einen wurde er durch Flugzeugentführungen, Terroranschläge und Selbstmordattentate »asymmetrisch« und unberechenbar, zum anderen mutierte ein regionaler Territorialkonflikt unter der einhegenden Kontrolle der beiden Supermächte USA und Sowjetunion zu einem globalisierten Glaubenskrieg, dessen Verabsolutierung einen teilbaren Kompromissgegenstand nicht mehr benennen kann. Seit Jahrzehnten liegen Pläne für eine Zwei-Staaten-Lösung auf dem Tisch. Auch könnte man gerade Jerusalem, eben ob der prononcierten »Heiligkeit« dieser Stadt und der unmittelbaren Nachbarschaft der religiösen Stätten Tempelberg, Felsendom beziehungsweise Al-Aqsa-Moschee und Grabeskirche am ehesten internationalisieren, und sicher wäre in einer Wüstenregion eine gemeinsame Wasserbewirtschaftung zum Nutzen aller angeraten. In der vorherrschenden Wahrnehmung der »Realisten« sind das aber nur lachhafte Kinderträume.

Dagegen spricht allerdings, dass es den meisten Konfliktakteuren um etwas »Höheres« geht, das alle gut gemeinten Nutzenkalküle durchkreuzt und nicht einmal die wechselseitige Zurkenntnisnahme der schieren Existenz des Anderen erlaubt. Oder es liegt eine starre Verhandlungsblockade vor, die eine relativ große Schnittmenge gemeinsamer Interessen durch zeitliche und inhaltliche Priorisierungen zerschneidet. So ist es den Scharfmachern auf beiden Seiten immer wieder gelungen, Zugeständnisse als Verrat und die Unterhändler als Agenten der anderen Seite zu denunzieren.

Das Beispiel Wadi Salib zeigt wie im Brennglas, wie unlösbar der Konflikt wird, wollte man sämtliche Ziele parallel bearbeiten – hier etwa die Rückkehr und Entschädigung *aller* damaligen arabischen Bewohner und ihrer Nachfahren bei *vorherigem* und *vollständigem* Rückzug aus den besetzten Gebieten. Es zeigt aber auch, dass die Zeit seit 1948 oder 1959 nicht stehen geblieben ist und in den jeweiligen Gesellschaften neue Probleme und Konflikte aufgetaucht sind, die mit dem Urkonflikt Israelis versus Palästina respektive Juden gegen Araber nur noch lose verbunden sind. Das betrifft die prekären Wasservorräte und andere, nicht minder gewichtige Umwelt- und Ressourcenprobleme, und es betrifft vor allem die Zukunftsaussichten junger Menschen im gegenwärtigen Finanzkapitalismus. Das neoliberale Modell hat auch Israel ergriffen, mit der Aufspreizung der nach 1948 relativ egalitären Sozialstruktur und seinen offensichtlichen Ungerechtigkeiten, und es provoziert einen Widerspruch und Widerstand, die auch den festgefahrenen Nahostkonflikt in Bewegung bringen könnten.

Eine Vorahnung davon gab der 26. Juli 2011 in Haifa, wo mehrere Tausend vor allem junge Menschen gegen die Wohnungsnot auf die Straße gingen. In der Innenstadt bildete sich eine nicht zu ignorierende Zeltstadt, im August protestierten rund 30 000 Menschen, das waren mehr als zehn Prozent der

Einwohner. Begonnen hatten die Straßenproteste und Zeltstädte im Frühsommer in Tel Aviv. Auch hier schienen die Auslöser trivial zu sein: Im Internet zirkulierte ein Aufruf zum Boykott von Hüttenkäse, der in Israel gern verzehrt wird und, wie viele andere Grundnahrungsmittel, exorbitant teuer geworden war. Am 14. Juli machte dann die 25-jährige Videomacherin Daphni Leef auf Facebook bekannt, ihr sei die Wohnung gekündigt worden, und da sie keinen erschwinglichen Ersatz finde, werde sie auf dem Mittelstreifen des zentralen und belebten Rothschild-Boulevards ein Zelt aufschlagen und dort von nun an Quartier nehmen. Daraus entstand eine anderthalb Kilometer lange Zeltstadt, in Tel Aviv und landesweit gingen Zigtausende für bezahlbaren Wohnraum auf die Straße. Ein Jahr später zeigte sich, dass der Protest keineswegs an Kraft verloren hatte.

Wohnraum im virtuellen Kriegsgebiet? Wucherpreise und -mieten sind, das zeigt die anhaltende Mobilisierung vor allem junger Israelis und Araber, nur scheinbar belanglos angesichts der Drohung eines bewaffneten nuklearen Konflikts zwischen Israel und Iran und den geostrategischen Implikationen des Nahostkonflikts. In Wahrheit lenken sie die Aufmerksamkeit auf Alltagsprobleme, die durch die auch in Israel zu beobachtende Konzentration der Vermögen und Einkommen auf eine schmale Ein-Prozent-Oligarchie verursacht und durch die Politik des permanenten Ausnahmezustands potenziert worden sind. Wenn, wie am 3. September 2011 geschehen, eine halbe Million Menschen, also jeder fünfzehnte Israeli (Babys und Greise inklusive), auf die Straßen gehen, zeigt das die Dringlichkeit der sozialen Frage, die Umfragen und Enqueten in der Bevölkerung zufolge quer durch die politischen Lager gesehen wird.

Und hier kommt auch der arabisch-israelische »Grundkonflikt« ins Spiel: Die hohen Lebenshaltungskosten sind nämlich mitverursacht durch die Hauptblockade einer friedlichen Lösung, den kostspieligen Siedlungsbau in den von Israel besetzten Gebieten. Im Ballungsgebiet herrscht Wohnungsnot, den lautstarken Siedlern jedoch werden Baugenehmigungen und Subventionen nachgeworfen. Die israelische Gesellschaft kann sich die Siedlungen weder politisch-moralisch noch wirtschaftlich leisten. Hier zerbricht eine eingebaute Struktur der israelischen Gesellschaft, die unter dem Deckmantel eines sicherheitspolitischen Konsenses Partikularinteressen ausgiebig bedient. Der Romanautor und Musiker Assaf Gavron hat den Geist der Revolte so beschrieben:

> »Viele Israelis, die sich, jahrelang zum Schweigen gebracht, von Diskussionen und Diskursen ausgeschlossen fühlten, betäubt waren, haben plötzlich ihre Stimme wiedergefunden. Sie können zusammensitzen und die Angelegenheiten besprechen, die ihnen am Herzen liegen. Und sie werden gehört. Jahrelang wurde ihnen gesagt, dass das wichtigste, wenn nicht das einzige Problem die Sicherheit sei, der Konflikt mit den Palästinensern, die andauernde Bedrohung unserer Existenz. ›Wenn die Waffen ertönen, schweigen die Musen‹, sagt das Sprichwort. In Israel war es ein Mantra, das für Jahrzehnte blind befolgt wurde. Mehr noch: Seit dem Angriff auf Gaza Anfang 2008 war unter vielen Israelis das Gefühl verbreitet,

dass die Diskussion nicht nur unterdrückt, sondern von einer extremistischen und gefährlichen Regierung an sich gerissen wurde, die antidemokratische Gesetze verabschiedet und einen faschistischen Außenminister hat. Die Zelte und der Protest erlaubten den Verstummten, ihre Stimme wiederzufinden und verschiedene Punkte auf den Tisch zu bringen. Das hat für enorme Erleichterung und Aufregung gesorgt.« (Süddeutsche Zeitung, 09.08.2011)

Gavron erinnerte mich an etwas, das ich schon zehn Jahre zuvor in Haifa zu hören gemeint hatte: Er sei wieder stolz auf sein Land, die junge Generation habe sich aus ihrer Lethargie befreit. Und Gavron fügte etwas ganz Wichtiges hinzu: Man könne am Rothschild-Boulevard ruhig zugeben, dass man (ausgerechnet) von den Arabern Demokratie lernen könne. Die meisten Bewohner der Zeltstädte am Tahrir-Platz in Kairo und am Rothschild-Boulevard in Tel Aviv werden den Palästinakonflikt weiterhin unterschiedlich bewerten (und sie könnten sich bei einem erneuten Waffengang durchaus gegenüberstehen), aber er war weder hier noch dort ein vordringliches Thema, während bei sozial- und demokratiepolitischen Themen ausdrückliche oder implizite Übereinstimmungen vorlagen.

Wie wäre es also, wenn diese Protagonisten die Ansätze des Friedensprozesses aus den 1990er Jahren aufgreifen würden, wenn sie den eingefahrenen Ritualen in Kairo und Jerusalem eine Absage erteilten? Die Protestbewegung von 2011 hat bisher in der israelischen Innen- und Außenpolitik noch keine sichtbare Spur hinterlassen. Es erging ihr da nicht besser als der Occupy-Bewegung in anderen Ländern, wo es an programmatischer Fokussierung, strategischem Denken und einer organisatorischen Kontinuität mangelt. Daraus aber die Wirkungslosigkeit der Proteste abzuleiten, wäre fahrlässig. Wichtige Forderungen liegen auf dem Tisch und werden in der Öffentlichkeit wie in den Parteien diskutiert: Steuerreformen, Mietenkontrolle und Wohnungsbauprogramm, Privatisierungsstopp, kostenlose Bildung, Abschaffung prekärer Arbeitsverhältnisse.

Das klingt einmal mehr wie politisches Klein-Klein, impliziert aber ein neues Gesellschaftsmodell für Israel. Denn solche Forderungen finden nicht nur in der dezimierten und zersplitterten Linken und bei den entmachteten Gewerkschaften in Israel Gehör, sondern in der gesamten Mittelschicht. Dort verbreitet sich die für die Regierung Netanjahu missliche Meinung, die von ihr gestützte Finanzoligarchie könnte für die innere Sicherheit Israels eine ähnlich beachtliche Bedrohung darstellen wie die äußere Feindkonstellation im Gaza-Streifen, im Libanon oder im Iran.

Sozialproteste wie diese in Haifa oder in Tel Aviv sollen nicht überschätzt und romantisiert werden. Vor allem mangelt es ihnen an einer internationalen und globalen Perspektive, die zwischen Rothschild-Boulevard und Zuccotti-Park, Tahrir-Platz und Plaza de Puerta del Sol eine strategische Verbindung herstellt. Das wäre notwendig, um die Blockade aufzuheben, die der arabisch-israelische Dauerkonflikt für eine neue Mittelmeerpolitik in sich birgt. Das verhindern nicht nur die Scharfmacher beider Lager, sondern auch eine sich antizionistisch gebende Linke, die sich von Deutschland bis in die Türkei (beide waren bis zuletzt die engsten Verbündeten Israels) einseitig auf die Seite radikaler Palästinenser stellt und diese völlig unhistorisch zu den »Juden von heute« hypostasiert. Oder eine Israel-Lobby, die in Amerika oder Europa sämtliche Lösungsvorschläge, die Israel in die Pflicht nehmen, moralisch diskreditiert.

Auch der anhaltende Dissens der europäischen Regierungen in der Nahostpolitik, der die Handlungsfähigkeit der EU im »Nahostquartett« mindert, beruht auf unzeitgemäßen Allianzen. Die deutsche Bundeskanzlerin hat, wie ihre Vorgänger, den bedingungslosen Schutz Israels zur deutschen Staatsräson erhoben, französische Präsidenten schlagen sich immer noch reflexhaft auf die arabische Seite. Rückten die Fragen und Interessen der Zeltstadtbewohner und ihrer Unterstützer ins Zentrum, sähe man klarer die Gemeinsamkeiten derjenigen, die im Konfliktfall als Todfeinde aufeinandergehetzt werden und sich vor dieser martialischen Kulisse zu falschen Solidaritäten mit Hamas oder Netanjahu gezwungen fühlen. Die enteignete Erinnerung an Wadi Salib führt eindrücklich vor, dass Übereinstimmungen zwischen ethnischen und religiösen Großgruppen eine Fiktion sind, weil – eigentlich ein Gemeinplatz – moderne Gesellschaften funktional und kulturell stärker ausdifferenziert sind als durch Abstammung und Bekenntnis.

Die Gretchenfrage der Arabellion und der auf sie folgenden Zeltstädte in Israel ist, ob demokratische Regime auf breiterer Legitimationsbasis eine tragfähigere Lösung des vertrackten Nahostkonflikts erreichen als jene Abkommen, die das proporzdemokratische Israel mit dem aufgeklärten Pharaonen Anwar al-Sadat und seinen Nachfolgern erreicht hat. Als passabelster Weg erschien Diplomaten und Beobachtern stets die »Zwei-Staaten-Lösung«, die Rückgabe der 1967 besetzten Gebiete im Westjordanland zugunsten eines eigenständigen Palästinenserstaates, was eine geteilte, aber offene Hauptstadt Jerusalem implizierte. Es gibt auch gute Argumente für eine Ein-Staaten- oder binationale Lösung, also für *einen* einheitlichen demokratisch-säkularen Staat, in dem Juden und Araber genau wie die mittlerweile in Palästina befindlichen Migranten Staatsangehörige mit gleichen Rechten sind.

Diese Lösung, die weitsichtige DenkerInnen wie Martin Buber, Hannah Arendt und Albert Einstein schon vor Jahrzehnten formuliert haben, wirkt erneut utopisch, obwohl sie doch bereits die derzeitige Realität am besten abbildet. Zustimmen können ihr die säkularen Kräfte, jeweils rund ein Fünftel oder Viertel der Bevölkerung in beiden Lagern, da sie nicht nur zurückblicken, sondern an die Zukunft der Region (und der Welt) denken. Auf entschiedene Ablehnung stößt sie bei rückwärtsgewandten Islamisten, die Israel von der Landkarte ausradieren wollen, und jenen Juden, die in Israel den ihnen vorbehaltenen Staat sehen.

Die Alyya, die schon auf das Babylonische Exil zurückgehende Zusammenführung der Diaspora-Juden aus allen Teilen der Welt, zuletzt aus der UdSSR/Russland, den USA und Afrika, und die »Bevölkerungsexplosion« in den palästinensischen Flüchtlingslagern scheinen alle Alternativen längst ad absurdum geführt zu haben. So wenig sich die jüdischen Israelis von orientalischen Arabern dominieren lassen würden (wie jetzt faktisch von orientalischen Juden und ihren Nachfahren), so wenig würde eine palästinensische Mehrheit eine von Juden geführte Koalition akzeptieren (wie lange Zeit die arabischen Israelis). Ethnizität, Jenseitsvorstellungen und Demografie beherrschen das Denken im Nahen Osten und in diplomatischen Kreisen. Der entscheidende Fortschritt gegenüber einer Zwei-Staaten-Lösung, die auf zwei tief verfeindete Ethno-Nationen in unmittelbarer Nachbarschaft hinausläuft, wäre, das sei noch einmal unterstrichen, endlich zu den wahrlich überlebenswichtigen Infrastrukturfragen vorzudringen: Versorgung mit Wasser, effiziente Nutzung von Energie, Schutz der prekären Umwelt in der ariden Zone, intelligente Mobilität in einer stark urbanisierten Region.

Die jungen Akademiker, die ich in Haifa wie an anderen Orten Israels und Palästinas kennenlernen durfte, haben mittlerweile ihre Karrieren begonnen, oft in dem akademischen Prekariat, das sie 2011 auf die Straße getrieben hat. Ein Vertreter ist der 1980 geborene Shai Abuhatsira aus Haifa. Er ist jüdisch-marokkanischer Abstammung aus einer bekannten Rabbi-Familie, hat die Universität von Haifa besucht und war Vorsitzender des dortigen Studentenverbands, später Vizechef des Nationalen Studentenverbands. Als solcher organisierte er Demonstrationen zur Senkung der Studiengebühren und gründete eine Jugendpartei *(Tzeirey Haifa)*, für die er in den Stadtrat einzog und derzeit als stellvertretender Bürgermeister von Haifa amtiert. In dieser Funktion hat er wiederum an den Zeltprotesten teilgenommen. Es ist an der Zeit, dass Leute seiner Generation die politische Agenda bestimmen und ihre deutlich veränderten Prioritäten nach oben setzen.

Eine solche Initiative erklärt den Primat der Demokratie vor dem religiös oder ethnisch begründeten Juden- und Arabertum, was doch zweifellos mehr internationale Unterstützung verdiente:

> »Ein binationaler Staat im Mittleren Osten würde eine aufrichtige und nachhaltig engagierte *amerikanische* Führung erfordern. Die gemeinsame Sicherheit von Juden und Arabern müsste durch eine internationale Streitkraft garantiert werden, wobei es für einen verfassungsmäßig legitimierten binationalen Staat erheblich leichter wäre, alle Arten von Kämpfern im Inneren seiner Grenzen polizeilich zu verfolgen, während sie bisher von außen infiltriert werden und sich an eine wütende, ausgeschlossene Gefolgschaft jenseits der Grenzen wenden können. Ein binationaler Staat im Mittleren Osten setzt die Entstehung einer neuen jüdischen wie arabischen politischen Klasse voraus. Diese Idee ist eine auf den ersten Blick wenig Erfolg versprechende Mischung aus Realismus und Utopie … aber die Alternativen sind weit, weit schlimmer.«

Diese von dem Zeithistoriker Tony Judt 2003 ausgemalte Realutopie ist zeitgemäßer denn je. Und wo hier »amerikanisch« steht, würde ein vereintes Europa getrost »und europäisch« einfügen.

Dubrovnik

Der Sponza-Palast in Dubrovnik ist ein europäischer Erinnerungsort in doppelter Zeitschicht: Im frühen 16. Jahrhundert nahe des südlichen Altstadttors errichtet, diente der dreigeschossige Palast als Münze, Lager, Zollamt, Akademie, Rektorenhaus und Gefängnis und kündete von der ökonomischen Macht von Ragusa, wie die Stadt damals hieß. An der Fassade des Hauses, einer gelungenen Mischung aus Gotik und Renaissance, prangt das Denkmal des Heiligen Blasius, dem Patron der damaligen Stadtrepublik, die nur von Venedig in den Schatten gestellt wurde. Heute befindet sich dort das Stadtarchiv und im Erdgeschoss eine schlichte und pathosfreie Gedenkstätte an die über dreihundert zivilen und soldatischen Opfer der Beschießung Dubrovniks im Herbst und Winter 1991.

Wer heute im Schatten des Palastes speist oder ausruht, umgeben von Hundertschaften von Touristen, sieht die Schäden nicht mehr, die der Sponza-Palast und eine Vielzahl anderer Bestandteile des UNESCO-Weltkulturerbes durch den Beschuss der serbisch-montenegrinischen Belagerer erlitten hat. Tausende von Granaten gingen auf die Stadt nieder, in der Serben die klare Minderheit darstellten. Ihr Ziel war die Serbisierung Dubrovniks, die ethnische Säuberung. Die Ultras träumten schon vom Zugang Groß-Serbiens zum Mittelmeer. Ausgerechnet Jugoslawien, das im Ost-West-Konflikt stets eine quasi neutrale Rolle gespielt hatte, überstand dessen Ende nicht lange. Die im Kalten Krieg eingefrorene Konfliktkonstellation aus dem 19. und frühen 20. Jahrhundert brach auf; die blutige Konfrontation zwischen faschistischen Milizen und kommunistischen Partisanen war nicht vergessen, nur Marschall Tito hatte sie über Jahrzehnte hinweg mühsam unter dem Deckel halten können.

Wer als Außenstehender in den 1960er und 1970er Jahren an Seminaren der oppositionellen Praxis-Gruppe auf der Insel Korčula teilgenommen hatte oder an Veranstaltungen des International University Centre in Dubrovnik, bekam oft erst bei steigendem Slivovic-Konsum mit, wie schwach der Firnis der Toleranz über den ethnischen Spannungen der Vielvölkerrepublik war. Und wie groß das Revanchebedürfnis, das ab 1991 auch Nachbarn gegeneinander in einen Blutrausch versetzte, die eben noch gemeinsam Feste und Hochzeiten gefeiert hatten. Auch am Konferenztisch in Dubrovnik hatten Dritte-Weg-Kommunisten den Humanismus gepriesen, die sich alsbald in Propagandisten Groß-Serbiens verwandelten und den Völkermord rechtfertigten oder sogar mitbetrieben.

Unterstützt wurde das Lagerdenken durch westliche Politiker. François Mitterrand soll auf dem Höhepunkt des serbisch-jugoslawischen Dauerbombardements auf Vukovar im November 1991 eine Hilfestellung mit den Worten verweigert haben: »Kroatien gehörte zum Nazi-Block, nicht Serbien.« Auf der anderen Seite sollte für Helmut Kohl und Hans-Dietrich Genscher Kroatien vor allem deswegen rasch unabhängig werden, weil es als katholisches Land selbstverständlich zum Westen gehörte; dafür nahmen sie den Verrat der Kroaten an den bosnischen Muslimen ebenso hin wie die spätere Säuberung der Krajina von serbischer Bevölkerung in der »Aktion Sturm«.

In der kleinen Heldengedenkstätte im Sponza-Palast ist es eher still, die Kreuzfahrttouristen, die sich hierhin verirren und kein Kroatisch sprechen, können kaum ahnen, woran hier unter blau-weiß-roten Fahnen und verwelkten Kränzen erinnert werden soll. Das ikonische Foto vom Beschuss der Altstadt, das aus dem in Sichtweite gelegenen »Hotel Argentina« geschossen worden ist, hängt dort nicht, auch nicht in der Hotelhalle. Am Pool des renovierten Fünfsternehotels möchte man seine Ruhe haben. Es würde allerdings passen. Denn die Rettung für Dubrovnik kam, im Unterschied zu Vukovar, Sarajewo und anderen Städten des jugoslawischen Martyriums, durch seine – soll man sagen: mediterrane – Schönheit und seine Attraktivität als ganzjähriges Reiseziel. Deutsche, Italiener, Franzosen und Österreicher lieben das kristallklare Wasser, den abendlichen Bummel über die berühmte Stradun, die marmorglänzende Zentralachse der Altstadt, auch das Hinterland mit zahlreichen Pensionen und Campingplätzen. Die Belagerer hielten sich mit dem Beschuss zurück, weil sie diese Perle Dalmatiens unversehrt in ihre Hand bringen wollten und hier, anders als bei weniger bekannten Objekten ihres Säuberungswahns, sensibel auf den internationalen Ansehensverlust reagierten, der durch die Zeitungs- und Fernsehbilder mit aufsteigendem Rauch über der Altstadt entstand. In der Stadt geblieben waren eloquente Medienvertreter, die zur Weltöffentlichkeit einen guten Draht hatten.

Diese Medienaufmerksamkeit brachte die St. Blasius-Stiftung, eine verschworene Gruppe exilierter Bewohner der Stadt, auf die Idee, von Rijeka aus die Seeblockade mit einem von dem Fährboot *Slavija* angeführten Konvoi mit Hilfsgütern zu durchbrechen. Der nominelle Präsident Jugoslawiens, Stjepan »Stipe« Mesić, der offiziell noch als Kommandant der Armee und Marine fungierte, ging in Split an Bord und gesellte sich zu den kroatischen Prominenten, den internationalen Menschenrechtsaktivisten und einem Tross internationaler Berichterstatter, die den Serben unbewaffnet Paroli bieten und der Welt ein Zeichen setzen wollten – eine Art Dünkirchen am Balkan. Es war die im Krieg häufig anzutreffende Mischung aus stillem Heroismus und Publicity-Sucht, deren gelegentliche Absurdität reif war für einen Kusturica-Film. Der englische Journalist Christopher Long, der für den *Evening Standard* berichtete, war mit fünf Dutzend Kollegen und Filmcrews an Bord der *Slavija* und hat die Umstände des dramatischen Dialogs zwischen Stjepan »Stipe« Mesić und Admiral Stanislav »Stane« Brovet beschrieben:

> »Wann ist ein Kapitän, der normalerweise nur Verantwortung trägt für die Sicherheit seiner Passagiere, seiner Besatzung und seines Schiffes, jemals in eine Kriegszone gesegelt unter der schweren Last, den Präsidenten seines Landes neben sich zu haben, der entschlossen war, voranzusegeln? Wann hat der Präsident eines nicht existierenden Landes jemals auf einer Schiffsbrücke gestanden und mit einem ›Feind‹ verhandelt, dessen, technisch gesprochen, Oberkommandierender er war? Und wann hat ein Oberkommandierender mit seiner Marine verhandelt, während 40-Millimeter-Kanonen auf ihn gerichtet waren, von Patrouillenbooten, die, technisch gesprochen, seine eigenen waren?«

Die über Funk geführte Unterhandlung zwischen den beiden Kontrahenten vor Korčula (»Hör zu, Mesić« – »Für Sie, Colonel, immer noch Herr Präsident!«) war sogar live im montenegrinischen Radio zu hören. »Sperr uns ein, beschieß uns, du bist der Stärkere, du hast die Waffen … du kannst schießen, wenn du schießen willst«, schleuderte der Stipe dem Stane entgegen, »aber denk dran: Europa hört zu!« Das glückliche Ergebnis war, dass die *Slavija* nach Dubrovnik durchgelassen und dort von einer ausgepowerten Bevölkerung empfangen wurde, die wochenlang ohne Strom und Trinkwasser auskommen und dazu noch Flüchtlinge aus den Dörfern der Umgebung aufnehmen musste. Am nächsten Morgen, nach einer Erntedankfeier in der Kathedrale von Dubrovnik, wurde der Konvoi mit gezielten Schüssen wieder vertrieben. Doch nun neigte sich die Sympathie der Weltöffentlichkeit Kroatien zu, das von vielen Seiten diplomatisch anerkannt wurde. Revanche für die Erniedrigung nahm die Jugoslawische Volksarmee in Vukovar und vielen anderen unglücklicheren Gegenden des Landes.

Zwanzig Jahre später hat Kroatien seine Balance wiedergefunden, aber die Gewichte haben sich verschoben: Nicht mehr die fruchtbaren Agrarregionen der Krajina und Slawoniens, wo die schweren Verwüstungen noch sichtbar und die Jungen abgewandert sind, bilden den Schwerpunkt des Landes, sondern die Pole der Tourismusindustrie und der Finanz- und Dienstleistungswirtschaft von Zagreb über Split nach Dubrovnik. Dort, denn nichts ist umsonst, müssen heute Polizisten einen nicht enden wollenden Fußgängerstrom durch die Altstadt lenken, wenn die Stoßtrupps aus den Kreuzfahrtschiffen mit ihren Barkassen an Land gebracht werden, die wie Hochhäuser vor der Küste liegen.

Es fällt nicht leicht, den betagten Schnäppchenjägern die Botschaft des weltoffenen Ragusa/Dubrovnik früherer Jahrhunderte mitzuteilen. Doch überall stolpert man über die Zeugnisse der Größe der Republik, die genau in ihrem multikulturellen Status als mediterrane Zwischenwelt lag. Im 16. Jahrhundert erblühte die Stadt als neutraler Ort zwischen dem vordringenden Osmanischen Reich und dem christlichen Abendland. Ihre Bevölkerung war selbst eine vielsprachige Mischung aus lateinischen und slawischen Ursprüngen. Die Handelsmetropole war stets schutzbedürftig – die Normannen, die Serenissima Venedig, die ungarischen Könige und schließlich der Sultan traten als Patrone auf, verlangten Tribut und ließen Dubrovnik dafür unter dem selbstbewussten Motto LIBERTAS im Stadtwappen reich werden im transmediterranen Handel mit Silber, Salz und Textilien. Auf dem Höhepunkt dieser Entwicklung am Ende des 16. Jahrhunderts trugen auch die in der Nähe des Sponza-Palasts gettoisierten sephardischen Juden zur merkantilen und kulturellen Blüte bei. Franziskaner und Dominikaner beherbergten große Bibliotheken, die italienische Kultur breitete sich aus, zunehmend aber auch eine eigenständige Sprache, Literatur und Kunst. Ost und West hatten sich in Dubrovnik auf eine für die Méditerranée typische Weise gefunden und vermischt.

Abgeschwächt wurde diese Prosperität durch das Auftreten neuer Militär- und Wirtschaftsmächte aus dem Norden, aus England und den Niederlanden sowie durch die Verlagerung der Zentralachse des Welthandels in den Atlantik. Die napoleonische Expansion machte dem Stadtstaat ein Ende. Seither war Dubrovnik eine versunkene Enklave im Südzipfel Dalmatiens als Teil der österreichischen Reichshälfte der k.u.k.-Monarchie, doch der Mythos der Stadt wurde bald zum Motor des kroatischen Nationalgefühls und der Sprachentwicklung. »Kroaten« sprachen in Dalmatien den dortigen Dialekt oder Italienisch als Amtssprache, in Slawonien herrschten Deutsch und Ungarisch vor, im Rest des Landes die verschiedenen slawischen Dialekte *kajkavski*, *cakavski* und *stokavski* (wobei *kaj*, *ca* und *sto* jeweils das Fragepronomen »was« bezeichnen). 1859 wurde das Stovakische zur serbokroatischen Standardsprache erhoben, ohne dass daraus bereits eine jugoslawische Identität erwachsen wäre; zu verschieden waren die kulturellen, lokalen und milieumäßigen Bezüge, und zu stark trennte Kroaten und Serben die konfessionelle Scheidung zwischen katholischen und orthodoxen Christen.

Der aus Ragusa stammende Barockdichter Gundulić, der erste südslawische Autor des 16. Jahrhunderts, wurde retroaktiv zum Gründungshelden Kroatiens, vor allem wegen seines Epos *Osman*, das in zwanzig Gesängen den Sieg der Polen über die Osmanen in den Jahren 1620/21 schildert. Die kroatische Nationalbewegung definierte das Land als ein aus dem Krieg geborenes und sein Volk als ein Wehrvolk gegen die Türken und Muslime, spiegelbildlich zur Sicht der Serben und der orthodoxen Kirche. Dieses Selbstverständnis scheint auch nach 1995 bei vielen Kroaten ungebrochen. Schon 1920 haben sie sich als Anhänger der republikanischen Staatsform nur widerwillig der jugoslawischen Monarchie untergeordnet, in der die Gewichte nach Serbien und Belgrad verschoben waren. Klerus und Bauernpartei integrierten die vielen lokalen Milieus zu einer katholischen Nation. Auch wenn Kroaten, Serben und Muslime (Bosniaken) die (annähernd) selbe Sprache sprachen, verstanden sie sich nicht als eine Nation. So gesehen war auch die Unabhängigkeitserklärung von 1991 eine Wiedergeburt Kroatiens durch den Krieg.

Wer Jugoslawien im Krieg erlebt hat, konnte sich kaum vorstellen, dass ein Staat dieses Namens jemals wieder zusammenkommen würde – eine Beobachtung, die an vielen Beispielen (wie den getrennten Schuleingängen für muslimische und katholische Schüler in der Herzegowina) aktuell bestätigt wird. Jugo-Nostalgie verspüren nur wenige. Für noch unwahrscheinlicher musste man 1993 aber halten, dass zwanzig Jahre später eine Teilrepublik (Slowenien) längst Mitglied der Europäischen Union ist, eine andere (Kroatien am 1. Juli 2013) Vollmitglied werden und weitere (Serbien, Montenegro, Mazedonien) den Kandidatenstatus erlangen würden. Europa ist für die Reste Jugoslawiens eine Art fernes *tertium datur*; der Preis für die Annäherung war die Auslieferung von Kriegsverbrechern an das Tribunal in Den Haag, eine wenigstens oberflächliche Normalisierung der Beziehungen und eine große Anstrengung, die Staatshaushalte und Volkswirtschaften jeweils EU-fähig zu machen.

Die Asymmetrie bleibt: Während Kroatien und Slowenien den Krieg materiell einigermaßen überstanden haben, sind die Aussichten alles andere als rosig für die Menschen im ethnisch-religiös zersplitterten Bosnien, im politisch immer noch isolierten Serbien, das die Zersplitterung seiner Nation auf drei Staaten und den Verlust des Amselfeldes nicht verkraftet hat, und im genau dadurch krisenanfälligen Kosovo. Populär ist diese Südosterweiterung nicht. Manche im Norden wünschten sich mit Blick auf den Balkan (zu dem die meisten Kroaten auf keinen Fall gezählt werden wollen), auch Griechenland würde aus der EU ausscheiden und Rumänien und Bulgarien gleich mit, die bei der Bekämpfung der Korruption und organisierten Kriminalität ebenso wenig ihre Hausaufgaben gemacht haben wie in der Durchsetzung von Bürgerrechten und Pressefreiheit. Die Alternative wäre ein inklusives »Herkules-Projekt« für das gesamte südöstliche Europa, das auch diesem Teil des Mittelmeerraums erlaubt, sich aus einer grausamen Vergangenheit zu lösen (s. S. 180 f.).

Die zerstückelten Wirtschaftsgebiete können nur gemeinsam prosperieren, der ethnische Flickenteppich gibt ihnen die Statur von Operettenkönigtümern und nährt narzisstische Sprachen- und Religionsstreitigkeiten. Die reine Beitrittsperspektive bietet hier zu wenig; schon die strengen Visa-Regelungen haben den Zutritt gerade junger Menschen aus Ex-Jugoslawien erschwert. Für viele ist Europa eine nebulöse Hoffnung, oft aber auch eine Projektionsfläche von Verschwörungstheorien, die der EU und dem Westen insgesamt imperialistische Absichten, und sei es in einem »grünen Mäntelchen«, unterstellen.

Nenad Popović, der Leiter des Zagreber Verlagshauses Durieux, hat 2008 anlässlich der Leipziger Buchmesse mit dem Kroatien-Schwerpunkt an einen kroatischen Dramatiker serbischer Herkunft erinnert, der 1991 in Dubrovnik von einem Granatsplitter getroffen sterben musste. Solche schmerzhaften Rückblicke beherrschen die aktuelle Debatte über

Kroatien. Zugleich hat die in Deutschland lebende 35-jährige Marica Bodrozic Erzählungen (u.a. »Tito ist tot«, 2002) veröffentlicht, in denen sie eine Utopie der Versöhnung entwirft. Der Krieg mit seinen unsäglichen Verbrechen darf nicht vergessen sein, die Kriegsverbrecher aller Lager müssen zur Verantwortung gezogen werden. Aber er darf nicht die politische Fantasie und Strategie Europas beherrschen.

Algier

Am 16. Oktober 2011 geschah in der Paulskirche, dieser Ikone der deutschen Demokratie, etwas ganz Besonderes: Wie jedes Jahr wurde der Friedenspreis des Deutschen Buchhandels an eine renommierte Persönlichkeit vergeben, aber in diesem Jahr bekam ihn für viele überraschend ein Algerier, der 62-jährige Schriftsteller Boualem Sansal: fast eine Premiere also, denn Algerien ist für die meisten Deutschen eine Terra incognita, ein Blatt so leer wie die Sahara. Auch für jemanden, der sich seit Jahren mit dem Land befasst und darüber publiziert und berichtet hat, war es also ein großer Augenblick zu sehen, wie der Preisträger in großer Ruhe und Würde (wie man sie von vielen Algeriern kennt) seine Causa, die eines von den Islamisten wie vom Militärregime bedrängten Autors, mit der Sache der algerischen Freiheitskämpfer und der arabischen Demokratiebewegung zu verbinden verstand und den Zuhörern im Rund der Paulskirche wie an den Fernsehschirmen, Radioapparaten und Computern Algerien als ein Nachbarland der Deutschen so nahebrachte, wie es hierzulande wohl kaum jemandem zuvor gelungen war.

Die bewegende, in Französisch vorgetragene Rede des Schriftstellers sei deswegen in einigen Ausschnitten in Erinnerung gerufen:

»Im Kontext der heutigen Zeit ist dies (die Verleihung des Friedenspreises) eine rührende, eine aufmunternde Geste, denn sie zeugt davon, dass Sie sich dafür interessieren, wie wir Völker des Südens versuchen, uns vom Joch unserer bösartigen und archaischen Diktaturen zu befreien, in dieser arabisch-muslimischen Welt, die einst ruhmreich und tatkräftig war, nun aber schon so lange verschlossen und erstarrt ist, dass wir schon vergessen haben, dass wir Beine haben und einen Kopf und dass man auf seinen Beinen stehen und gehen und laufen kann, oder auch tanzen, wenn einem der Sinn danach steht, und dass man mit seinem Kopf jenes unvorstellbar Zauberhafte tun kann, nämlich sich eine Zukunft ersinnen und diese dann auch leben, hier, in der Gegenwart, in Frieden, in Freiheit, in Freundschaft. (…)

In einem Land, das nichts anderes kennengelernt hat als die Diktatur, nämlich die der Waffen und der Religion, besteht die einzige Vorstellung, die man sich vom Frieden machen kann, aus Unterwerfung, Selbstmord oder endgültiger Emigration. Das Fehlen von Freiheit ist ein Schmerz, der einen auf Dauer verrückt macht. (…)

Mein Land ist eine Summe unauflöslicher Paradoxien, von denen die meisten tödlich sind. Im Absurden zu leben, macht einen schwachsinnig, man torkelt von einer Wand an die andere wie ein Betrunkener. Für junge Menschen, die sich eine Zukunft suchen müssen und einen klaren Kurs brauchen, um sich orientieren zu können, ist dies dramatisch, und es zerreißt einem das Herz, wenn man sie verzweifelt heulen hört wie Wölfe tief in der Nacht. (…) Wir spüren alle, dass sich seit der tunesischen Jasminrevolution in der Welt etwas geändert hat. Was in der verknöcherten, komplizierten und schwarzseherischen arabischen Welt unmöglich schien, ist nun eingetreten: Die Menschen kämpfen für die Freiheit, sie engagieren sich für die Demokratie, sie öffnen Türen und Fenster, sie blicken in die Zukunft, und diese Zukunft soll erfreulich und soll ganz einfach menschlich sein. Was derzeit geschieht, ist meines Erachtens nicht nur eine Jagd auf alte bornierte und harthörige Diktatoren, und es beschränkt sich nicht auf die arabischen Länder, sondern es kommt eine weltweite Veränderung auf, eine kopernikanische Revolution: Die Menschen wollen eine echte universelle Demokratie, ohne Grenzen und ohne Tabus. Alles, was das Leben ramponiert, verarmen lässt, beschränkt und denaturiert, ist dem Gewissen der Welt unerträglich geworden und wird mit aller Macht abgelehnt. Die Menschen lehnen Diktatoren ab, sie lehnen Extremisten ab, sie lehnen das Diktat des Marktes ab, sie lehnen den erstickenden Zugriff der Religion ab, sie lehnen den anmaßenden und feigen Zynismus der Realpolitik ab, sie verweigern sich dem Schicksal, auch wenn jenes das letzte Wort haben mag, sie lehnen sich gegen alle Arten von Verschmutzern auf; überall empören sich die Leute und widersetzen sich dem, was dem Menschen und seinem Planeten schadet. Es entsteht ein neues Bewusstsein, und in der Geschichte der Nationen ist das eine Wende, wie man das in Ihrem Land beim Fall der Mauer nannte.«

Algerien war zuvor, anders als das Nachbarland Tunesien, nicht groß in den Schlagzeilen der europäischen Presse gewesen. Dort herrschte eher Friedhofsruhe als offener Aufstand, aber, woran Sansal, der in Algier quasi unter Hausarrest steht, erinnerte, es gab und gibt in dem Land einen stillen, verzweifelten Protest vor allem junger Menschen anlässlich vermeintlicher Lappalien, bis hin zu Selbstverbrennungen. Anders als in Tunesien, wo dieser Akt (s. S. 32) zum Fanal für einen Aufstand geworden war, der den von Frankreich und Europa gestützten Autokraten Ben Ali und seine kleptokratische Familien binnen weniger Tage hinwegfegte, formierte sich in Algerien keine kollektive Bewegung, die manifeste Unzufriedenheit individualisierte sich und konnte vom Regime unter Kontrolle gehalten werden. Nach Ausbruch der tunesischen Revolte verfügte es sogleich eine Senkung der Nahrungsmittelpreise und Mieten, das auf sprudelnden Erdöl- und Erdgaseinnahmen fußende Rentenregime öffnete die Schatullen für die Ausschüttung sozialer Wohltaten und eine neue Farce öffentlicher Korruption. 200 Milliarden Dollar Abfindung in der nächsten Dekade versprach der 75-jährige Staatspräsident Abd al-Aziz Bouteflika, ein alter FLN-Kämpfer aus der antikolonialen Befreiungsbewegung, seinem jungen Volk für Infrastrukturprogramme, von denen die meisten wieder im Nichts enden und deren Effekte durch die galoppierende Geburtenentwicklung gleich wieder aufgezehrt werden.

Dieser berechnende Akt wird vom Gros der Bevölkerung durchschaut, aber auch vor allem deswegen hingenommen, weil auf ihr das Trauma eines blutigen Bürgerkriegs lastet, der das Maghreb-Land in den 1990er Jahren zu einem der gefährlichsten Orte der Welt machte und auf einen inneren Zwiespalt und Zwist zurückverweist, der schon seit Kolonialzeiten schwelt und sich immer wieder blutig entladen hat. Dass die Algerier Demokratie weniger schätzten als ihre arabischen Nachbarn, kann daraus nicht geschlossen werden – im Gegenteil: Der »algerische Frühling« fand schon 1988 statt, und er wurde so brutal unterdrückt, dass sich die meisten nicht erneut die Finger verbrennen wollen.

Algerien ist ein Land, an dem sich das berühmte Diktum bewahrheitet, dass zur Wiederholung seiner traumatischen Geschichte verurteilt ist, wer sie nicht aufgearbeitet und verarbeitet hat. 2005 wurde über die Gräueltaten der letzten Etappe des hundertjährigen Bürgerkriegs eine Amnestie verhängt: der Mantel des Schweigens über den Bürgerkrieg, der bis zu einer Million Menschen das Leben gekostet haben soll, analog zu Charles de Gaulles Amnestie vierzig Jahre zuvor, als er in Frankreich sowohl die Mörder und Folterer des Algerienkriegs verschonte als auch das Vermächtnis der früheren Feinde aus dem 1962 unabhängig gewordenen Algerien in Vergessenheit absinken lassen wollte.

Was der Algerienkrieg war, haben Historiker erst sehr allmählich aus den Archiven und Zeitzeugen hervorgeholt, und was in den 1990er Jahren in Algerien geschehen ist, verschwand hinter dem maskenartigen Aufzug der Bürgerkriegsparteien. Hier das gesichtslose Militär, das aus einer Guerillabewegung erwachsen ist und seinen Gegner im Anti-Terror-Kampf nicht beim Namen nennt, nämlich dort die Islamisten, die sich zu ihren Taten nicht bekennen, kein Programm offerieren, keine Identifizierung wünschen. Dazwischen zerrieben wurde die algerische Bevölkerung, die zu drei Vierteln unter dreißig Jahren und ohne ökonomische und Lebensperspektive ist, perhorresziert von der Vorstellung, dass es in diesem Kampf jederzeit jeden treffen kann und niemand weiß, wer die Mörder waren und ob zwischen ihnen nicht sogar eine klammheimliche Allianz bestanden hatte.

Schauen wir noch einmal zurück auf die kaum bekannte, aber sehr aktive Vorgeschichte der heute obwaltenden Resignation: Dem »Brotaufstand« von 1988 waren 1980 der »Berberaufstand«, 1985 mutige Menschenrechtsaktivitäten, 1986 und 1987 Proteste wegen der Verschlechterung der Lebensbedingungen vorausgegangen. Die Revolte von 1988 bündelte all dies und wurde vom Militär niederkartätscht, auch wenn das Regime unter Staatspräsident Chadli danach Reformen, also eine »Demokratisierung« des politischen Lebens sowie die »Liberalisierung« der Wirtschaft, versprach und beides auch zaghaft umsetzte. Der Staatspräsident wurde in vermutlich massiv gefälschten Wahlen bestätigt, aber das Regime konnte am wenigsten akzeptieren, dass Islamisten, die sich schon im Oktober 1988 an die Spitze der Unruhen gesetzt hatten und nun begrenzte Vereinigungs- und Versammlungsfreiheit außerhalb der Einheitspartei FLN zugestanden bekamen, und andere Kräfte der Zivilgesellschaft, darunter die berberischen Kabylen, als Parteien formierten und die »Islamische Heilsfront« (FIS) bei lokalen und regionalen Wahlen im Juni 1990 in 32 von 48 Provinzen und mehr als der Hälfte der Kommunen die Mehrheit erringen konnte. Auch im säkularen Teil der Zivilgesellschaft tat sich etwas: Am 27. Dezember 1990 organisierte die FFS (Front des Forces Socialistes) eine Demonstration mit einer halben Million Teilnehmern gegen politische und religiöse Intoleranz und zur Verteidigung der berberischen Sprache und Kultur.

Das FLN-Militärregime war verunsichert und spürte, dass ihm diese breite Bewegung zur Gefahr wurde. Wirklich freie Wahlen hätten es abgelöst, deswegen wurde ein auf die Einheitspartei zugeschnittenes Wahlgesetz verabschiedet, gegen das die weiterhin von unten gestärkte Heilsfront einen Generalstreik ausrief. Am 4. Juni 1991 wurde dieser von den Sicherheitskräften blutig beendet, viele Teilnehmer wurden inhaftiert, verschleppt, in Lager verbracht und getötet. Die Regierung Hamrouche trat zurück, es wurde der Ausnahmezustand verhängt und die Parlamentswahlen auf unbestimmte Zeit verschoben.

Eine neue Regierung bemühte sich um den Dialog mit den Islamisten, deren populäre Anführer Abassi Madani und Ali Benhadj festgenommen worden waren; ein neues Wahlgesetz wurde verabschiedet, und beim ersten Durchgang der Parlamentswahlen am 26. Dezember 1991 errang der FIS eine satte Mehrheit von 47 Prozent der Stimmen und 188 von 399 Sitzen, während das alte Regime mit dem FLN nur 15 und die »dritte Partei«, der FFS, 25 Sitze direkt erobern konnte. Als sich ein erdrutschartiger Sieg im zweiten Wahlgang für die Islamisten ankündigte, gingen im Januar 1992 zunächst rund 300 000 Menschen in Algier auf die Straßen, um die säkularen Kräfte gegen die Islamisten zu mobilisieren. Schließlich trat der Staatspräsident zurück, das Parlament wurde aufgelöst, und in einem kalten Staatsstreich übernahm ein aus Militärs und ihnen nahestehenden Zivilisten zusammengesetzter sechsköpfiger »Hoher Sicherheitsrat« die Kontrolle. Sein erster Akt war, den vorangegangenen Wahlgang zu annullieren, wogegen außer FIS und FFS nun auch der FLN Protest einlegte. Eine der Gründerfiguren des FLN, Mohamed Boudiaf, kehrte aus dem Exil zurück und versuchte zu vermitteln, was er letztlich nach einem bis heute nicht aufgeklärten Attentat mit dem Leben bezahlen muss. FIS-Sprecher wurden verhaftet, die Moscheen kontrolliert und Freitagsgebete gestört.

Schließlich wurden sie aufgelöst und die Heilsfront verboten, der Ausnahmezustand verhängt – Algerien war in einem chaotischen Machtvakuum, in dem sich in den kommenden Jahren ein zunehmend radikalisierter, zu Terroranschlägen und Mordaktionen gegen (ungläubige) Ausländer übergehender Islamismus und ein »Anti-Terror-Regime« der Militärs gegenüberstanden. Die säkularen Kräfte wurden darin buchstäblich aufgerieben, ganze Dörfer wurden von Terrorkommandos und Militärschwadronen attackiert, es herrschte völlige Anarchie in Algerien. Wer sich in dieser Zeit in Algerien aufhielt und an einem Halteposten von den Ninja, den vermummten Anti-Terror-Kommandos, angehalten und durchsucht wurde, weiß, was in solchen Momenten Todesangst ist. Erst ab 1995 begann sich die Lage zu beruhigen, es fanden Vermittlungsgespräche auf ausländischem Boden in Rom statt, ohne dass Freiheit und Demokratie in Algerien Einzug gehalten haben. Die Opferbilanz ist mit 100 000 und mehr Toten erschreckend hoch, es gibt kaum jemanden im Land, dessen Familien und Freunde von diesem Aderlass nicht in Mitleidenschaft gezogen worden wäre.

Boualam Sansals Werk spiegelt diese unselige Periode seines unglücklichen Landes. Die Alternative, vor die säkulare Algerier (und demokratische Patrioten) wie er sich damals gestellt sahen, lautete: demokratischer Sieg der Islamisten auf die Gefahr, dass sie die Demokratie abschaffen würden, versus präventive Außerkraftsetzung der Demokratie, um letztlich nur eine Clique von Autokraten an der Macht zu halten. In der geschilderten Zwischenphase gab es eventuell Chancen, die Islamisten zu mäßigen respektive den moderaten Kräften in der Heilsfront Oberwasser zu geben; wenig politischen Raum gab es seinerzeit zwischen den Günstlingen des alten Regimes und Nostalgikern der algerischen Revolution auf der einen Seite und den teils gebildeten, teils sozial marginalisierten Anhängern der Islamisten.

In diesem tragischen Zusammenstoß rächt sich der schon in der algerischen Befreiungsbewegung beginnende Versuch, zwischen den traditionellen Kräften, die Algerien eine arabisch-islamische Identität verpassen wollten, und den Alt-Revolutionären, die oft sozialistische und tiermondistische Ideologien verfolgten, »unanimisme«, eine die Widersprüche zukleisternde Einigkeit, walten zu lassen. Gute Demokraten und tolerante Bürger waren und sind weder die einen noch die anderen. Zugespitzt wurde der Zwiespalt durch den demonstrativen Herrschaftsanspruch und Luxuskonsum der alten Kämpfer, die ihre Kinder auf Internate nach Lausanne oder Paris schickten, bevor sie in die Vorstandsetagen der Staatskonzerne und Erdgaskompanien einzogen, während die arabophone Intelligenz, die fleißig Arabisch und den Koran gelernt hatte, oftmals leer ausging und damit den aus dem Maschrek importierten Sprachlehrern aus dem Milieu der Moslembrüder anheimfiel.

Dass sie sich diese Behandlung nicht länger gefallen lassen würden, konnte man bereits Ende der 1970er Jahre spüren, als das algerische Wirtschaftsmodell mit der sozialistischen Agrarrevolution, einer Schwerindustrialisierung und der vollständigen Ausrichtung auf die Renteneinnahmen aus dem Erdöl- und Erdgasgeschäft in Kooperation mit westlichen Energiekonzernen offensichtlich gescheitert war. Indem die Familien- und Religionspolitik den konservativen Muslimen überlassen war, kam es nicht zu einer nachhaltigen Säkularisierung der Gesellschaft – eine reaktionäre Geschlechterordnung, ein unaufgeklärter Islam, eine prüde Sexualmoral und die Gängelung des öffentlichen Lebens waren die Folge. Vor allem die jungen Algerier und Algerierinnen waren davon zunehmend frustriert, zumal die pseudosozialistische Staatswirtschaft ihnen kaum Aussichten auf eine solide Ausbildung und einen interessanten Arbeitsplatz machte.

Migration blieb für die junge Generation oft die einzige Alternative, vor allem nach Frankreich, wie es schon seit Jahrzehnten der Fall gewesen war. Der Algerien-Kenner Rudolph Chimelli hat zum fünfzigsten Unabhängigkeitstag eine ernüchternde Bilanz gezogen: »Der Jugend Algeriens bedeuten die heroischen Erzählungen vom Freiheitskampf nicht mehr viel. Sie lebt in einem Staat, der durch Erdöl- und Erdgasexporte reich ist wie Kuwait, aber ihnen nur einen Lebensstandard bieten kann, der hinter dem von Tunesien und Jordanien liegt. Die Hälfte der jungen Männer ist arbeitslos. ›Hittistes‹, arabisch-französisch für ›Mauerlehner‹, ist die größte Berufsgruppe. Nicht nur sie, 27 Prozent aller Algerier bekannten kürzlich in einer Umfrage, sie wollten auswandern.« (Süddeutsche Zeitung, 16.03.2012)

Bei so scharfsinnigen Beobachtern wie Sansal und zahlreichen anderen Intellektuellen herrscht vor diesem Hintergrund ebenfalls Hoffnungslosigkeit. Genährt wird sie durch so skandalöse Episoden wie die Verweigerung des mit 15 000 Euro dotierten französischen Literaturpreises »Prix du Roman Arabe« an Sansal im Frühjahr 2012. Der Autor sollte den Preis bekommen für seinen jüngsten Roman *Rue Darwin*, einer tragikomischen Familiengeschichte aus dem heutigen Algerien, der beim Publikum wie bei der Kritik sehr gut angekommen war. Die für den 6. Juni 2012 angesetzte Zeremonie wurde, offenbar auf Druck arabischer Botschaften in Paris, abgesagt. Sansals Verfehlung hatte darin bestanden, bei einem Festival in Jerusalem mit israelischen Autoren diskutiert zu haben, was zu Boykottaufrufen gegen Sansal geführt hatte. Und noch schändlicher war, dass das Pariser Institut du Monde Arabe, wo der Preis verliehen wird, dem Druck nachgab, und der Gipfel der Schande, dass sogar algerische Autorenkollegen Sansal als Verräter attackierten (Frankfurter Allgemeine Zeitung, 16.05. und 12.06.2012). Eine neue Mittelmeerunion wird also nicht nur durch »unfähige Politiker« behindert, sondern blockiert durch eine unselige Allianz zwischen ideologisch verblendeten Intellektuellen, einem auf Appeasement bedachten »Dialogforum« und einer opportunistischen Literaturszene in Frankreich.

Sansal hat sich in einem Interview entsprechend skeptisch über die Aussichten der Demokratiebewegung in der arabischen Welt geäußert:

> »Die Intellektuellen reden gern von Demokratie. Aber ist es wirklich Demokratie, was unsere Völker jetzt wollen? Sie wollen Rache, für dreißig Jahre Unterdrückung. Sie wollen die Eliten ins Gefängnis bringen, von denen sie bestohlen wurden. Und genau das versprechen ihnen die Islamisten. Sie sagen: Die Diebe und Mörder, die euch regiert haben – wir hängen sie auf, wir stechen sie ab. Deshalb wählt uns! Wenn man die Bevölkerung erreichen will, muss man aufs Land. Unsere Intellektuellen haben keinen Kontakt zu den Menschen. Es nutzt nichts, von Demokratie zu reden. Die Einzigen, die Kontakt mit der Bevölkerung haben, sind die Islamisten.«

Im Mai 2012 gab es die ersten wirklich freien Wahlen in Algerien seit der Unabhängigkeit 1962, an denen insgesamt 48, darunter 21 neue Parteien ins Rennen gehen durften und sich immerhin 42,9 Prozent der Wahlberechtigten beteiligt haben sollen – wenn auch mit einem großen Nord-Süd-Gefälle, wonach vor allem in der Hauptstadt und in der Kabylei das geringste Interesse bestand bzw. ein Boykottaufruf der Berber-Partei RCD und der radikalen Salafisten befolgt wurde.

Nationale und internationale Wahlbeobachter bescheinigten den regulären Ablauf der Wahl, deren Ergebnis in doppelter Hinsicht keine Veränderung brachte. Bestätigt wurde zum einen die herrschende Dreierallianz aus FLN, der Partei des Ministerpräsidenten RND und den gemäßigten Islamisten der »Grünen Allianz« aus Hamas, Nahda und Islah. Sie stützt den Präsidenten, der wohl kaum ein viertes Mal antreten wird, und macht – das ist die zweite Kontinuität – die Machtfrage unter sich aus. Bestätigt wurde nämlich auch die Machtlosigkeit des Parlaments gegenüber dem anonymen Machtblock, die man nur »Le pouvoir« nennt und die den Nachteil hat, dass man darin nicht einmal einen »Pharaonen« wie Mubarak oder einen »Kleptokraten« wie Ben Ali als personifiziertes Feindbild identifizieren kann. Als wahrer Machthaber gilt »Toufiq«, wie der *nom de guerre* des Geheimdienstchefs Mohamed Mediène lautet.

Doch mit einer derart trostlosen Einschätzung möchte ich nicht enden, vielmehr die Potenziale des tragisch in seine Geschichte verstrickten Landes herausstreichen, die vor allem dann zur Entfaltung kommen können, wenn der verkannte Nachbar näher an Europa heranrücken darf und nicht nur seine verquer-privilegierte Beziehung mit dem ehemaligen Mutterland Frankreich pflegt, sondern gerade auch Deutschland die Potenziale des Partners jenseits von Peak Oil erkennen würde. Algeriens Reichtum sind derzeit fast ausschließlich Erdöl und Gas; das Land ist Teil des OPEC-Kartells und beliefert einen großen Teil der OECD-Länder. Algerien ist damit ein Beispielfall für den Einfluss, den Erdölförderung und -export auf die Regimeformen erdölproduzierender Gesellschaften ausgeübt hat. Das liegt nicht an den physischen Qualitäten des Erdöls oder am Klima der Golfregion und des Mittleren Ostens, sondern an der politisch-ökonomischen Einbettung dieses Typs sozialer Reproduktion über den Export eines begehrten Rohstoffs, auf den bereits allgemein hingewiesen wurde (S. 26 ff.). Dieser hat nämlich vor allem in der MENA-Region (aber auch in Venezuela, Angola, Russland etc.) autokratische Rentierstaaten ausgebildet, also Regime, die auf dem Vorhandensein eines Einkommens beruhen, dem keine Investitions- oder Arbeitsleistung des Empfängers entspricht. Eine Altersrente, um diesen gebräuchlichsten Rententypus anzusprechen, erhält man, ohne dafür (noch) Arbeitsleistungen erbringen zu müssen; sie dient dem Verzehr, ohne dass von den Gebern im Gegenzug irgendwelche Investitionen erwartet werden. Darin unterscheiden sich Renten vom Unternehmensgewinn und vom Arbeitslohn.

Renten dieser Art sind direkt Royalties aus dem Export von Rohstoffen, die Investoren aus dem Boden holen, ähnlich Kanalbenutzungsgebühren (etwa am Suez- oder Panamakanal) oder Entwicklungshilfe. Sie stehen Staaten zur Verfügung, die sie zur Alimentierung ihrer Bürokratie verwenden oder an ausgesuchte Gruppen weiterleiten können. Viele Renten sind Lagerenten (z. B. Saudi-Arabiens Zugriff auf die dort liegenden Ölreserven), was auch für Tourismusstandorte gilt. Rentierstaaten sind folglich Staaten, die »über ein erhebliches externes Einkommen verfügen, dem keine Investitions- oder Arbeitsleistungen gegenüberstehen« (Richter). Die Rentengeber – ausländische Ölgesellschaften oder indirekt die Verbraucher an der Zapfsäule – haben wenig Möglichkeiten, die Überweisung zu konditionieren.

Zunächst kann man die wirtschaftlichen Charakteristika von Rentenökonomien betrachten: Empirisch produzieren sie kaum Spill-over-Effekte, das heißt, die Einnahmen werden eher für kurzfristigen Konsum verwandt als für mittel- und langfristige Investitionen in oder den Aufbau von anderen Wirtschaftsbereichen. Hauptnutznießer sind nicht dynamische Mittelschichten und Unternehmer, sondern eine Staatsklasse, die sich nach innen durch Umverteilungen und Patronagebeziehungen absichert und nach außen durch privilegierte Beziehungen zu den Rohölkonzernen, teilweise auch zu den Regierungen der Importländer. Die Umverteilung geht an wenige ausgewählte Kreise der Bevölkerung (Klientelismus) oder über einen Wohlfahrtsapparat an mehr Empfänger. Beispiele sind kostenlose Allgemein- und Sekundärbildung, Gratisleistungen im Gesundheitswesen, subventionierte Grundnahrungsmittel und dergleichen, oft auch niedrige Steuern.

Diese Strukturen haben systematische Effekte auf den politischen Regimetyp von Rentierstaaten. Überdurchschnittlich oft hat man es bei ihnen mit autokratischen Staatsklassen zu tun, die Opposition vermeiden oder unterdrücken, indem sie die Zustimmung der Bevölkerung durch Wohlfahrtsgeschenke erkaufen. Die geringe Steuerlast mindert den Wunsch nach politischer Vertretung und Mitwirkung, in gewisser Umkehr zur repräsentativen Demokratie klassischen Typs, in der sich Steuerbürger Mitbestimmung erkämpft haben, heißt es dann: *no taxation, no representation.*

Die Gesellschaften sind nach dem Bild der Staatsklasse ge-

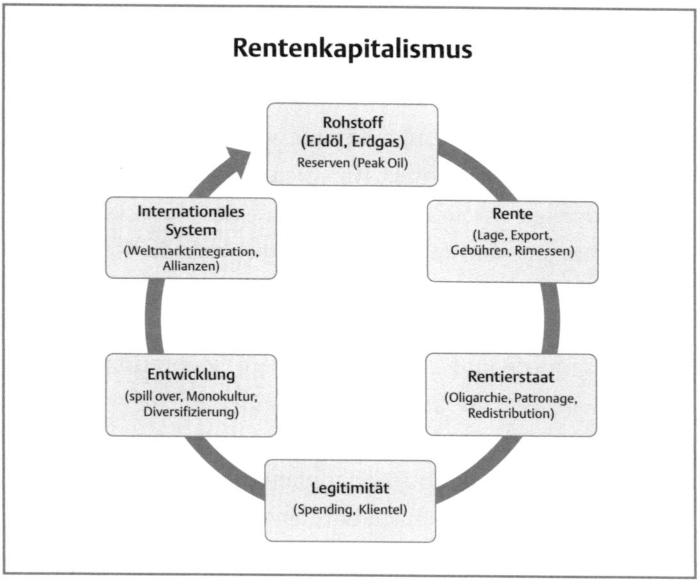

prägt: An die Stelle unabhängiger Vereine und Verbände der Gesellschaft treten staatsabhängige Organisationen, Demokratie lässt sich höchstens als »gelenkte« vorstellen, der (oft geheim agierende) Sicherheitsapparat substituiert die Selbstorganisation der Gesellschaft. Im Kampf um Einfluss und Machtpositionen streben häufig auch politische Oppositionsgruppen nur ihren Anteil an den Renten an. Rentierstaaten neigen typischerweise zum *shorttermism*, also kurzfristigen Kalkülen des politischen und wirtschaftlichen Handels, aus Interessengründen auch zu einer kapitalen Indolenz in Fragen des Umweltschutzes (Nigeria) und des Klimawandels (Saudi-Arabien) und zu ungesunden Einbettungen in die globale Finanzwirtschaft.

Ein fälliger Regimewechsel, den die Arabellion, aber auch analoge Entwicklungen in Russland, Venezuela und andernorts anzeigen, würde erleichtert durch eine globale und europäische Transformation in eine nachhaltige Wirtschaftsweise, die andere Energieoptionen für die nähere Zukunft ins Auge fasst. Wie Algerien seine Optionen in der Solar- und Windenergie nutzen könnte, zeigen Demonstrationsprojekte von Desertec in Nordafrika (s. S. 175 f.). Wichtiger als die Energieversorgung des Nordens ist an solchen Projekten, dass sie Perspektiven für die junge, gut ausgebildete Generation nördlich wie südlich des Mittelmeerbeckens schaffen, hier vor allem Aussichten auf dem Arbeitsmarkt, um in Algerien wie in Spanien, in Marokko wie in Griechenland die grassierende Frustration zu beenden und nach der Revolte und den politischen Aufstandsbewegungen eine solidere Zukunft in den Blick zu nehmen.

Eine Möglichkeit, den Frust über das Polizeiregime, die puritanische und bigotte Sexualmoral, aber auch die nie verlorene Hoffnung auf eine bessere Zukunft auszudrücken, war in Algerien wie in der algerischen Diaspora der Raï, eine bereits im 19. Jahrhundert im westalgerischen, unter andalusischen Einflüssen stehenden Oran entstandene Populärmusik, die unterdessen zu einer der gefragtesten Segmente in der Weltmusik aufgestiegen ist. Raï bedeutet im Arabischen so viel wie Meinung, Ratschlag oder Entscheidung, wird aber auch ausgerufen wie ein »Yeah« in der westlichen Popmusik. Anfangs war diese Musik eine Frauendomäne. Dass die ersten Raï-Sängerinnen (wie Cheikha Rimitti) in den 1920er Jahren bei religiösen Anlässen, aber auch in Bordellen und Bars aufspielten, gab dem Raï etwas Obszönes und Verbotenes; das übertrug sich auf die freie Meinungsäußerung, wo sie nicht erwünscht oder geduldet war. Seine heutige Form nahm der Raï als urbane Volksmusik während des Algerienkriegs an, wobei die klassischen Instrumente (wie Trompete, Flöte, Gitarre) durch E-Gitarren, Saxofon und Akkordeon, später auch Synthesizer und Drum-Computer ergänzt und ersetzt wurde. Von da an gaben männliche Sänger, Cheikh oder Cheb (Junge) genannt, den Ton an und nahmen zunehmend in Studios Platten und Kassetten auf. Diese wurden unter der Ladentheke angeboten und kopiert, als die algerische Regierung das Abspielen der angeblich »unalgerischen« Musik in Radio und Fernsehen verboten hatte.

Populäre Sänger wie Cheb Khaled und Cheb Mami wurden damit erst recht zu den wahren Sprechern der algerischen Jugend, auch als die Islamisten stärker wurden, die den Raï ebenso verabscheuten. Cheb Hasni wurde am 11. September 1994 auf offener Straße als »Feind Gottes«, der »das Übel auf der Erde verbreitet habe«, durch Attentäter erschossen, später auch der Produzent Rachid Baba Ahmed und der Sänger Cheb Aziz. Spätestens jetzt war der Raï auch eine politische Protesthaltung und -bewegung, die anrüchigen Inhalte, die er transportierte – Alkohol, vor- und außereheliche Sexualität, einfach »eine gute Zeit haben« –, wurden ebenso politisch aufgeladen. Die meisten Sänger mussten Algerien in der schlimmsten Bürgerkriegsphase in den 1990er Jahren verlassen und konnten erst seit 2000 vereinzelt wieder in Algerien auftreten. Seither hat sich der Raï noch einmal verwandelt, vor allem unter dem Einfluss der Beurs, der Maghrebiner in der französischen Arbeitsemigration. Der Raï könnte damit für »Eurabien« etwa jene symbolische Bedeutung haben wie der auf dem Atlantik gründende Kulturraum des Black Atlantic (Paul Gilroy). Nun haben sich auch junge Frauen wieder in die erste Reihe vorgearbeitet, beispielsweise die kabylische, meist in Paris lebende und produzierende Sängerin Iness Mezel, deren Titel »Amazone« auf dem Erfolgsalbum »Beyond the Trance« eine selbstbewusste algerische Antwort auf die arabische Aufstandsbewegung war. Und in »Chez Noo« fordert sie, dass Migrantinnen und Migranten in Europa endlich als vollgültige Staatsbürger anerkannt werden.

Istanbul

Anderthalb Kilometer lang ist die 1. Boğaziçi Köprüsü, die erste, 1973 eröffnete Brücke über den Bosporus, die den europäischen mit dem asiatischen Teil der Türkei verbindet. Ihr folgte 1988 eine weitere, ebenso lange Hängebrücke, die Fatih Sultan Mehmet Köprüsü. Beide dienen in so vielen Filmen, Werbespots, Popsongs und Reisekatalogen als Symbol Istanbuls, dass man von einem Brückenklischee sprechen muss. Dennoch ist das Motiv der Verbindung, der Vermischung und der Begegnung für Istanbul sehr produktiv, wie viele zeitgenössische Romane oder *Crossing The Bridge – The Sound of Istanbul*, der 2005 fertiggestellte Musik-Dokumentarfilm des deutsch-türkischen Regisseurs Fatih Akın zeigen. Er adressiert weniger den Übergang zwischen Europa und Asien als das in einem prononcierten, gewollten Sinne multikulturelle Istanbul zwischen Orient und Okzident, dessen Härten und Kanten nicht verschwiegen werden. Nicht zufällig ist das Medium auch hier wieder die Musik der Metropole, deren Variationsbreite von traditioneller Musik bis zum Hip-Hop reicht. Akıns Alter Ego, der Bassist Alexander Hacke (Einstürzende Neubauten), zieht mit Gitarre, Mikrofon und Computer durch die Stadt und fängt den »Sound of Istanbul« ein.

Gleich mehrere Brücken werden hier geschlagen: die von Musikern leicht zu betretende Brücke der Improvisation, die sogenannte Weltmusik, die lokale Klänge fusioniert, die Brücke zwischen Deutschland und seinem türkischen Migrationshintergrund, für dessen ungenierten Erfolg der Regisseur steht, zwischen den Vierteln und Szenen der Metropole selbst. Es ist dabei gar kein Makel, wenn diese Exhibition das »hippe« Istanbul zu einem der gesuchtesten Plätze der Welt hat werden lassen. Die Stadt, in der heute (mit weiter zunehmender Tendenz) bald ein Fünftel der 75 Millionen Türken lebt, ist neben Kairo die größte Mega-City am Mittelmeer. Stadt- und Staatsregierung sind mittlerweile der Überzeugung, dass die Metropole die Grenzen ihres Wachstums überschritten habe, sodass Unternehmen und Arbeitnehmer nun Steueranreize bekommen, um sie in den weniger entwickelten (aber auch nicht mehr so armen) Osten des Landes zu locken, von wo die meisten Neu-Istanbuler ja gekommen sind.

Istanbul ist der ferne Westen einer Republik, die gerade auf eine Replikation jener osmanischen Ambitionen zurückkommt, die dort einmal entstanden waren und vom 16. bis zum 19. Jahrhundert ein beachtliches und lange gefürchtetes

Imperium begründet haben. Die Osmanen, die vom 13. Jahrhundert bis 1923 regierende Dynastie, hatten ihre größte Ausdehnung im 17. Jahrhundert erreicht, als sie bekanntlich vor den Toren Wiens standen und mit Ausnahme der Iberischen Halbinsel, Italiens und Südfrankreichs an die Ausdehnung des Römischen Reichs heranreichten. Die Geschichte dieses Imperiums kann hier nicht einmal in Stichworten angedeutet werden, es sei nur betont, dass damit der islamische Einfluss in der Mittelmeerregion ein zweites Mal spürbar war, der Islam also vor langer Zeit fester »Bestandteil Europas« und phasenweise der kleinasiatische Teil der Türkei selbstverständlich zu Europa gerechnet wurde. Seit der Eroberung Konstantinopels war Europa der Schwerpunkt der osmanischen Ambitionen, wobei es der Hohen Pforte ab dem 18. Jahrhundert nicht mehr gelang, im Wettstreit mit Habsburg und Russland, mit England und Frankreich die erforderliche Selbstmodernisierung einzuleiten. Das Ergebnis war der sprichwörtlich kranke Mann am Bosporus, der nach dem Ersten Weltkrieg in etwa auf das heutige Territorium der Türkei schrumpfte und als Republik unter Kemal Atatürk und seinen Nachfolgern eine nunmehr nachholende und radikale Verwestlichung betrieb.

Der Kemalismus hat die Türkei, nach einer anfänglichen Ausrichtung an den Vereinigten Staaten, kulturell, verfassungsmäßig, institutionell und politisch Europa nähergebracht. Dieser Prozess mündete seit den 1960er Jahren konsequent in dem Wunsch nach dem Beitritt zur Europäischen Union, der insbesondere von Deutschland, Frankreich und Österreich abgeblockt worden ist, den Hauptaufnahmeländern türkischer »Gastarbeiter«. Die durch das Beitrittsverfahren avisierte Integration schrumpfte auf das Angebot einer »privilegierten Partnerschaft«, die die Türkei ohnehin schon lange genießt. Es gab und gibt gewichtige Gründe gegen eine Aufnahme des Landes, namentlich der notorische Verstoß gegen die Grund- und Bürgerrechte, der lückenhafte Rechtsstaat und Verstöße gegen die Presse- und Meinungsfreiheit. Auch dass in der Türkei der »tiefe Staat« herrscht, eine Art Dauerkonspiration ehemaliger Generäle und dubioser Cliquen, macht die Demokratie dort labil. Das waren aber nicht die wahren Gründe der Ablehnung des EU-Beitritts, dessen wichtigste wirtschaftliche Kriterien die Türkei erfüllt hat; vielmehr waren kulturelle Gründe maßgeblich, die mit dem islamischen und »außereuropäischen« Charakter des Landes zusammenhängen. Dass Rumänien und Bulgarien EU-Mitglieder werden konnten, ist, gemessen an ihrem Gesamtbild, keineswegs überzeugend. Die Türkei wäre heute, gehörte sie zur EU, neben Deutschland deren stärkste Wirtschaftsmacht und auch als Mittelmacht in der Region von herausragender Bedeutung. Davor schreckt Europa als Ganzes zurück.

Vertan haben die europäische Öffentlichkeit und Politik damit aber die gewaltige Chance, einen der wichtigsten Akteure im Mittleren Osten an Europa zu binden und die gewaltigen wirtschaftlichen wie kulturellen Potenziale zu nutzen, die in der türkischen Diaspora in der EU liegen. Hatte man damals Furcht vor einer beitrittsbedingten Massenauswanderung aus der Türkei, steht heute eher eine Remigration auf der Tagesordnung, und zwar ausgerechnet der am besten gebildeten und qualifizierten »Gastarbeiterkinder« (und -enkel). Es ist nicht absehbar, dass die krisengeschüttelte EU mit Blick auf die Türkei neue Initiativen ergreift, und mittlerweile ist der Ruf nach Mitgliedschaft auch in der Türkei selbst, wo das Gesuch offiziell beibehalten wird, erheblich leiser geworden. Der Boom der letzten Dekade hat die Türkei zu großem Selbstbewusstsein gebracht, manche sehen in ihr den Tigerstaat des Mittleren Ostens (und die Volkswirtschaft Nummer 16 in der Welt), der auch in politischer Hinsicht in der arabisch-islamischen Hemisphäre als »neo-osmanische« Führungsmacht auftritt und als solche mehr denn je anerkannt wird. Und im Unterschied zu den südlichen EU-Staaten hat die Türkei ihre Finanzkrise (von 2001) hinter sich und heute ein bescheidenes Haushaltsdefizit, das den Maastricht-Kriterien problemlos genügen würde. Das durchschnittliche Pro-Kopf-Einkommen in der Türkei hat sich in wenigen Jahren auf 10 000 Euro gesteigert.

Verkörpert wird dieser Sprung durch Recep Tayyip Erdoğan, der von 1994 bis 1998 Bürgermeister von Istanbul war, in dessen Armenviertel Kasımpaşa er aufgewachsen war. Er stieg als Führer der moderat islamistischen Partei Erbakans auf und ist als unumstrittener Chef der AK Partei heute der am längsten (und nicht durch einen Militärputsch unterbrochen) regierende Premierminister der Türkei. Kritische Beobachter sehen ihn und die Türkei mittlerweile auf dem Weg zur Putinisierung. Wenn man die türkische Alternativpolitik neoosmanisch charakterisiert, meint das natürlich keine Replikation der Politik der Hohen Pforte zwischen 1500 und 1700. Bestimmte Aspekte der osmanischen Periode lassen sich aber herauskristallisieren, die für den Politikstil der postkemalistischen Republik vorbildlich sein können:

- Istanbul, im 17. Jahrhundert die größte Metropole Europas, ist heute erneut der Knotenpunkt eines Handelsnetzwerks, das von den Schwarzmeerküsten bis nach Nordafrika reicht.
- Ankara verfolgt keine direkten Herrschaftsambitionen jenseits seiner Grenzen, wohl aber eine osmanisch getönte Einflusspolitik in der arabisch-mediterranen Hemisphäre, die dort zunehmend Respekt und Gehör findet.
- Die Türkei stärkt heute wieder die im Kemalismus bekämpfte islamische Identität und lockert das laizistische Trennungsgebot zwischen Religion und Politik, ohne damit, wie islamistische Strömungen und Ansätze einer schiitischen Theokratie im Mittleren Osten, die grundsätzlich säkulare Ausrichtung und den Primat der Politik aufzugeben.
- Ein wesentliches Merkmal dieser Förderung des Islam ist, wie zur Hochzeit der osmanischen Architektur, der Moscheebau in der Türkei und in der Diaspora, der heute durch die Ableger des türkischen Religionsministeriums und die Tätigkeit privater wohltätiger Stiftungen gelenkt wird.

Die osmanische Herrschaft im östlichen Mittelmeer, in der nach der Seeschlacht von Lepanto (1571) relativ reibungslosen Machtteilung mit dem nach Amerika ausgerichteten Spanien, war kein striktes Regiment, eher eine informelle Herrschaft, die auf Tributzahlungen, gelegentlichen Militärschlägen und Handelsverträgen beruhte und Stadtrepubliken (wie Ragusa) und Dependancen (wie Algier) genau wie den Korsaren und Piraten relativ viel Raum ließ. Der Mittelmeerraum wurde durch das Osmanische Reich nicht geteilt, wie viele Historiker lange behauptet haben, aber es war ein fragmentiertes Imperium, in dem, anders im katholischen Spanien nach der Reconquista, relative religiöse Toleranz und kulturelle Koexistenz herrschte. Dieser multinationale Zug verfiel unter dem Druck der Nationalstaaten und ihrer homogenisierenden Politik, die das Osmanische Reich in seinen letzten Zügen ab 1915 mit dem Völkermord an den Armeniern und der Vertreibung der Griechen auf schreckliche Weise einholte und imitierte.

Eine (oft unbewusste oder unerwünschte) Implikation des Neo-Osmanismus wäre die Anerkennung des »multikulturellen« Charakters dieses Imperiums. Während die Republik Atatürks und seine schärfsten nationalistischen Adepten ein idealisiertes Türkentum konstruierten und die bloße Erwähnung anderer Zuordnungen (speziell zum »Armeniertum«) unter Strafe stellten, wies das Osmanische Reich, durchaus imperiumstypisch, eine multiethnische Konstellation auf, die politisch-militärisch unterworfene und tributpflichtige Randvölker und Religionsgemeinschaften in ihrem Bereich gewähren ließ und eben kein homogenes Nationalbewusstsein generierte. Dies taten erst die Jungtürken, deren radikale Vertreter zur ethnischen Säuberung von 1,5 Millionen christlicher Armenier schritten. Sie waren nicht die einzigen »Nicht-Türken« auf dem Territorium des Osmanischen Reiches, seiner »türkischen« Kernländer und auch nicht der territorial geschrumpften türkischen Republik von 1923 ff. Für heutige Beobachter spielt hier vor allem die »kurdische Frage« die Hauptrolle, die interessanterweise erst mit der ökonomischen Öffnung (und Privatisierung) der türkischen Volkswirtschaft und der partiellen Reislamisierung der Gesellschaft zu einem gewissen Ausgleich gefunden hat.

Diese Öffnung des türkischen Staates hat mit der Transnationalisierung seiner Bevölkerung zu tun. Die jahrzehntelange Auswanderung vor allem aus Anatolien wurde nicht definitiv, auch wenn viele Türken (und Kurden) ihren Lebensmittelpunkt heute in Europa haben. Es handelt sich hier zu Teilen um hochmobile Kohorten, die sich zwischen der Türkei und Europa (und auf dem Weltmarkt) bewegen, ohne damit ihre nationale Identität und Loyalität ganz aufzugeben. Das Bedürfnis nach Doppelstaatlichkeit, das viele Deutsch-Türken zum Ausdruck bringen, ist ein Beleg dafür.

Die Brücke ist damit ein Symbol für multidirektionale Erinnerungen, die die türkische Kulturwissenschaftlerin Leyla Neyzi »Postmemories« genannt hat. Aus der von ihr berichteten Forschung möchte ich nur eine 25-jährige Frau herausnehmen, die aus dem kurdischen Hinterland, einem Dorf in der Region Diyarbakir stammt und seit der Flucht ihrer Familie in Berlin lebt. Sie hat die gewalttätigen Auseinandersetzungen zwischen der türkischen Armee und kurdischen Rebellen erlebt, auch noch die Kämpfe um den nördlichen Irak, ausgehend von den US-Basen in der Türkei; dies waren natürlich keine historisch-politisch reflektierten Ereignisse, sondern traumatische Kindheitserlebnisse, meistens in der Nacht, z. B. von Schießereien oder Hausdurchsuchungen. Ihnen folgte eine lastende Stille am nächsten Tag und kollektives Schweigen auf Dauer, vor allem über die Abwesenheit der Väter und Brüder, die im Untergrund oder in Haft waren.

Als Erwachsene im Exil schließen diese Beobachterinnen und Beobachter nicht mehr allein an die (oft stereotype und heroisierte) Opfergeschichte des kurdischen Widerstands an, sie nehmen auch die kreuzweisen Verflechtungen der kurdischen Historie mit der anderer ethnischer Minderheiten in der heutigen Türkei und der anderer, namentlich christlicher Religionsgemeinschaften zur Kenntnis. Damit findet eine Art archäologischer Feldforschung statt, die an verlassenen Häusern, weitererzählten Kochrezepten, sprachlichen Anleihen, Witzen und Nostalgien ansetzt und gegen das verordnete, sogar strafrechtsbewehrte Schweigen Auskunft verlangt über die Träger und Überlebenden dieser Inselidentitäten.

Der ethno-nationale Grundwiderspruch (Kurden versus Türken) verfließt hier mit einer religiösen Unterscheidung (Kurden als Muslime versus Armenier als Christen). Auch wenn negierte Ethnizität zur heroischen, bisweilen militanten Selbstbehauptung neigt, ermöglicht der Perspektivenwechsel der zitierten jungen Frau nun doch eine Relativierung des jeweils eigenen Wir-Gefühls und eine realistischere Wahrnehmung der Differenzen auch in der eigenen Gemeinschaft. Dazu trägt vor allem das Exil bei und das transnationale Hin und Her zwischen Diaspora und »Heimat«. Diese bewirkt längst auf informelle Weise die individuelle Integration von Türken in die europäischen Gesellschaften (Analoges gilt für Algerier in Frankreich und Pakistani im Vereinigten Königreich), die man der Türkei als Nationalstaat in der Europäischen Union offenbar nicht gewähren will.

2011 hat sich das Anwerbeabkommen zwischen Deutschland und der Türkei gejährt, dessen Unterzeichnung am 31. Oktober 1961 eine der größten Völkerwanderungen der Nachkriegszeit einleitete. Das in dem Vertrag verankerte Rotationsprinzip funktionierte bei den türkischen Migranten ebenso wenig wie bei »Gastarbeitern« aus anderen Ländern, mit denen ähnliche Abkommen geschlossen worden waren. Max Frischs zu Tode zitierter Satz von 1965, »Wir riefen Arbeitskräfte, und es kamen Menschen«, lag nicht ganz falsch, aber die Motivlage war komplizierter: Vor allem die Entsendeländer wollten den Deal, um Devisen ins Land zu ziehen und das Bilanzdefizit auszugleichen, das namentlich deutsche Exporte in den Mittelmeerländern gerissen hatten. Und sie wollten den Druck der unqualifizierten, in die Städte drängenden Arbeitslosen nach außen kanalisieren.

Das passte deutschen Unternehmen ins Kalkül, denen nach dem Bau der Mauer Arbeit Suchende fehlten; skeptischer betrachteten viele Manager den Andrang unqualifizierter Arbeit, der Rationalisierungsinvestitionen etwa in der Autobranche auf die lange Bank schob und den Ausfall des Arbeitskräftezustroms aus der DDR kompensieren half. 1973 liefen die Abkommen aus. Billige Arbeitskraft war nicht mehr gefragt, Rationalisierungen kamen auf die Tagesordnung. Nur die Rotation funktionierte immer noch nicht: Als ein schönes Beispiel nicht intendierter Folgen von Politik holten die alleinstehenden Türken nun ihre Familien nach und verlegten ihren Lebensmittelpunkt nach Deutschland.

Jenseits der üblichen Unglücke und kaum vermeidbaren Problemfälle wird klar, was wirklich schiefgelaufen ist. In einer Betriebsanleitung für Deutschland schärfte man den *Türk Almanlar* Mitte der 1960er Jahre ein: »Die Bundesrepublik Deutschland ist ein nationalistischer Staat. Die dort lebenden Deutschen, sind, genau wie wir Türken, Nationalisten und Feinde des Kommunismus.« Deshalb sollte der Gastarbeiter sich ordentlich aufführen und »seine Identität bewahren«. Passé ist der Kommunismus, geblieben ist der beiden Seiten gemeinsame Ethnozentrismus, der es nicht nur »Sarrazinisten« anhaltend schwer macht, sich einen deutschen Muslim türkischer Abstammung vorzustellen, sondern auch vielen Deutsch-Türken selbst.

Die Einbürgerungsquote ist seit 2010 leicht gestiegen, bleibt aber bescheiden, und sie steht unter der Hypothek, dass sich Zigtausende volljährig werdende Türkinnen und Türken demnächst zu entscheiden haben, ob sie für die deutsche oder die türkische Staatsangehörigkeit optieren sollen. Die Übertragung des *American Dream*, man könne den deutschen Pass (und sonst keinen) nehmen und trotzdem Bindestrichdeutscher bleiben, ist gescheitert – noch ein unbeabsichtigter Betriebsunfall der Integrationspolitik. Auch ein deutsch-türkischer Heiratsmarkt, der das archaische Gesetz der Endogamie knackt, besteht kaum. Man bleibt gerne unter sich. Einheimische klammern sich, trotz unterdessen sechzehnmillionenfachen »Migrationshintergrunds«, an die deutsche Kulturnation; sie entsenden Türkischsprecher in Deutschkurse, was durchaus in deren Interesse ist, weigern sich aber mit derselben Beharrlichkeit, Türkisch zu lernen.

Es ist kaum zu begreifen, welche Chancen funktionierender Zweisprachigkeit in wechselseitigem Kulturstolz vertan worden sind. Denn auch viele Deutsch-Türken denken nicht im Entferntesten daran, ihren Nachwuchs in den Kindergarten zu schicken, sie nicht vom Schwimmunterricht dispensieren zu lassen und sie doch mal zu »deutschen« Kindergeburtstagen zu schicken. All das geschieht in borniertem Beharren auf der jeweiligen Leitkultur, als sei Identität etwas, das man mit aller Macht gegen die Realien der Lebenswelt verteidigen müsse, nicht etwas, was man sich erst in wechselseitiger Anerkennung verleiht und das ständigem Wandel ausgesetzt ist.

Zu Recht regen sich Deutsche (und viele Deutsch-Türken) über Reden des türkischen Ministerpräsidenten Erdoğan auf, der Assimilation, diesen selbstverständlichsten aller Vorgänge in Einwanderungssituationen, zum »Verbrechen gegen die Menschlichkeit« aufbläst und Religion, diese großartige Lehrerin der Gleichheit vor Gott, zur Bemäntelung eines archaischen Ehrenkodexes und eines ignoranten Patriarchats aufführt. Bei all dem kommen vornehmlich die Schwachen und Neugierigen unter die Räder, wie unzählige Familiendramen belegen, die aus fatalen Loyalitätszwängen mit der eigenen Sippe herrühren. Multikulti hieß niemals Einpferchen in ethnischen Wagenburgen, es bedeutete eine Mehrung der individuellen Wahlfreiheiten. Weil das anstrengend ist, krallen sich viele Deutsche und Türken an Sippe und Kiez fest. Das Problem 1961ff. war nicht, dass Dorfbewohner aus Anatolien nach Norden gezogen sind. Das Problem ist, dass sich viele geweigert haben, im Gallusviertel oder in Neukölln zu Städtern zu werden, und dass viele Einheimische nun ebenso zu, pardon: Kaffern regredieren. Der deutsch-türkischen Geschichte fehlt die urbane Dimension, die sich nicht an ein ominöses Herkunftserbe klammert, sondern reale Marginalität produktiv macht, Fremdheit kultiviert, Konflikte zivilisiert.

Edge people, ein Thema der Stadtsoziologie seit Richard Ezra Parks *Marginal Man*, hat der jüdisch-britisch-belgisch-amerikanische Historiker Tony Judt (2010) solche Menschen auf der

Grenze genannt, und solche Kosmopoliten bereichern nicht nur den Kulturbetrieb, sondern auch die transnationalen Unternehmen, die Nachbarschaften, die internationale Diplomatie. Leider haben fünf Jahrzehnte Kulturkontakt davon zu wenige Exemplare hervorgebracht, aber es ist sehr viel dran am Stereotyp: Istanbul als Brücke

Mit Blick auf diese gegenläufige Bewegung – Aufnahme in die europäischen Gesellschaften, Exklusion aus der politischen Union – wird ein Versäumnis bewusst, das nicht nur akademischer Natur ist: Es gibt in Europa kein wirkliches großes Forschungszentrum, das nicht nur »Integrationsversagen« (oder -erfolge) von Ex-Gastarbeitern bearbeitet (wie das Essener Zentrum für Türkeistudien), sondern das die Türkei als Global Player ernsthaft erforscht. Dass Kanzlerin Merkel und Präsident Hollande kein Türkisch können, ist verzeihlich, nicht aber, dass auch die deutsche und französische Außenpolitik auf diesem Ohr taub sind. Diese Indifferenz hat, neben der beschriebenen Alltagsignoranz und -intoleranz, maßgeblich dazu beigetragen, dass die türkische Politik und Bevölkerung nun auch nicht mehr in die EU drängen und die Mittelmacht Türkei nach anderen Spielfeldern sucht.

Sie muss dabei mit ihrem verleugneten Status als Hybrid klarkommen. *Der Bastard von Istanbul* heißt ein Roman von Elif Shafak, einer 1971 in Straßburg geborenen Autorin, die in Spanien aufgewachsen ist, in der Türkei studiert hat, mittlerweile in Arizona lebt und dort Gender Studies lehrt. Der Roman trug der Autorin wegen des darin vorkommenden armenischen Personals den Vorwurf der »Verunglimpfung des Türkentums« (Artikel 301 türkisches Strafgesetzbuch) ein, der auch beim Literaturnobelpreisträger Orhan Pamuk zur Anklage führte und den Journalisten Hrant Dink und andere das Leben kostete. Dem Bastard folgte der »Bonbonpalast«, die in der Manier von Tausendundeiner Nacht erzählte Geschichte eines Istanbuler Wohnhauses mit einem Müllentsorgungsproblem, das Elif Shafak offenbar metaphorisch nimmt für das mediterrane Gemisch am Bosporus und als Antidot zum türkischen Nationalismus.

*

Was folgt aus meiner Petit Tour zu den schwierigen Fällen der euromediterranen Union? Man kann es sich leichter machen und die glanzvollen Traditionsorte des kulturellen Dialogs aufsuchen – Granada z.B., wo im Schatten der Alhambra kulturelle und religiöse Dialoge abgehalten werden, oder Alexandria, wo der Neubau der antiken Bibliothek wissenschaftliche Konferenzen beherbergt. Aber selbst solche politisch unverbindlichen Meetings sind in diesen Krisenzeiten rar geworden. Nein, eine Mittelmeerunion neuen Typs muss die virtuellen und realen Bürgerkriege zur Kenntnis nehmen, die an den vier Orten stattgefunden haben oder noch immer drohen, und dagegen nicht nur die ebenfalls aufgezeigte glanzvolle Vergangenheit beschwören, sondern konkrete Zukunftsprojekte benennen.

Ein mutiges Beispiel war im Frühjahr 2012 die Ausstellung »Carthage Contemporary« auf dem Akropolium, dem Erinnerungsort des untergangenen Weltreichs an der tunesischen Küste. Karthago, Hauptstadt eines phönizischen Reiches, ist heute ein vornehmer Vorort von Tunis, wo auch der Palast des

Präsidenten angesiedelt ist. Markant ist hier die große Kathedrale des 1270 auf einem Kreuzzug verstorbenen heiligen Ludwig IX. Als Monument der französischen Kolonisation errichtet, symbolisiert sie eine spezielle Version der Méditerranée auf den Relikten der von den Römern geschlagenen Punier. Lange war hier der Sitz des Erzbischofs von Karthago, heute wird der Bau als Kulturzentrum benutzt, daneben befindet sich das archäologische Nationalmuseum. Ein Besucher hat sich von dem Ort inspirieren lassen:

»Auf dem Hügel von Byrsa, umgeben von Statuen, Ruinen und Vasen, fühlt der Besucher im blauen Licht einen Hauch von Frische und einen Aufbruch. Der Ort gehört zu den schönsten am Mittelmeer, UNESCO-Weltkulturerbe der Menschheit, ein fantastisches Steinplateau, von dem sich der Blick zwischen Pinien, Oleander und Zypressen hindurch Richtung Sizilien senkt. (...) Es wurde Zeit für diese Ausstellung, aber auch für eine Neubewertung Karthagos. Denn Europa hat Karthago nie wirklich begriffen. Für Gustave Flaubert war die Stadt eine schwüle Phantasie, der Ort exotischer Erotizismen, schwülstiger Exzesse und ritueller Kindermorde in einem dem Untergang geweihten Reich. Dass Karthago im Vergleich zu Rom eher die aufgeschlossenere Kultur war, eine Multikultigesellschaft, die auf Handel aus war und nicht auf Krieg, ist der breiten Öffentlichkeit ebenso wenig bekannt wie die technischen Leistungen, mit denen die Phönizier ihre Schiffe bis nach Kamerun schicken konnten. (...) Da sich der Staat mit jeder Unterstützung zurückhält, sah man in Karthago Organisatoren und Künstler gemeinsam auf dem Boden herumrobben, Nägel in die Wände treiben und Bildtafeln aufkleben. Carthago Contemporary war eine Do-it-yourself-Biennale. Besser lässt sich der Geist der Jasmin-Revolution nicht fassen.« (Werner Bloch, Süddeutsche Zeitung, 15.06.2012)

Eine minimalistische Installation von Ismail Bahri, einem 1978 in Tunis geborenen Künstler, der auch in Frankreich und Deutschland tätig ist, hat aufmerksame Besucher besonders beeindruckt: mit winzigen Nadeln an der Wand des Museums abgesteckte Linien, deren ganzer Sinn sich nur einmal am Tag, für eine Minute, entdecken ließ, wenn die Sonne darauffiel und der Schatten der Nägel eine gerade Linie ergab. »Als würde aus dem Chaos ein Moment der Perfektion.« (Bloch)

IV. Phönix aus der Asche?

Für eine neue Mittelmeerunion

»Europa hat sich nicht deutlich genug für den Schutz der Menschenrechte und der einheimischen demokratischen Kräfte in der Region eingesetzt. Zu viele von uns sind dem Irrglauben aufgesessen, autoritäre Regime seien ein Garant für Stabilität in der Region. Das war nicht einmal Realpolitik. Das war (...) die Art von kurzsichtiger Politik, die das Langfristige noch schwerer zu erreichen macht.«

ŠTEFAN FÜLE, MÄRZ 2011

Die südliche Peripherie gilt wieder als Achillesferse der Europäischen Union. Migrationsdruck durch Flüchtlinge, neuerdings von Islamisten geführte Regierungen und die Finanzkrise mit der Folge von Bankenzusammenbrüchen und möglichem Staatsversagen lassen den Süden in der Wahrnehmung der Entscheidungseliten und der breiteren Öffentlichkeit als unzuverlässige Problemzone erscheinen. Über die schwache, den meisten Europäern kaum dem Namen nach bekannte »Union für den Mittelmeerraum« (UfM) mit ihren 43 Partnerstaaten ist die krisenhafte Entwicklung schlicht hinweggegangen. Kaum jemand wettet noch einen Cent auf die halbherzige Konstruktion einer subregionalen Gemeinschaft rund ums Mittelmeer. Ausschluss, Abschottung und Abwehr sind die vorherrschenden Fantasien im Norden Europas.

Dabei gibt es gute Gründe, dem drohenden Zerfall der südlichen Peripherie, der Europa als Ganzes ja nicht unbeschadet lassen würde, mit einer *anspruchsvolleren, inklusiveren* und *entschlosseneren* Neufassung der Mittelmeerunion entgegenzuwirken. *Neu*, weil sich die Lage sämtlicher Mittelmeeranrainer durch die Schuldenkrise wie durch die arabische Demokratiebewegung radikal verändert hat. *Anspruchsvoller* muss die Union werden, indem sie bisher im Vordergrund stehende, an sich eher nebensächliche und fragmentierte Agenden (wie mariner Umweltschutz und Energieversorgung) in ein kohärentes Friedens- und Entwicklungsprojekt überführt. *Inklusiver* würde dies, wenn die Süd-Staaten auf Augenhöhe mitwirken, auch wenn sie auf längere Sicht nicht als Beitrittskandidaten infrage kommen. Und *entschlossener* müssen die Protagonisten werden, weil der Mittelmeerpolitik vor allem eines fehlt: Führung und Vision. Das alles erfordert ein neues Verständnis und Muster der (Sub-)Regionsbildung in Europa.

Die südliche Peripherie war Ausgangspunkt der ökonomischen und politischen Globalisierung, bis sich, wie die jüngere Geschichtsschreibung dargelegt hat, schon seit 1600 und erneut im 19. Jahrhundert die dynamische Achse der Weltpolitik auf den Atlantik verschob. Dadurch geriet der Mittelmeerraum ins Abseits einer passiven Globalisierung. Die Route von Gibraltar nach Suez war nur noch eine Passage der Briten in die mittelöstlichen Erdölförderfelder und die Kolonialgebiete Südasiens, während Frankreich und das faschistische Italien in Nordafrika, an der Levante und an der Adria eher reaktionäre Herrschaftsregime errichteten. Zwar wuchs das kulturelle und touristische Interesse am Mittelmeerraum, aber die industriellen Zentren lagen eindeutig im Norden und Westen, während der Süden als Agrar- und Rohstoffexporteur in der globalen Arbeitsteilung zurückfiel.

Die auf Bodenrenten beruhenden Volkswirtschaften behinderten den Elitenwandel und stützten autokratische und klerikal-faschistische Regime, die republikanische Errungenschaften zunichtemachten. In Portugal putschte sich António Salazar an die Macht, sein Einparteienstaat »Estado Novo« stärkte den Einfluss der katholischen Kirche, republikanische Oppositionelle wurden unterdrückt. In Italien regierte der Duce, auch das Königreich Jugoslawien wurde autokratisch regiert und bahnte faschistischen Bewegungen den Weg, die im Zweiten Weltkrieg ihr Unwesen trieben.

In Spanien mündeten scharfe soziale Gegensätze in einen blutigen Bürgerkrieg, der, auch wenn sich der siegreiche Generalissimo Franco heraushielt, zum Vorspiel des Zweiten Weltkriegs wurde. An dessen Südflanke in Sizilien und Nordafrika spielten sich entscheidende Schlachten ab, 1945 war das Mittelmeer wieder das »Armenhaus« Europas, das nach dem Rückzug der europäischen Großmächte Großbritannien und Frankreich unter das Kondominium der beiden Weltmächte Vereinigte Staaten und Sowjetunion fiel.

Im Schatten dieser geostrategischen Konkurrenzinteressen betrieb das Europa der Sechs (Frankreich, die Bundesrepublik Deutschland, Italien und die Beneluxstaaten) die wirtschaftliche Assoziation der südlichen Anrainer mit der 1957 ins Leben gerufenen Europäischen Wirtschaftsgemeinschaft (EWG). Parallel dazu vollzog sich die Entkolonialisierung Nordafrikas, friedlich in Tunesien und Marokko 1958, nach einem langen Krieg in Algerien 1962; zugleich ergriffen in Ägypten, Libyen und Syrien sozialistisch-blockfreie Militärregime die Macht und entspann sich der Dauerkonflikt zwischen Israel und seinen arabischen Nachbarstaaten. Weil die Großmächte hier stark involviert waren, schlug der Ost-West-Konflikt auf die Mittelmeerregion durch und verengte sich das Interesse der EWG-Länder auf Spanien, Portugal und Griechenland, die sie in den dunklen Jahren der dortigen Diktaturen fast aus den Augen verloren hatten.

In den 1970er Jahren unterstützte das Europa der Neun (nunmehr plus Dänemark, Irland und Vereinigtes Königreich) die Demokratisierung der autoritären Systeme der drei Länder, die alsbald EU-Vollmitglieder und später auch in die Eurozone aufgenommen wurden – vornehmlich aus politischen Gründen.

Exkurs: Ach, Griechenland ...

Auch wenn das heute mit Blick auf Hellas besonders umstritten ist, war es mit Blick auf die Unterstützung des griechischen Staatsaufbaus nach der Unabhängigkeit 1830 und auf das neo-hellenistische (und anti-osmanische) Identitätsprojekt Europas fast unmöglich, diesen Akt nach der Absetzung der Militärjunta in Athen *nicht* zu wiederholen – auch wenn sich die Griechen kaum als genuine Europäer betrachteten, die ökonomische Performanz der Volkswirtschaft mager und das Territorium damals noch Tausende Meilen weit von der EU entfernt lag.

Die griechische Politik blieb durch einen starken Vorbehalt gegen den Westen und ein von Deutschland dominiertes Europa geprägt. Der ökonomische Abstand zwischen Kerneuropa und seiner südlichen Peripherie verringerte sich seit den 1980er Jahren zwar, doch blieben strukturelle Rückstände bestehen, und Südeuropa wurde durch die in den USA ausgelöste Weltwirtschaftskrise stärker in Mitleidenschaft gezogen. Exemplarisch kann man das (in einem sicherlich vergröbernden Exkurs) wieder am Fall Griechenland verdeutlichen, dessen aufgeblähter Staatsapparat als Quelle allen Übels gilt. Der Anteil der Staatsbediensteten lag in Griechenland in der Tat bei rund 25 Prozent und höher, was auch wegen der beträchtlichen Pensionslasten problematisch ist. Wie das nordeuropäische Beispiel (Dänemark 31 Prozent) zeigt, ist allerdings nicht die Zahl der Staatsdiener an sich das Problem, eher sind es Über- und Doppelbesetzungen, Inkompetenz und Korruption.

Auch dafür darf man nicht einfach eine griechische »Mentalität« oder das Konstrukt des »Byzantinismus« verantwortlich machen, wie es jetzt gang und gebe ist. Die entscheidenden Faktoren für den Sonderweg Griechenlands waren eher die religiösen Beziehungen des Staates zur Orthodoxie und die durch sie geprägte politische Kultur. Dezentrale politische Gemeinschaften haben sich dem Zentralstaat von jeher widersetzt und mussten durch ihn zur Loyalität verpflichtet werden – eben durch einen Posten im Staatsdienst, durch Stimmenkauf oder durch Vetternwirtschaft. Einkommen gegen Gehorsam – das erklärt letzten Endes das permanente Staatsdefizit und das fehlende Pflichtgefühl derjenigen, die im Staat eine reine Sinekure sahen. Der Deal erklärt auch die hohe Steuerquote für Unternehmen, die auf der einen Seite den Wettbewerb stranguliert und auf der anderen Seite zu endemischer Steuerflucht und Steuerhinterziehung geführt hat. Einen weiteren Faktor stellen die griechischen Außenbeziehungen dar, die zunächst ganz personaler Natur sind – auf jeden Inlandsgriechen kommt ein Auslandsgrieche in den verschiedensten Regionen der Welt. In Reedereien, in der Diplomatie oder im Tourismus tätig, bilden die Emigranten eine stetige Brücke in die Diaspora, die namentlich für wohlhabende Griechen als strategische Reserve dient.

Die Außenbeziehungen Griechenlands, das aufgrund seiner jüngsten Geschichte (von 1946 bis 1949 war das Land Schauplatz einer versuchten Machtübernahme durch die Kommunisten) und seiner geostrategischen Lage in die NATO aufgenommen wurde, waren Teil dieses Netzwerks gen Westen, in die andere Richtung wies die hohe kulturelle Affinität zur serbischen und russischen Orthodoxie. Mit der Aufnahme in die EU und Eurozone gelangten Struktur- und Regionalhilfen aus Brüssel relativ unkontrolliert und wirkungslos in die griechischen Subventionskanäle. Unbeabsichtigt schürten sie die Korruption, es wuchs aber auch das Handelsbilanzdefizit, nicht zuletzt durch den Import von Luxusgütern aus dem Westen.

Während Italien als G7-Mitglied zu den führenden Industrienationen aufstieg und Spanien wie Portugal seit den 1980er Jahren regelrechte Boomperioden durchmachten, blieb Griechenland zurück. Die mentale Distanz zu Εὐρώπη hat dazu geführt, dass die EU heute in konservativen wie linken Kreisen als Sündenbock für eigene Schwächen und Versagen herangezogen werden kann und Kräfte, die auf eine innere Reform drängen und Hilfe zur Selbsthilfe annehmen wollen, bis heute eher in der Minderheit bleiben.

Damit zurück zur Mittelmeerunion. In den 1990er Jahren, nach der Beendigung des Ost-West-Konflikts, startete das nun auf fünfzehn Mitglieder erweiterte Europa den Barcelona-Prozess, der 1995 die Euro-Mediterrane Partnerschaft (EUROMED) begründete und 2008 in die *Union for the Mediterranean* (UfM) mündete. Man kann diese Entwicklung als Erfolgsgeschichte lesen, die – auf EU-typische Weise – durch wirtschaftliche Verflechtung und unter Betonung der kulturellen Gemeinsamkeiten politische Kooperation hervorbringt. Wie schon hervorgehoben: Der durchschnittliche Wohlstand der Mittelmeerregion hat seit den 1970er Jahren ohne Zweifel beträchtlich zugenommen, die Völker sind freier und mobiler geworden, und mit der UfM ist ein durchaus anspruchsvoller politisch-institutioneller Rahmen geschaffen worden, der nicht nur Wachstum und Wohlstand, sondern auch die Förderung von Demokratie und Bürgerrechten, gutes Regieren und kulturellen Austausch ins Zentrum gerückt hat.

Kritische Beobachter der Region haben aber eine weniger optimistische Lesart, der ich nur zustimmen kann: Die Europäische Union ist *ökonomisch* mit ihrem regionalen Assoziationsprojekt gescheitert, womit das Mittelmeer in einen Aggregatzustand von Armut, Gewalt und Autokratie zurückzufallen droht. Die ungelöste Finanzkrise bedroht den Zusammenhalt der südeuropäischen und nordafrikanischen Gesellschaften und stürzt vor allem die junge Generation in eine Existenzkrise. *Politisch* droht der Nahostkonflikt weiter zu eskalieren, bis hin zu einem Showdown mit ABC-Waffen zwischen Israel und dem Iran; während sich die ehemaligen Supermächte nicht länger als Leitwölfe ihrer einstigen Bündnispartner betätigen (können), hat sich die Europäische Union – weder als Ganze noch durch einzelne Mächte repräsentiert – als Konfliktschlichter im Palästinakonflikt aufdrängen können. Und in der arabischen Welt ist Europa wegen der langjährigen Unterstützung der Autokratien schlecht angesehen und bei Islamisten ohnehin keine gute Adresse.

Wie konnte es dazu kommen? Die »Mittelmeerunion« letzter Hand brachte bekanntlich der französische Neogaullist Nicolas Sarkozy 2007 als Präsidentschaftsbewerber ins Spiel. Nicht nur das Ende seiner Amtszeit hatte eine gewisse antideutsche Note, bereits damals wollte er gegen die Bundesrepublik, die mit der deutschen wie europäischen Osterweiterung gestärkt war und seinem Land den Rang abzulaufen drohte, den politischen Schwerpunkt der EU nach Südwesten verlagern. Nicht die EU als Ganze, sondern die Mittelmeeranrainer, und zwar ungeachtet ihres jeweiligen Regimes, sollten die mit viel Pathos und Pomp vorgetragene »Union méditerranéenne« bilden. Sarkozy trieb seine Initiative 2008 dann im Élysée-Palast voran, als Instrument der französischen Nahostpolitik und wohl auch zur Abfindung der Türkei für den von Frankreich (wie Deutschland) faktisch verweigerten Beitritt zur EU.

Doch weder Israel noch die Türkei zeigten seinerzeit für dieses Vorhaben jene Sympathie, die in Spanien und im Maghreb wenigstens ansatzweise spürbar war. Die osteuropäischen und skandinavischen Länder standen dem Unternehmen indifferent, abwartend oder irritiert gegenüber; erkennbar als Unternehmen unter französischer Führung und in Konkurrenz zur »Union européenne« selbst gedacht, ließ vor allem der Gegenwind aus Deutschland nicht lange auf sich warten. Bundeskanzlerin Angela Merkel setzte durch, dass die im März 2008 beschlossene und im Juli in Paris inaugurierte »Union *de* la Méditerranée« (Sarkozy hatte schon rhetorisch abgerüstet) in »Union *pour* la Méditerranée« umgetauft wurde, die sämtliche EU-Länder, die Türkei und die arabischen Länder umfasste und an den bereits älteren Barcelona-Prozess anknüpfte. Der deutsch-französische Streit war da, wie er in der neuen Erbfreundschaft eben möglich und normal ist, und er wurde von den Deutschen entschieden. Von »de« nach »pour« mögen nur zwei Buchstaben hinzukommen, grammatikalisch wie inhaltlich macht es einen Riesenunterschied, ob man eine Union *der* Länder oder eine *für* sie veranstaltet: »Die von Sarkozy entworfene Mittelmeerunion sollte die euromediterrane Nachbarschaft beleben. Angela Merkels Veto machte der Union méditerranéenne ein Ende.« (Wolf Lepenies, Die Welt, 09.10.2011)

Sarkozy erreichte somit nur die geografische Ausweitung der 1995 konstituierten EUROMED-Staaten um die Mittelmeeranrainer der Balkanregion (Albanien, Bosnien-Herzegowina, Kroatien) sowie um Mauretanien, Monaco und Montenegro, auch wurden Vertreter internationaler Organisationen (Vereinte Nationen, Arabische Liga, Afrikanische Union, Maghreb-

Union) als Beobachter hinzugezogen. Damit wurden auf das Mittelmeer nun die Instrumente der EU-Nachbarschaftspolitik (ENP) angewandt, die auch in anderen Peripherien zur Geltung kommt, namentlich in der Schwarzmeerregion, in der Ukraine, Weißrussland und Moldawien sowie unter einem speziellen Titel in der Russischen Föderation.

Die (ebenfalls Flickwerk und Torso gebliebene) Nachbarschaftspolitik hat zum Ziel, einen »Ring stabiler, befreundeter Staaten« um die Union herum aufzubauen. »Umzingelt von Freunden«, wie Deutschland (einem Bonmot seines ehemaligen Verteidigungsministers Volker Rühe zufolge), sollte nunmehr ganz Europa sein. Institutionell und operativ liegt die EU-Mittelmeerpolitik faktisch in der geteilten Verantwortung des Erweiterungs-Kommissariats (derzeit: Štefan Füle) und der Hohen Vertreterin für Außen- und Sicherheitspolitik (derzeit Catherine Ashton). Die Nachbarschaftspolitiken reflektieren die Lage nach dem Ende des Kalten Krieges, als die EU sich mit Ostmitteleuropa wiedervereinen wollte und mit den ehemaligen sowjetischen Satellitenstaaten ins Benehmen setzen musste. Die »Südschiene«, vor allem die nicht europäischen Staaten des Nahen und Mittleren Ostens, war dabei ins Hintertreffen geraten, und so kann sowohl der Barcelona-Prozess ab 1995 als auch die Mittelmeerunion ab 2008 als Versuch Frankreichs gesehen werden, im Bunde mit den »romanischen« EU-Mittelmeerstaaten die politisch-wirtschaftlich-kulturelle Ostverschiebung der EU auszutarieren.

Generell ist die Nachbarschaftspolitik Ausdruck und Konglomerat verschiedener, oft miteinander in Widerspruch geratender Interessen (markt)wirtschaftlicher, militärischer und politischer Natur. Mit dem Wegfall des Eisernen Vorhangs ergaben sich lukrative Geschäfte für Investoren und Exporteure an der europäischen Peripherie, parallel wuchs das Interesse, ausdrücklich Menschenrechte, Bürgergesellschaft, Rechtsstaatlichkeit und Demokratie in postdiktatorischen Gesellschaften zu stärken. Doch zugleich mehrte sich die Sorge über nicht registrierte Einwanderung und terroristische Bedrohungen aus dem Osten und Süden als den offenen Flanken unerwünschter Globalisierungsfolgen. In Sonntagsreden als Projektionsfläche einer gemeinsamen interkulturellen Vergangenheit apostrophiert, entpuppte sich das Mittelmeer faktisch als Drehscheibe einer transnationalen Migration aus Afrika und Asien, sodass die demokratische und zivilisatorische Mission hinter einem zynischen Deal mit Autokraten wie Tunesiens Ben Ali, Ägyptens Mubarak und Libyens Gaddafi verblasste, die Europa den Rücken von Illegalen und Terroristen freihalten sollten.

Inhaltliche wie institutionelle Mängel zeichneten also die Mittelmeerunion von Beginn an aus. Das in Barcelona angesiedelte Sekretariat konnte seine Arbeit erst im März 2010 aufnehmen, als es praktisch schon nichts mehr zu tun hatte: Das für Juni 2010 geplante Gipfeltreffen der Staats- und Regierungschefs wurde aufgrund der Spannungen im Nahen Osten auf November verschoben und kam dann nicht mehr zustande. Der jordanische Diplomat Ahmed Masa'deh trat im Januar 2011 zurück, da die Union in seinen Augen nicht in der Lage war, auf die Unruhen in Tunesien und Ägypten zu reagieren (Frankfurter Rundschau, 26.01.2011). Generell herrschte Unwillen über die Unterfinanzierung der Union; das beantragte Budget von 14,5 Mio. Euro für das Sekretariat wurde nicht einmal zur Hälfte genehmigt.

Zu erwähnen ist, dass EUROMED und UfM immerhin sechs konkrete *priority projects* vorgeschlagen haben, für die 72 Millionen Euro und zusätzliche Mittel der Europäischen Investitionsbank, der Weltbank und privater Banken bereitgestellt werden sollten. Diese waren

1. Umweltschutzmaßnahmen, hier speziell verbesserter Zugang zu Trinkwasser, Erhaltung der Biodiversität und Meeres- bzw. Küstenschutz,
2. Infrastrukturmaßnahmen zur Verbesserung der Transportmöglichkeiten zu Land und zu Wasser (Ausbau des Autobahn- und Eisenbahnnetzes, darunter die transmaghrebische Eisenbahn, und bessere Verbindungen zwischen Häfen),
3. Ausbau der zivilen Katastrophenprävention und -hilfe,
4. Ausbau der Solar- und anderen erneuerbaren Energien und Aufbau eines transmediterranen Netzes,
5. Euro-Mediterrane Universitäten in Piran/Slowenien und Fes/Marokko und
6. eine Mediterranean-Business-Development-Initiative zur technischen und finanziellen Förderung kleiner und mittlerer Unternehmen.

Geschehen ist auf diesen nicht unwichtigen Feldern unterm Strich nicht viel, weil es an Durchschlagskraft, Führung und Kohärenz mangelt, die Projekte durchweg unterfinanziert sind und sie vor allem keinen kohärenten Zusammenhang aufweisen. Es gibt meines Wissens weder ein überzeugendes Monitoring noch eine gescheite Evaluation der Mittel, die in diesen Gebieten verausgabt worden sind.

Überschattet waren der Barcelona-Prozess und die Mittelmeerunion durch den eskalierenden Nahostkonflikt, nachdem Europa mit den in Barcelona und Oslo unternommenen Vermittlungsversuchen zunächst Hoffnungen auf konstruktive Lösungen haben durfte. Zuletzt hat die »Operation gegossenes Blei«, die Militäraktion der Streitkräfte Israels gegen Einrichtungen und Mitglieder der Hamas im Gaza-Streifen im Dezember 2008, die internationale Beobachter wie Amnesty International höchst kritisch bewerteten, den Start der Mittelmeerunion blockiert, da die arabischen Länder auf keinen Fall mit Israel zusammenarbeiten wollten. Der Eskalation in Palästina hatte die EU nichts mehr entgegenzusetzen, auch bei nachlassendem Einfluss der ehemaligen Supermächte USA und UdSSR auf den Nahostkonflikt konnte sich das in dieser Frage wenig vereinte Europa im »Nahostquartett« nicht als relevanter Akteur in den Friedensprozess einschalten. Auch hier hatte es mangels militärischen Drohpotenzials nur auf die befriedende Kraft wirtschaftlicher Verflechtung setzen können, in der Hoffnung, Israelis und Palästinenser würden um gemeinsamer ökonomischer Erfolge und Ressourcenverwaltung (etwa des knappen Wassers) willen ihr historisch umstrittenes Territorium in zwei Staaten teilen und friedlich koexistieren. Nicht dass man der EU die Eskalation des Konflikts seit Mitte der 1990er Jahre zuschreiben könnte, aber der Effekt war: »EUROMED beflügelte nicht die Konsolidierung des Friedensprozesses, sondern der gescheiterte Friedensprozess bremste die Entfaltung der angestrebten Partnerschaft.« (Annette Jünemann)

Die historische »Überdetermination« des Konflikts haben bekanntlich europäische Akteure zu verantworten: die britische Mandatsregierung, die Juden und Araber gegeneinander ausspielte, dann die Vertreibungs- und Vernichtungspolitik des »Dritten Reiches«, die eine jüdisch-zionistische Staatsgründung für die Überlebenden unausweichlich erschienen ließ, schließlich der vor allem in Osteuropa (wie im entkolonialisierten Nordafrika) virulente Antisemitismus, der weitere Auswanderungswellen nach Israel auslöste. Vor diesem Hintergrund wuchs nach 1967 auf beiden Seiten eine religiös-liturgisch untermauerte Unversöhnlichkeit des Territorialanspruchs, der in der israelischen Politik wie in den arabischen Ländern zu inneren und wechselseitigen Blockaden führte.

Gerade diese religiöse Aufladung und Unteilbarkeit lassen den Konflikt unlösbar wirken und scheinen das säkularisierte Europa zu überfordern, aber richtig bleibt dennoch: »Es führt kein Weg an der Absicht vorbei, einen Kompromiss auf territorialer Grundlage anzustreben, und dies auch dann, wenn die tragische Wahrheit offenbart, dass der Konflikt im Kern auf das Absolute zielt.« Diese verzweifelte Hoffnung könnte eine Direktive für eine europäisch induzierte oder unterstützte Lösung darstellen: »Ein territorialer Kompromiss würde darauf hinauslaufen, das auf die Politik einwirkende Sakrale zu neutralisieren, ja, er könnte es gar exorzieren. Die glühende Lava der Heiligkeit würde in das erkaltete Gestein des Profanen und Alltäglichen verwandelt.« (Dan Diner)

Die Mittelostpolitik der EU ist auch in andere Richtungen wenig erfolgreich gewesen. Selbst mit Blick auf den Beitrittskandidaten Türkei, die in einer Mittelmeerunion ein billiges Abspeisen ihres Beitrittswunsches sehen konnte, war die EU nicht in der Lage, das wirtschaftlich und politisch aufstrebende Land auf andere Weise an sich zu binden und attraktive Alternativen zur wachsenden »Ostorientierung« als neoosmanische Mittelmacht anzubieten. Sollte sich dieser Aufstieg als stabil erweisen, wird es der EU kaum noch gelingen, den eigentlichen »Tigerstaat« in der Mittelmeerregion an sich zu binden. Und für die überwiegend jungen Menschen, die seit 2010 von Marokko bis Bahrein auf die Straße gingen, bot Europa weder Vorbild noch Unterstützung. Nicht nur hatte Europa die Zivilgesellschaft der arabischen Länder ignoriert, die EU hatte die Autokratien der MENA-Region bis zuletzt gestärkt und war ihrer Verpflichtung, Demokratie und Menschenrechte zu fördern, unzureichend nachgekommen. *Too little – too late*, resümiert Annette Jünemann das Engagement der Europäischen Union im Arabischen Frühling: »Abgesehen von Maßnahmen der humanitären Hilfe und des Grenzschutzes war die EU schlichtweg nicht präsent, als sich in ihrer unmittelbaren Nachbarschaft ein politischer Umbruch von historischer Bedeutung vollzog.«

Dieses Rundum-Versagen war bereits in den Jahren zuvor angelegt: »Aus Angst vor den Folgen eines unkontrollierten Demokratisierungsprozesses, der radikalen Islamisten zur Macht verhelfen oder Staaten zerfallen lassen könnte, setzte die EU auf eine kurzfristiger angelegte reine Stabilitätspolitik und erfüllte damit die unausgesprochenen Hoffnungen der arabischen Autokratien auf die Persistenz normfreier Realpolitik« – mit anderen Worten: Europa ließ sich nicht als supranationaler Akteur vom (kantischen) Theorem des demokratischen Friedens leiten, das darauf abhebt, dass demokratisch verfasste Staaten keine Kriege gegeneinander führen. Vielmehr setzte die EU die »Versicherheitlichung« ihrer im Übrigen intergouvernemental zerstückelten Außenpolitik fort.

Da Europa wie gesagt nicht Schlachtschiffe im Mittelmeer kreuzen lassen kann und auch keine Bodentruppen entsenden möchte, konzipierte die EU ihr Sicherheitsbedürfnis durchaus kooperativ, und als Quelle der genannten Bedrohungen sah man sehr wohl Armut und Wohlstandsgefälle, auch die Abwesenheit von Demokratie und Rechtsstaatlichkeit. Wo also eine entschlossenere Demokratieförderung geboten gewesen wäre, sah die effektive Kooperation ganz anders aus: »Aus Angst vor Bürgerkriegen, Staatszerfall und/oder der Machtübernahme antiwestlicher Islamisten setzte die EU auf Stabilität und hielt sich bei der Implementierung ihrer Demokratisierungspolitik merklich zurück. Stabilität hieß konkret: Enge Kooperation mit den autoritären Regimen in der Hoffnung, dass eine wirtschaftliche Liberalisierung langfristig auch zu einer sukzessiven, aber kontrollierten politischen Öffnung führen würde.« (Jünemann)

Analoges galt dann in der Finanzkrise nach 2008 für den Umgang mit den »PIGS«-Staaten, für die Europa vor allem nach Austerität und Depression klingt, nicht für Aufbruch und Chance steht (es sei denn, die reichen EU-Länder sind wieder eine Destination für Auswanderer). Die bittere Bilanz zog noch einmal Wolf Lepenies:

> »Deutsche und Franzosen können ihre effektive Zusammenarbeit zum Wohle Europas nur dann wiederfinden, wenn sie sich auf ein gemeinsames Projekt einigen. Ein Projekt, das nicht Deutschland und Frankreich, sondern ein Drittes zum Gegenstand hat. Die Mittelmeerunion hätte ein solches Projekt sein können. Sie ist am Eigensinn Frankreichs und am Misstrauen der Bundesrepublik gescheitert. Ähnlich steht es mit dem pathetisch annoncierten Weimarer Dreieck, in dem das deutsch-französisch-polnische Trio der Union neue Impulse geben sollte. Von diesen Impulsen ist nichts zu spüren. Deutschland, Frankreich und Polen beschränken sich seit Jahren darauf, zu verkünden, das europäische Konzert mit einem neuen Dreiklang zu bereichern: Ein Programm, aber keine Musik.« (Die Welt, 11.08.2011)

Für einen möglichen Neuanfang ist diese schonungslose Bilanz des Scheiterns der Mittelmeerunion, wie wir sie kannten, geboten: *Erstens* hat die EU den Mittelmeerraum in der letzten Dekade vornehmlich als Zone der Bedrohung wahrgenommen, als Quelle von Drogenhandel und organisierter Kriminalität, als Ausgangspunkt oder Durchgangsstation illegaler Einwanderung, als Drehscheibe islamistischen Terrors und politischen Extremismus aus dem Mittleren Osten, als Achillesferse der europäischen Energieversorgung. In dieser Sichtweise musste der reiche Norden vor der südlichen Peripherie vornehmlich in Deckung gehen und für seine eigene Sicherheit sorgen.

Ebenso wenig aufgegangen ist *zweitens* die Erwartung der

EU, den Anfang der 1990er Jahre mit den Oslo-Verträgen eingeleiteten Friedensprozess im Nahostkonflikt befördern und auf diesem Weg als Friedensstifter im östlichen Mittelmeerraum wirken zu können.

Drittens ist auch Sarkozys Entpolitisierung (und die normative Abrüstung) der Mittelmeerpolitik gescheitert: In den konkreten Agenden ist man zu wenig vorangekommen und hat sie nicht zu einer kohärenten Entwicklungspolitik bündeln können, während sich das europäisch-arabische Verhältnis vor allem nach 2000 politisierte und antagonistisch auflud. Der außen- und sicherheitspolitische Erfolg, den Sarkozy als Präsident einer ehemaligen Groß- und wankenden Mittelmacht einheimsen wollte, blieb aus, während der auf unterer Regierungsebene stattfindende Austausch mit den autokratischen Regimen durch die von unten wachsende Demokratiebewegung blamiert wurde.

Welche Schlüsse kann man aus diesem Misserfolg nun für ein alternatives Projekt der (Sub-)*Regionsbildung* ziehen? Zwei Wege scheinen ausgeschlossen: Eine EU-weite Mittelmeer-Union mit türkischen, jüdischen und arabischen Junior-Partnern zeichnet sich naturgemäß durch hochgradige Heterogenität aus, die leicht in Fragmentierung enden kann. Eine romanisch-arabische Union kann auf ein kohärenteres Kulturerbe zurückgreifen, sie wird jedoch vom Israel-Palästina-Konflikt belastet und zerteilt. Der eine Ansatz ist zu groß und unverbindlich, der andere zu klein und rückwärtsgewandt – der Ausweg liegt nicht irgendwo bei einer mittleren Zahl von Mitgliedern, sondern in einem Dritten, einem gemeinsamen

Projekt. Die Form der Mittelmeerunion muss ihrer Funktion folgen.

Ob die europäische Integration in der historisch beobachteten Weise – jede Krise der Integration treibt jeweils neue Fortschritte derselben hervor – gerettet und weiterentwickelt werden kann, vermag 2012 niemand zu prognostizieren. Nur begrenzt hilft auch die wissenschaftliche Debatte über die bisherigen Philosophien und Treiber der Integration weiter, die hier ganz knapp zusammengefasst sei. Ging man in der frühen Phase der westeuropäischen Einheit davon aus, die funktionale Kooperation in Teilbereichen (z. B. Montanunion oder Agrarmarkt) werde durch »Spill-over-Effekte« die politische Einheit steigern – die wachsende Interessenverflechtung würde also die Vereinigten Staaten von Europa gewissermaßen »nebenbei« hervorbringen –, so haben »Realisten« und »(liberale) Intergouvernementalisten« dagegen später herausgearbeitet, Fortschritte der Integration von Staaten kämen generell dadurch zustande, dass zunächst nationale Präferenzen formuliert werden, dann eine Verhandlung zwischen Staaten einsetzt und schließlich entschieden wird, ob man Souveränität an supranationale Einrichtungen delegiert. Europäisierung wird also bestenfalls von den nationalen Akteuren zur Reduktion von Transaktionskosten und zur Verbesserung ihrer Verhandlungsbedingungen zugelassen. Empfinden die nationalen Regierungen, dass der Nutzen der EU schwindet, werden sie auf die Bremse drücken oder ganz austreten.

Der deutsche Beitritt zum Euro oder die Aufnahme Griechenlands in die Währungsunion sind markante Gegenargumente gegen das Dogma der rationalen Wahl, wonach vornehmlich Nutzenerwartungen der wichtigste Antriebsmotor von Kooperation und Integration seien. Dagegen treffen die Argumente einer dritten, »sozial-konstruktivistisch« genannten Denkschule zu, wonach Normen, Ideen und Werte den grenzüberschreitenden Lern- und Integrationsprozess mindestens ebenso stark am Laufen halten. Die Protagonisten des jahrelangen Theoriestreits haben sich unterdessen auf den Konsens geeinigt, die Europäische Union als ein Wesen »sui generis« sei auf vielen Ebenen aktiv und ihre Integration würde als Zustand und Prozess letztlich durch alle genannten Faktoren am Laufen gehalten beziehungsweise ins Stocken gebracht. Ideen zur Euro-Polity (Verfassung) und kosmopolitische Demokratienormen sind damit ebenso wichtig wie Policy-Erfolge in den einzelnen Politikfeldern und Regierungskooperationen. Die Vertiefung der EU, heute vor allem mit Blick auf eine gemeinsame (Wirtschafts-)Regierung und die Beseitigung ihres Legitimations- und Demokratiedefizits, kann nicht auf Kosten einer Erweiterung und der Ausdehnung ihrer Beziehungen in außereuropäische Gebieten gehen.

Um von der Höhe der politologischen Vogelschau auf die Niederungen einer neuen Mittelmeerunion zurückzukommen, sind wiederum zwei Wege ausgeschlossen: Der Norden der EU kann seiner südlichen Peripherie weder eine ernst gemeinte Austrittsaufforderung zukommen lassen, sofern es sich wie im spanischen oder griechischen Fall um ein Mitglied handelt (und bei Italien sogar um einen Erstunterzeichner der Römischen Verträge), noch kann er mit MENA-Staaten wie Tunesien oder mit Israel eine formelle Erweiterungsrunde starten. Andere Optionen und föderale Szenarien müssen also erwogen werden. »Funktionalistisch« gesprochen, wäre eine Energieunion mit der südlichen Peripherie – analog zur Montanunion (EGKS) der frühen 1950er Jahre – ein wichtiger Baustein und Motor einer Nord-Süd-Kooperation. »Realistisch« wäre das freilich nur, wenn die Nationalstaaten innenpolitische Präferenzen dieser Art hätten und in Verfolgung ihres Eigeninteresses (etwa an einer Wende hin zu regenerativer und ressourcenschonender Energieversorgung und Wirtschaftsweise) einen zielführenden informellen Aushandlungsprozess starteten. Aus »konstruktivistischer« Warte schließlich könnte (nur) eine politisch-kulturelle Konvergenz Integrationsfortschritte über das Mittelmeer hinweg stützen, für die sich auch der supranationale Akteur (die Kommission, das Parlament) und vor allem führende Mächte im Ministerrat (also Deutschland und Frankreich) stark machen müssten.

Subregionsbildung muss damit entschiedener vorangetrieben werden als mit der bisherigen Europäischen Nachbarschaftspolitik, ohne dass sie einen formellen Beitritt anvisiert und damit die Vollintegration im Auge hat. »Der Grad an Heterogenität in der Region steigt, und es ist davon auszugehen, dass starre und stark institutionalisierte multilaterale Rahmenwerke wie Euro-mediterrane Partnerschaft oder Mittelmeerunion nicht funktionieren werden«, warnt Nathalie Tocci, die Direktorin des Istituto Affari Internazionali in Rom. War das Europa der zwei (oder mehr) Geschwindigkeiten bisher eher eine diplomatische Umschreibung für das Zurücklassen derjenigen, die ökonomisch schwächer und politisch unwillig waren, sollte eine neue EU-Architektur nun eher auf eine lockere Koppelung und föderale Vernetzung diverser subregionaler Bündnisse hinauslaufen, deren Finalität sich gewissermaßen hinter dem Rücken der Akteure einstellt, durch friedens- und entwicklungspolitische Bemühungen aber eine starke normative Grundlage erhält.

Die Agenden und Themen der erneuerten Mittelmeerunion sind also die alten, wenn auch unter seit 2008 und 2011 radikal verändertem Kontext: Sie muss die neuen, fragilen Demokratien Nordafrikas und des Mittleren Ostens genau wie die erschütterten älteren Demokratien des südlichen Europa stützen und mit ihnen einen wesentlich kooperativeren Politikstil pflegen. In den neueren Dokumenten der EU ist davon, was die arabische Welt betrifft, bereits die Rede. Demokratieförderung, gemeinsame Sicherheit und humane Entwicklung müssen viel stärker als bisher konvergieren, und dafür sind ganz neue Anstrengungen und Muster politischer Kooperation notwendig:

> »Die Europäische Union muss lernen, erfolgreichen Multilateralismus zu betreiben; sie muss effektiv mit anderen zusammenarbeiten, wenn sie ein einflussreicher Akteur in der Region bleiben will. Sie muss sich für Impulse von einheimischen, regionalen und außerregionalen Akteuren öffnen, Ziele formulieren, die die Bedürfnisse der einheimischen Bevölkerung stärker berücksichtigen, und multilaterale Politikinstrumente schaffen, die die Einbindung von regionalen und internationalen Akteuren vorsehen. Und nicht zuletzt muss sie auf das neue Selbstbewusstsein und die Empfindlichkeiten ihrer Nachbarländer Rücksicht nehmen.« (Tocci)

Das klingt sehr viel demütiger und klarsichtiger als vor dem Durchbruch der arabischen Demokratiebewegung, aber die wissenschaftliche und diplomatische »Community« der Internationalen Beziehungen könnte bald wieder das Business as usual aufnehmen. Eine Kehrtwende wäre gerade in der Sicherheitspolitik erforderlich. Zum einen darf sich der Begriff »Sicherheit« nicht nur auf den Schutz der EU-Außengrenzen beziehen, er muss die Interessen bedrohter Individuen (wie der Boat People und traumatisierter Flüchtlinge aus Bürgerkriegsgebieten) ins Zentrum rücken und die Sicherheitsinteressen der südlichen Peripheriestaaten einbeziehen. Zum anderen muss die Europäische Union mit einer Stimme sprechen, zu Fragen der humanitären und militärischen Intervention ebenso wie im Nahostquartett.

Solche hochgegriffenen Erwartungen werden plausibler, wenn die Region sich mit konkreten (und stets teilbaren) Politiken zu befassen hat. Die Perpetuierung der Wirtschaftskrise unterstützt nur die Flucht in Unteilbar-Heilige, während jede Entwicklung, die Wohlstand für alle fördert – so die ganze EU-Philosophie und -Erfahrung –, tief sitzende Feindschaften entkrampfen, politische Kooperation erleichtern und letztlich ein gemeinsames Entwicklungs- und Friedensprojekt ermöglichen kann.

Insofern sollte die Mittelmeerunion wieder bei den erwähnten *priority projects* ansetzen und diese entsprechend anreichern und zuspitzen. Sie kommt damit »zu den Sachen selbst«, und das heißt in der Mittelmeerregion: eine nachhaltige Ressourcen- und Energiepolitik nach Peak Oil, ein umfassender Meeres-, Klima- und Artenschutz, ein sanftes Konzept sozial- und umweltverträglicher Touristik, die Förderung nachhaltigen Wirtschaftens und interkulturelles Lernen in gemeinsamen Bildungs- und Wissenschaftseinrichtungen. Es spricht nicht gegen ein solches Programm, wenn die »Realisten« und Bellizisten in der Region sich darüber lustig machen und im politischen Alltag alles daransetzen werden, seine Verwirklichung zu verhindern.

V. Blaue und grüne Wunder

Neue Energien für Europa

»Die Deutschen wollen eine Führungsmacht in Europa sein, aber dafür den kleinstmöglichen Preis zahlen.«
PETROS MARKARIS (2012)

Es lohnt somit ein zweiter Blick auf die soziale und ökonomische Entwicklung, die in eigentlich allen Ländern des Mittelmeerraumes in den vergangenen Jahrzehnten relativ schleppend verlaufen ist: Zum einen haben die Volkswirtschaften den Anschluss an die kapitalistische Globalisierung der 1970er Jahre verpasst, indem sie sich zu stark auf Renteneinkommen aus den Rohstoff- und Agrarexporten, aus dem Tourismus und aus Überweisungen der Arbeitsmigranten verlassen haben. Zum anderen haben sich Teile derselben Ökonomien seit den 1980er Jahren wiederum rasant und schutzlos dem globalen Kasino-Kapitalismus angepasst, indem diese Renteneinnahmen, auf der Grundlage anachronistischer Staatsapparate und Gesellschaftsstrukturen, überwiegend in spekulative Immobilien- und Finanzgeschäfte hineinflossen – mit den heute manifesten Folgen. Der spanische Politologe

Vicenç Navarro führt diese vor allem in Spanien anzutreffende Besonderheit auf ein unerwünschtes Erbe des Franquismus zurück, der industriekritisch und proletariatsfeindlich war und den Besitz einer eigenen Immobilie zum Eckpfeiler der korporatistischen Eigentumsordnung definierte. Auch wenn solche mentalen und institutionellen Pfadabhängigkeiten schwer zu überwinden sind, ist von den krisengeschüttelten Gesellschaften nicht weniger verlangt als ein radikaler Richtungswechsel. Gelingen kann dieser nicht durch »Beratung« oder gar Troika-Zwang von außen, sondern nur im Rahmen einer gesamteuropäischen Nachhaltigkeitsoffensive, die von der unguten Mischung aus pauschalem Sparzwang und blinder Wachstumsoffensive ablässt.

Die daniederliegende Mittelmeerunion benötigt einen anspruchsvollen und weiter reichenden Rahmen, indem die losen und disparaten Versatzstücke der bisherigen Mittelmeerpolitik aufeinander abgestimmt und nachhaltiger ausgestaltet werden. Eine solche Konvergenz würde die Entkolonisierung vollenden und den südeuropäischen EU-Staaten wie den jungen arabischen Demokratien eine wichtige Rolle übertragen. Die Jugend rund um das Mittelmeer benötigt eine solche Perspektive jenseits von Stagnation und Abwanderung, eine Alternative zu Pauperisierung und Unsicherheit, einen Ausweg aus Autoritarismus und Gewalt.

Eine nachhaltige Politik ist hier zweifellos auch die beste Sozialpolitik und rückt das vernachlässigte Thema der Europäischen Sozialunion wieder in den Vordergrund. Es ist, wie hier nur am Rande betont werden kann, kein europäisches Reformprogramm denkbar ohne die entschiedene Revision der

Umverteilung von unten nach oben, die seit den 1970er Jahren und verschärft seit den 1990er Jahren im Gange ist. Entsprechende Programme wie die Wiedereinführung oder Erhöhung der Einkommens- und Vermögenssteuern und die Umsetzung einer Finanztransaktionssteuer liegen in fast allen europäischen Staaten vor; dazu gehört auch, Steuerflucht in allen Formen einzudämmen.

An dieser Stelle komme ich auf die bereits erwähnten fünf exemplarischen Politikfelder zurück:

a. Primärenergieversorgung und Exportmuster der südlichen Peripherie reflektieren bisher nur ganz schwach das Potenzial, das erneuerbare Energien in dieser von Sonne und Wind und begünstigten Zone haben. Hier gilt es, die erneuerbaren Energien aus dem Süden nicht nur in das (nord)-europäische Stromnetz einzuspeisen, sondern sich vor allem für eine nachhaltige Entwicklung in den Ländern selbst sowie in Afrika südlich der Sahara einzusetzen. Der Teufelskreis von Ölabhängigkeit, klimaschädlichem Wirtschaften und Verschuldung kann so durchbrochen werden.

b. Immer noch entfallen rund ein Drittel des globalen Tourismus auf die Mittelmeerregion, deren Infrastruktur und Mentalität er zutiefst geprägt hat. Regional ist der Tourismus oft nicht nur ein Leitsektor, sondern eine regelrechte Monokultur, deren Effekte bei politischen Krisen und schlechtem Wetter sofort negativ durchschlagen. Unterm Strich hat der Massentourismus über die Jahrzehnte hinweg gravierende ökologische und ökonomische Kollateralschäden verursacht. Notwendig ist deshalb der Wandel einer rücksichtslosen Masseninvasion aus dem Norden (bzw. den reicheren Dienstleistungszentren des Südens) in die touristischen Zielgebiete in eine respektvolle und kreative Begegnung der Menschen aus dem Norden und Süden, die Kooperation und Empathie auch über die Ferienwochen hinaus erlaubt.

c. Die Mittelmeerländer sind trotz der industriellen Entwicklung und der Herausbildung eines Dienstleistungssektors in eine asymmetrische Arbeitsteilung mit den reichen EU-Ländern eingespannt geblieben, die sie in dauerhafter Abhängigkeit gehalten hat und jetzt erneut eine massive Abwanderung von unqualifizierter und qualifizierter Arbeitskraft nach sich gezogen hat. Notwendig sind deshalb die Aushandlung einer umweltverträglichen, wesentlich stärker auf lokale Bedürfnisse und Märkte eingestellten Agrarökonomie, ein fairer Handelsaustausch und ein vernünftiges, beiden Seiten dienliches Migrationsregime.

d. Dringend geschützt werden muss die verletzliche ökologische Basis des Meeres. Zugleich kann man über umweltverträgliche Entwicklungen in Form nachhaltiger Fischerei (inklusive Aquakulturen) und erneuerbare Energiedienstleistungen aus dem Meer nachdenken. Beides zusammen setzt voraus, das Meer nicht länger nur als Brunnen und Rinne zu betrachten (und zu missbrauchen), sondern die Méditerranée im europäischen Bewusstsein als »unser Meer« schätzen zu lernen.

e. Im Mittelmeerraum fehlt schließlich eine geteilte und lokal kolorierte Wissensgrundlage, die kulturelle und religiöse Grenzen transzendiert (ohne sie einzureißen) und am Schicksal der Völker ausgerichtet ist. Die historischen Interaktionen (wie in al-Andalus) sind zwar abgebrochen, aber als Vorbilder können sie noch wirken. Deshalb setzt das im Folgenden näher skizzierte umfassende Transformationsprogramm eine an den Bedürfnissen der jungen Generation ausgerichtete Verstetigung der kulturellen und wissenschaftlichen Kooperation im Rahmen der bestehenden EU-Programme (Erasmus, Leonardo da Vinci, Jean Monnet) und der entsprechenden Abschnitte in den Assoziationsabkommen voraus.

Nur wenn man sie auf diese Aspekte humaner Entwicklung bezieht (weitere Beispiele sind möglich), machen die »Rettungsschirme« und »Strukturhilfen« der EU mittel- und langfristig Sinn, nur dann kann eine ungenaue und oberflächliche Ad-hoc-Sanierung von Staatshaushalten und Banken in nachhaltige Entwicklung münden, nur dann kann auch aus der politischen Vormundschaft des Nordens eine Kooperation auf Augenhöhe werden. Natürlich können diese (mit Blick auf das bisherige Krisenmanagement allesamt kontrafaktischen) Entwicklungschancen hier nur grob umrissen werden; wichtig ist eine Perspektive, die über die sinnvollen Aspekte der Schuldenbremse im Fiskalpakt und die unausgegorenen Teile des Wachstumspakts hinausweist und die Mittelmeer-Debatte politisiert. In der Konsequenz zieht das zum einen eine institutionelle Vertiefung der Europäischen Union und eine Erneuerung und Erweiterung der Mittelmeerunion nach sich. Die Chancen eines solchen Programms hängen zum anderen davon ab, ob es den Ländern der Euro-Méditerranée gemeinsam gelingt, die Finanzmärkte unter Kontrolle zu bringen und sich aus ihrer Geiselhaft zu befreien. Man darf nicht vergessen, dass Deutschland, Frankreich, Italien und die Türkei ein Viertel der Mitglieder der G20 bilden.

Energiewende in Europa

Auf vielen Energiekonferenzen der letzten Jahre wurde die Folie einer erweiterten Europakarte aufgelegt. Eingezeichnet war dort in bunten Linien ein »European Super Smart Grid« mit Starkstromleitungen, die vom Nordkap bis in die Sahara reichen und diverse Erzeugungsorte erneuerbarer Energien – Solarkraft aus Nordafrika und Südeuropa, Windkraft aus der Nordsee, Wasserkraft aus der Türkei, dem Balkan und den Alpenregionen – miteinander vernetzen. Der bekannteste Proponent dieses großtechnischen Vorhabens ist das Desertec-Konsortium. Absolut überzeugend ist die Grundidee des Projekts, das sich bislang zwar nur in groben Linien abzeichnet, aber immerhin eine unternehmerische (Desertec Industrial Initiative als privatwirtschaftliches Joint Venture mit 21 Shareholdern und 35 assoziierten Partnern), eine zivilgesellschaftliche (Desertec Foundation) und eine wissensökonomische Grundlage (Desertec University Network) aufweist. Allein im südlichen Maghreb ist die intensive Sonneneinstrahlung ganzjährig nutzbar und könnte den gesamten Energiebedarf Europas mehr als ausreichend sichern. Würde man dieses Potenzial auch nur zu Teilen nutzen, könnte man also die Verbrennung von Kohle, Erdöl und Brennstäben vollständig einstellen, mit anderen Worten: in Europa sämtliche AKWs abstellen, sich von Erdölimporten aus der Nordsee und dem Mittleren Osten unabhängig machen, analog von Erdgasimporten aus der Russischen Föderation und Zentralasien und die Braun- und Steinkohlereserven im Boden lassen. Die CO_2-Emissionen ließen sich binnen weniger Jahre (und das heißt: noch rechtzeitig!) massiv reduzieren. Und auch die geopolitische Abhängigkeit von autokratischen Regimen wie Saudi-Arabien oder Qatar (denen die Bundesrepublik Waffen zur Aufstandsbekämpfung zu liefern genötigt sein könnte) wäre zu vermeiden.

Was »zu schön, um wahr zu sein« und wie eine völlig verrückte Münchhausen-Idee wirkt, wie sich Europa am eigenen Schopf aus seiner Energieabhängigkeit und Klimaschädlichkeit befreien könnte, ist von einer Realisierung in der Tat noch weit entfernt. Auch wirkt das Konsortium, das Desertec 2009 auf den Weg gebracht hat, derzeit eher saft- und kraftlos. Das liegt aber weniger am hohen Einstiegs-Investitionsbedarf, der laut jüngster Bankenexpertise (z. B. von Cajo Koch-Weser, Deutsche Bank) nicht unfinanzierbar erscheint, auch nicht an den technischen Voraussetzungen, die zum derzeitigen Stand gegeben oder bald erreichbar scheinen. Problematischer ist die Übersetzung des Ingenieurprojekts in die politisch-soziale Wirklichkeit Nordafrikas und Südeuropas. Diese gewisse Ignoranz verleiht dem Projekt ungewollt einen neokolonialen Anstrich, wenn auch mit »freundlichem Gesicht«. Was nämlich haben die lokalen Gesellschaften von Marokko bis Ägypten, wo erste Pilotanlagen vorgesehen beziehungsweise im Entstehen sind, von einem Deal, der im Wesentlichen den Energiehunger des reichen Nordens stillen soll? Wäre die Umstellung der stofflichen Basis des Exports von fossilen auf erneuerbare Quellen, selbst wenn er klimapolitisch hocherfreulich ist, nicht die Fortsetzung der alten Rentenökonomien mit neuen, nun solaren Mitteln? Welche »Spill-over-Effekte« wären für arme arabische Länder wie Marokko, Tunesien oder Ägypten, aber auch für Spanien und Griechenland zu erwarten, wenn sie Standorte großer »Sonnenfarmen« würden? Wichtiger noch: Was fällt für die Anrainer im Süden (wie Mauretanien, Senegal, Mali oder Burkina Faso) ab, welche Effekte ergeben sich womöglich für die energieabhängigen Gesellschaften des südlichen Balkans?

Desertec muss sich also noch einmal neu erfinden und vom bisherigen Stadium der grünen Verheißung verabschieden. Desertec 2.0 muss nicht nur seine postkolonialen Eierschalen loswerden, es muss sich, als ein bis dato wesentlich von deutschen Akteuren betriebenes Unterfangen, *europäisieren*, indem es an die aktuelle Dynamik der europäischen Integration anschließt und eine Antwort auf deren Krise gibt, es muss sich *demokratisieren*, indem es, obwohl es als Projekt der Zivilgesellschaft entstanden ist, dieser erst einmal wirklich bekannt gemacht werden und als Projekt der Bürger Europas auftreten, es muss sich *dezentralisieren*, indem es als Ergänzung zu den überwiegend dezentralen, auf Akteure wie kommunale Kraftwerke und Energiegenossenschaften bezogenen Initiativen wirkt, und es muss sich *politisieren*, indem es sich mit den Zielsetzungen der arabischen und südeuropäischen Demokratiebewegung verbindet und als deren Botschafter im Norden fungiert. So plausibel Desertec im konkreten wie metaphorischen Sinne erscheint, so unerklärt und gering operationalisiert ist das Projekt auf gesamteuropäischer Ebene.

Auch an der südlichen Peripherie, wo das generelle Interesse an Solarenergie und am Desertec-Konsortium im Besonderen bisher ganz verhalten war, gibt es offene Fragen. Werden die alten Eliten überhaupt eine neue Energieoption in Betracht ziehen? Werden demokratisch gewählte Akteure die darin liegenden Chancen verstehen? Werden sie ein kooperatives Verhältnis zum Norden anstreben oder als Solarstaaten ähnliche Abhängigkeiten und Kartellverhältnisse wie die OPEC-Länder aufbauen? Nur unter günstigen Umständen kann das Münchhausen-Projekt tatsächlich Fahrt gewinnen und überzeugen – und der eigentlich selbstevidente Plan gelingen, mit einer neuen Energieunion den Süden und den Norden gleichermaßen in eine nachhaltige Richtung zu entwickeln.

Der ökologisch-kulturelle Vorteil der (für die Verbraucher zunächst teureren) neuen Erneuerbaren gegenüber anderen Optionen liegt auf der Hand: Sie sind nachhaltig, können dezentraler produziert und verteilt werden, sie verwandeln Konsumenten in Produzenten (durch Einspeisetarife und besonders bei Energiegenossenschaften), die Unternehmen (jedenfalls der ersten und zweiten Generation) weisen in der Regel höhere Markt- und Unternehmenstransparenz auf, und ihr Trumpf ist die ausgezeichnete Klimaverträglichkeit. Auch die politischen Rahmenbedingungen in einigen Ländern und die Philosophie der EU-Energiepolitik weisen in diese Richtung.

Hinderlich ist, dass die Energiewende weithin als ein deutsches Projekt gilt; es wurde von der Bundesregierung 2011 in der Tat überhastet und ohne die nötige Absprache mit den EU-Partnern verabschiedet, obwohl es ohne deren Mitwirkung kaum gelingen kann. Entsprechend wird die Energiewende im Süden von den Betroffenen der Austeritätspolitik als Ausdruck eines »grünen Imperialismus« der Bundesrepublik missverstanden.

Es bleibt hier nichts anderes übrig, als für das Vorhaben der Energiewende ebenso entschieden wie geduldig zu werben und seine Verwirklichung mit staatlichen und privaten Partnern zu koordinieren. Dabei ist es durchaus begrüßenswert, dass Deutschland als europäische *économie dominante* auftritt; in Frankreich zum Beispiel ist die Meinung verbreitet, an der Energiewende müsse etwas dran sein, wenn die Deutschen sie vorantreiben …

Zwei exemplarische Vorhaben in Marokko und Griechenland mögen hier demonstrieren, welche Potenziale in der transmediterranen Energieunion stecken und wo die Schwierigkeiten der Implementierung derzeit liegen. In Marokko haben sich 2011 die Desertec Industrial Initiative (Dii) und die Regierung (genauer: die Marokkanische Agentur für Solarenergie, MASEN) zusammengetan, um eine solarthermische Pilotanlage mit zunächst 160 Megawatt, später bis 500 MW-Leistung zu installieren, deren Kosten mit rund 1,9 Milliarden Euro veranschlagt werden. Sie liegt bei Ouarzazate, einer 50 000 Einwohner zählenden Provinzhauptstadt im Süden des Landes, auf 100 Meter Höhe zwischen Atlasgebirge und Antiatlas, die einmal eine Garnison der französischen Fremdenlegion beherbergt hat und als Drehort für Monumentalfilme wie *The Gladiator* genutzt worden ist. Der deutsche Wirtschaftsminister Philipp Rösler ist im Juli 2012 nach Marokko gereist, um eine Energiepartnerschaft mit dem Maghreb-Staat zu vereinbaren, der zum einen mit einem bereits bestehenden Tiefseekabel nach Spanien gute Exportchancen hat, zum anderen aufgrund seiner starken Importabhängigkeit selbst intensiv über eine Energiewende nachdenkt. Der marokkanische Strombedarf wird in den nächsten Jahren durch Bevölkerungswachstum und Urbanisierung erheblich ansteigen, auch könnte die Stromproduktion neue industrielle Kerne bilden, und im Nebeneffekt ist denkbar, dass die Abwärme für die Meerwasserentsalzung in einer extrem wasserknappen Region genutzt werden kann. Drei Viertel der Kosten sollen durch Kredite von Weltbank, Afrikanischer und Europäischer Entwicklungsbank sowie der deutschen KfW Bankengruppe (Kreditanstalt für Wiederaufbau) aufgebracht werden.

Das hängt – und hier kommt man zu den Schwierigkeiten der Wüstenstrom-Initiative – nicht zuletzt damit zusammen, dass der Boom der Photovoltaik diese Form der Stromerzeugung günstiger gemacht hat als die Solarthermie. Die Stromgestehungskosten lagen Mitte 2012 bei 0,08 bis 0,10 Euro / kWh für PV-Freiflächenanlagen in Nordafrika, bei der Solarthermie mehr als doppelt so hoch, da die Skaleneffekte für Kostenreduktionen noch nicht erreicht sind. Desertec selbst überlegt deshalb, ob nicht auch in Nordafrika Investitionen in Windenergie aussichtsreicher sind. Dazu haben das Land Schleswig-Holstein und Marokko im Projekt WEREEMa den Ausbau der Windenergie in dem nordafrikanischen Land vereinbart.

Diese Projekte konkretisieren, wenn auch erst noch im Planungs- und Pionierstadium, die Vorhaben des Mittelmeer-Solarplans (MSP) der Mittelmeerunion und der 2010 in Medgrid umbenannten Transgreen-Initiative, die durch den arabischen Frühling zunächst aufgeschoben worden ist. Die jüngste Desertec-Studie »Desert Power 2050« sieht bis zu 20 Prozent Wüstenstrom für Europa vor mit einem Nettoexportvolumen von über 1000 TWh. Nicht quantifiziert ist die Strommenge, die in den Erzeugerländern der MENA-Region verbleiben soll, für die im Jahr 2050 mit einem Strombedarf von 3000 TWh gerechnet wird. Folgt man den (optimistischen) Szenarien von »Desert Power 2050«, wird ein günstiger Mix aus (grundlastfähiger) Solarthermie, Photovoltaik und Windkraft einen Kostenvorteil von durchschnittlich 20 Prozent gegenüber europäischen Alternativen bringen; damit soll Europa ab 2050 33 Milliarden Euro pro Jahr (bzw. 30 Euro pro Megawattstunde) durch Wüstenstrom einsparen.

Dass vor diesem Hintergrund nicht mehr private Investoren aufspringen, hat seinen Grund in der mangelnden politischen Koordination und Kooperation über das Mittelmeer hinweg. Eine Expertise des Deutschen Instituts für Entwicklungspolitik (DIE) nennt als Hinderungsgründe die hohen Subventionen für fossile Energieträger, die unklare Perspektive für eine langfristige demokratische Entwicklung in den arabischen Ländern, die unsicher erscheinen lassen, »ob die Partner in Marokko (analog in Algerien, Tunesien und Ägypten) garantieren können, dass die Vertragsbedingungen über die relativ lange Laufzeit derartiger Projekte eingehalten werden. (…) Schließlich müssen Hochspannungs-Gleichstromnetze (HGÜ) zwischen Europa und der MENA-Region gebaut werden, da die zwei bestehenden Leitungen zwischen Spanien und Marokko mit einer Gesamtkapazität von 1400 MW nach dem Aufbau der Kraftwerkskapazitäten nicht ausreichen werden.«

Für Desertec ist die EU-MENA-Region nur ein wichtiger Punkt auf der Landkarte künftiger globaler Solar- und Windkraft-Investitionen. Wüsten gibt es in China genau wie in Namibia, in Mexiko genau wie in Australien, und überall sind Ballungsgebiete und Industriestandorte benachbart, die sich von fossiler Energie freimachen wollen, überall wird auch die Notwendigkeit der Dekarbonisierung zur Vermeidung von Treibhausgasen den Umstieg auf erneuerbare Energien zwingend machen und damit die Anfangsinvestitionen für den Kraftwerks- und Leitungsbau ihren Schrecken verlieren. Einleuchtender wird dann auch der Konnex zwischen Wachstumspakten und Energiewende – statt Milliarden Euro für die Rettung bankrotter Banken und Staatshaushalte einzusetzen, sollten gezielte Anreize für nachhaltige Zukunftsinvestitionen in den krisengeschüttelten Volkswirtschaften erfolgen.

Damit kommen wir auf Griechenland und den für dieses Land in die Debatte geworfenen Herkules-Wachstumspakt zurück. Eine Möglichkeit, das strukturschwache und (durch die eigenen Unternehmer und Druck von außen) marode Hellas ökonomisch wiederzubeleben, ist der Einsatz von Strukturfördermitteln der EU und Investitionen der oben eingeführten Entwicklungsbanken für die Nutzung von Solar-, Wind- und Wasserenergie in Griechenland und seinen Nachbarländern auf dem südlichen und westlichen Balkan. Griechenland ist im Mittelmeervergleich überdurchschnittlich abhängig von teuren Öl- und Kohle-Importen, die Griechen zählen zu den größten Klimasündern in der EU, dabei gibt es fast doppelt so viele Tage mit hoher Sonneneinstrahlung an ihren Küsten wie in Nordwesteuropa. Auch wenn das Problembewusstsein für den Klimawandel beziehungsweise das Thema Energieeffizienz in Griechenland in der breiten Bevölkerung und unter den politischen und wirtschaftlichen Eliten bisher nicht sehr ausgebildet ist – was läge näher, als auch hier eins und eins zusammenzuzählen und eine entsprechende industrie- und energiepolitische Initiative zu starten?

Dass dies kein deutsch-grüner Spleen ist, belegt der einschlägige Vorschlag der Internationalen Energie Agentur (nicht gerade als Speerspitze der Energiewende bekannt) vom Oktober 2011 und eine entsprechende Roadmap der griechischen Regierung, die im April 2012, mitten in den schlimmsten Krisen- und Wahlkampfzeiten, veröffentlicht wurde. Eile und Fantasie sind energiepolitisch ohnehin geboten, da die Griechen ihre Ölrechnung kaum noch bezahlen können und den Ballungsgebieten im heißen Sommer 2012 schon ein Blackout drohte. Die Energieagentur hatte zu Recht eine Reform des Energiemarktes angemahnt, der von zwei unwirtschaftlichen Konzernen dominiert wird, ferner Anstrengungen in der Energieeffizienz und eine konsequente Dekarbonisierung der Energieerzeugung und des Transportsektors bis 2050.

Derzeit werden die Klimaziele der EU in Griechenland nicht sonderlich ernst genommen (nach dem Motto: Erst kommt die Krise ...), auch gelten sie in Kreisen der extremen Linken und Nationalisten oftmals als Ausdruck eines »grünen Imperialismus« (vornehmlich deutscher Weltverbesserungsprovenienz), doch ist das ein Denkfehler. Gerade Anstrengungen im Bereich der Energiewende könnten der lahmenden Volkswirtschaft Beine machen. Anerkannt wurde dies, wenigstens rhetorisch, mit dem Helios-Projekt, dem Plan für den (ohne Superlative scheint es nicht zu gehen) »größten Solarpark Europas« (EU-Kommissar Günter Oettinger), der 2050 zehn Gigawatt Solarstrom exportieren soll. Energieminister Papakonstantinou sagte bei der Bekanntmachung des Projekts die Schaffung von 60 000 Arbeitsplätzen zu und versprach einen Erlös von bis zu 15 Milliarden Euro an Staatseinnahmen.

Namensgeber dieses konkretisierten Herkules-Projekts ist der griechische Sonnengott Helios, der im antiken Mythos einen von vier Pferden gezogenen Sonnenwagen über den Himmel zu lenken hatte – ein Abbild davon war der Koloss von Rhodos, aber auch die Christusgestalt im oströmisch-byzantinischen Christentum. Schon 2015 soll die erste Anlage ans Netz gehen, bisher aber befindet sich das Vorhaben noch im frühen Planungsstadium, da sowohl die Finanzierung als auch der Leitungsbau und die Einspeisemodalitäten ins europäische Netz unklar geblieben sind. Als Alternative werden deswegen Windmühlen an der langen Küstenlinie erwogen. Dass Griechenland, wo erneuerbare Energien bis auf die Wasserkraft bisher eine marginale Rolle spielen, eine Vorreiterrolle bei der Dekarbonisierung des Mittelmeerraumes spielen könnte, ist bisher noch ein moderner Mythos. Dass er Wirklichkeit wird, ist in einer Zeit, da alles fraglich und vieles möglich geworden ist, nicht mehr ausgeschlossen und abhängig von einer kräftigen Unterstützung seitens der EU. Die Bundesrepublik Deutschland, die Hellas so besonders viel auferlegen mochte, wollte sich selbst leider eine präferenzielle Behandlung Griechenlands nicht zumuten (Die Welt, 16.04.2012).

Die damit womöglich schon im Keim erstickte Chance wirkt noch größer, wenn man sich die Brisanz des aktuellen Wettlaufs um die Erschließung neuer Erdöl- und Erdgasquellen im östlichen Mittelmeer vergegenwärtigt, die namentlich durch Bohrungen in der ausschließlichen Wirtschaftszone Zyperns entstanden ist, wo die ersten Lizenzen im »Aphrodite-Feld« im Süden der Insel vergeben worden sind. Um Zypern herum stoßen die Nutzungsansprüche Griechenlands, der Türkei, Ägyptens, Israels, Syriens und des Libanon im Mittelmeer konflikthaft aneinander. Da Zypern eine geteilte Insel ist, deren griechische Mehrheit die Existenz einer eigenständigen türkischen Republik im Norden nicht anerkennt und deren exponierte Lage im östlichen Mittelmeerraum sie Claims diverser Mittel- und Großmächte aussetzt, ist die Fokussierung auf eine vornehmlich durch Erdgas sichergestellte Energieversorgung keine optimale Lösung. Die bessere politische Option auch (und gerade!) im krisengeschüttelten Mittelmeergebiet sind erneuerbare Ressourcen, die in den Ländern des Mittelmeerraums selbst in Hülle und Fülle vorhanden sind, ihre effiziente Nutzung und generell die Vermeidung von Ressourcenverbrauch durch schonendere Formen der Mobilität, Ernährung und Raumnutzung.

Mobilität, Ernährung, Raumnutzung: Der Wissenschaftliche Beirat der Bundesregierung Globale Umweltveränderungen (WBGU) hat in dieser Trias die Spielfelder einer »Großen Transformation« identifiziert und sie auf eine nachhaltige Governance der Meere übertragen. Die einst als unerschöpflich empfundene Allmende Meer – wie die Erdatmosphäre ein wesentlicher Baustein des Erdsystems – muss nach allgemeiner Überzeugung besser geschützt werden. Schon früh hat sich dafür beispielsweise die Schriftstellerin Elisabeth Mann Borgese, gemeinsam mit dem maltesischen Politiker Arvid Pardo, eingesetzt und angeregt, die Grundlagen des geltenden Seerechts stärker auf Kriterien der Nachhaltigkeit auszurichten. Dass über die Nutzung der Meere als Schifffahrtsweg oder zur Ernährung des Menschen heute neue Nutzungen hinzutreten, etwa die Energienutzung aus dem Meer oder die Erschließung von Ressourcen aus der Tiefsee, erhöht den Druck auf marine Ökosysteme und führt zu sektoralen und territorialen Nutzungskonflikten. Je mehr die Menschen an Land auf *planetary boundaries* stoßen, desto mehr geraten die Meere als *open frontiers* der Menschheit in den Blick.

Generell ist zur Erhaltung der Ökosystemleistungen der Meere vor allem eine politische, wirtschaftliche und rechtliche Steuerung gefragt, eine ganzheitliche Governance der Meere, die vor allem die Interessen künftiger Generationen antizipiert, also weit über Kurzfristinteressen der Fangflotten und Energiekonzerne hinausweist. Im Modus von Futur II heißt das zu überlegen, was wir heute, zu Beginn der »Zehnerjahre« des 21. Jahrhunderts, getan haben werden, um Schaden abzuwenden und das Ökosystem Meer zu stabilisieren. Angesichts der drastischen Übernutzung seiner Bioressourcen (z. B. durch die Fischerei) sowie der Gefährdungen der marinen Biodiversität ist ein nachhaltiges Bewirtschaftungs- und Schutzsystem erforderlich, das ganzheitlich und integrativ ausgerichtet ist. Die kumulativen Wechselwirkungen zwischen den Nutzungen müssen ebenso berücksichtigt werden wie die Auswirkungen möglicher Eingriffe und Schäden. Würde sich zum Beispiel eine Havarie vom Typ »Deepwater Horizon« im östlichen Mittelmeer abspielen, käme das einer »Naturkatastrophe« ungekannten Ausmaßes an der Levante gleich.

Eine nachhaltige Bewirtschaftung der Meere, die Schutz und nachhaltige Nutzung verbindet, die Interessen der zukünftigen Generationen wahrt und die planetarischen Leitplanken – auch in Bezug auf das Klima und das Land – berücksichtigt, bedarf nach Auffassung des WBGU eines Gesellschaftsvertrags für die Meere, der die nachhaltige Bewirtschaftung und den Schutz der Meere unter Berücksichtigung des Vorsorgeprinzips als wesentliche Ziele formuliert und die Meere als gemeinsames Erbe der Menschheit (Common-Heritage-Prinzip) anerkennt.

Aus dem Erbe-Gedanken folgt, dass im Unterschied zum Land das Meer prinzipiell niemandem gehört und keinem Staat uneingeschränkt zur Verfügung gestellt werden kann; gestaltende Küstenstaaten und ihre politisch-wirtschaftliche Kooperation sind die Grundvoraussetzungen für eine nachhaltige Bewirtschaftung der Meere. Nicht länger ungesteuerter Raubbau, sondern eine vorausschauende Sorge im Sinne eines »klugen Jägers« beziehungsweise »nachhaltigen Gärtners« muss die Nutzung der Meere prägen.

Das geltende Seerechtsübereinkommen (SRÜ) enthält bereits den Grundsatz, demzufolge zumindest der Meeresboden als gemeinsames Erbe der Menschheit eingeordnet wird, mit der Konsequenz, dass der Tiefseebergbau durch eine Meeresbodenbehörde unter Berücksichtigung des Vorsorgeprinzips organisiert und überwacht wird. Dieser Grundsatz sollte nach Auffassung des WBGU und vieler Völkerrechtler in horizontaler und vertikaler Ebene auf sämtliche durch das Seerechtsübereinkommen erfasste Zonen mit unterschiedlichen Nutzungsrechten ausgedehnt werden, also auf die 12-Seemeilen-Zone, den Festlandsockel, die ausschließliche Wirtschaftszone (AWZ) und die hohe See. Das würde nicht bedeuten, dass den Küstenstaaten ihre Nutzungs- und Ausbeutungsrechte entzogen werden müssten, wohl aber, dass die ihnen zur Nutzung zugewiesenen Zonen und Festlandsockel so zu bewirtschaften, zu nutzen und auszubeuten sind, dass diese Gebiete gegenwärtigen und zukünftigen Generationen nachhaltig zur Verfügung stehen.

Die gegenseitige Kontrolle der verpflichteten Staaten scheiterte im Rahmen der bisherigen Governance, sodass eine Reform unabdingbar geworden ist. Die Teilhabe der Zivilgesellschaft durch Information, Beteiligung und Kontrollbefugnisse ist dabei zentral. Nach meiner Auffassung ist gerade eine reformierte Mittelmeerunion ein passender Rahmen, um die für eine globale Meeres-Governance gültigen Richtlinien den lokalen Gegebenheiten anzupassen und eine progressive Akteurskonstellation herbeizuführen.

An kaum einer anderen Stelle ist der »Mythos Meer« (s. S. 61 f.) dafür so gut aufzurufen wie mit Blick auf die mediterranen Gefilde. Nach einer jüngsten Studie des Forschungsnetzwerks BalticSTERN wären die Menschen in den Anrainerländern der Baltischen See bereit, Geld für die Verbesserung des ökologischen Zustands der Ostsee auszugeben – im Fall der Deutschen knapp 30 Euro, der Schweden 110 jährlich. Auch die Ostsee leidet, wie jede/r UrlauberIn an trübem Wasser und lästiger Algenblüte unschwer feststellen kann, unter einer zu hohen Nährstoffanreicherung durch Stickstoff- und Phosphoreinträge und zu niedrigem Sauerstoffgehalt. Für einen schöneren Anblick, ein gesünderes Meeresökosystem und nicht zuletzt einen höheren Erholungswert sind Menschen also (theoretisch) bereit, eine Art Ökosteuer zu entrichten. Es ist ihr Meer, für das sie sich einsetzen.

Wer in Deutschland, Schweden oder Lettland »unser Meer« sagt, denkt spontan an die Ostsee, in Norwegen, Friesland oder auf Sylt an die Nordsee. Bezieht man die Hauptrichtung der Urlaubsreisen ein, wäre es angebracht, das Mittelmeer ebenso zu nennen, und hier kommt sogleich die Frage auf, welchen Obolus im Ernstfall auch entfernte Gelegenheitsanrainer zu zahlen bereit wären. Darauf komme ich im nächsten Abschnitt zum Mittelmeer-Tourismus zurück, hier sei zunächst dargelegt, wie es um die Governance des Mittelmeeres steht, in dessen rund 450 Häfen und Terminals etwa ein Drittel des Weltseehandels stattfindet und auf dem ein Viertel des weltweiten Mineralölhandels auf dem Seeweg abgewickelt wird, wo sich zusätzlich rund eine Million Kreuzfahrttouristen jährlich ergötzen.

Erschwerend kommt hinzu, dass die Mittelmeerregion, wie in Kapitel II (S. 57 ff.) angedeutet, den Prognosen des Intergovernmental Panel on Climate Change (IPCC; Zwischenstaatlicher Ausschuss für Klimaänderungen der Vereinten Nationen) zufolge ein »Hotspot« des Klimawandels ist, der überdurchschnittlich auf die Erderwärmung reagiert und sich auf Hitzewellen und Dürren einstellen muss. Das beinhaltet zum Teil drastische Erhöhungen der Tageshöchsttemperaturen im Sommer, den Rückgang der Niederschläge im Winter und – wie Landwirte und Winzer etwa in Südfrankreich zutreffend beobachten – eine zunehmende Unkalkulierbarkeit des Wetters für die landwirtschaftliche Produktion.

Außer durch steigenden ökologischen Stress steht der Meeresschutz vor allem durch die mangelnde Kooperation zwischen den Mittelmeeranrainern und wegen der fehlenden Durchgriffsmöglichkeiten der EU vor neuen Herausforderungen. Konferenzen, Pläne und Konventionen gab es im Rahmen des Barcelona-Prozesses und der Europäischen Nachbarschaftspolitik zwischen 1995 und 2010 viele, darunter die Organisation Plan Bleu in sechs regionalen Hotspots (Frankreich, Italien, Tunesien, Kroatien, Spanien und Malta). Auch ein Kommissions-Papier von 2009 und ein Forschungsbericht zu den Notwendigkeiten maritimer Raumplanung von 2011 weisen in die richtige Richtung eines umfassenden Schutzes unter den Gesichtspunkten der Nachhaltigkeit. Als Grundproblem hat die Kommission erkannt:

> »Ein wesentlicher Teil des Mittelmeers besteht gegenwärtig aus Hochseegebieten. Etwa 16 Prozent des Mee-

res bestehen aus Hoheitsgewässern und 31 Prozent aus verschiedenen Meereszonen, wobei in vielen Fällen hinsichtlich des Ausmaßes oder der Gültigkeit der Ansprüche Uneinigkeit zwischen mehreren Küstenstaaten herrscht. Infolge dieser Konstellation befindet sich ein großer Teil der Gewässer des Mittelmeeres außerhalb der Hoheit oder der Gerichtsbarkeit von Küstenstaaten. Diese Staaten haben somit weder präskriptive noch exekutive Befugnisse, um menschliche Tätigkeiten jenseits der genannten Gebiete zu regulieren, um etwa die Meeresumwelt zu schützen und auf die Entwicklung der Fischerei und die Nutzung von Energiequellen einzuwirken. Die Staaten können hier somit lediglich Maßnahmen festlegen, die ihre eigenen Staatsbürger und Schiffe betreffen.« (Europäische Kommission 2009, 466)

Und sie hat zwei wesentliche Defizite identifiziert:

»Der erste Schwachpunkt liegt darin, dass in den meisten Mittelmeerstaaten für jede Sektorpolitik eine andere Behörde zuständig ist, während jedes internationale Übereinkommen im Rahmen seines eigenen Regelwerks durchgeführt wird, was einen Überblick über die Gesamtauswirkungen aller meeresbezogenen Tätigkeiten – auch im Bereich der Tiefseebecken – wesentlich erschwert. Der zweite Schwachpunkt besteht darin, dass ein erheblicher Teil des Mittelmeeres aus Hochseegebieten besteht, was es den Küstenstaaten erschwert, Tätigkeiten, die mit unmittelbaren Auswirkungen auf ihre

Hoheitsgewässer und Küsten verbunden sind, zu planen, zu organisieren und zu regulieren. Gemeinsam haben diese beiden Faktoren dazu geführt, dass Politiken und Tätigkeiten in vielen Fällen isoliert voneinander entwickelt werden, ohne dass alle Tätigkeitsbereiche, die mit Auswirkungen auf das Meer verbunden sind, sowie alle Akteure auf nationaler, regionaler und internationaler Ebene eine ordnungsgemäße Koordinierung ihres Handelns erfahren.« (Europäische Kommission 2009, 466)

Da das Mittelmeer ein halb umschlossenes Meer ist und meeresbezogene Tätigkeiten grundsätzlich grenzübergreifend sind, bedarf es in den Augen der Kommission »einer verstärkten Zusammenarbeit mit denjenigen Partnerländern des Mittelmeerraums, die keine EU-Mitglieder sind«. Schließlich bietet auch das internationale Seerechtsübereinkommen, das alle EU-Länder und bis auf die Türkei, Syrien, Israel und Libyen sämtliche Anrainerstaaten unterzeichnet haben, gute Ansatzpunkte. Es besteht aber ein erhebliches Vollzugsdefizit und mangelt an effektiven Kontrollen, vor allem im Bereich der Fischerei. Die Verpflichtung der EU-Mitgliedstaaten, mit »integrativen Meeresstrategien« nach »ökosystemorientiertem Konzept« bis 2020 einen guten Umweltzustand der Mittelmeergewässer herzustellen, greift bisher zu wenig, ebenso der Einbezug weiterer Anrainerstaaten im Barcelona-Übereinkommen sowie im Fischereimanagement der Allgemeinen Kommission für die Fischerei im Mittelmer (GFCMI). Sämtliche Vorschläge und Beschlüsse der Kommission seit 2009 sind unzureichend berücksichtigt und befolgt worden. So bleibt aktuell,

- »dass sich hochrangige Koordinierungsstellen der Mitgliedstaaten regelmäßig mit dem Mittelmeer beschäftigen, um die bei der Gestaltung der integrierten Meerespolitik erzielten Fortschritte zu erörtern;
- die Mitgliedstaaten zum Austausch bewährter Praktiken der integrierten Governance im Meeresbereich, insbesondere im Rahmen der für das Mittelmeer festgelegten Ziele der europäischen territorialen Zusammenarbeit ermutigen.« (Europäische Kommission 2009, 466)

Meeresschutz ist eine sich von selbst aufdrängende Hauptaktivität einer euro-mediterranen Kooperation, die beileibe keine reine Regierungsaufgabe ist. Die zivilgesellschaftlichen Akteure, die sich um den Zustand und Schutz der Weltmeere kümmern, können auch am Mittelmeer an den Start gehen, wo sie bisher wenig aktiv sind. Darunter sind, um nur den Ernährungsbereich zu nehmen, die International Union for Conservation of Nature (IUCN), der Marine Stewardship Council (MSC), die Organisation Followfish, die Fischführer von Greenpeace und World Wildlife Fund oder spezielle Einrichtungen wie die Global Aquaculture Alliance (GAA), eine NGO zur Förderung umwelt- und sozialverantwortlicher Aquakultur, die Best Aquaculture Practices Certification Standards zum Beispiel für Pflanzen, Garnelen, Tilapia, Pangasius und Lachs vergibt. Oceans2012 heißt ein Zusammenschluss von 158 Organisationen, vor allem in Europa, die die gemeinsame Fischereipolitik der EU auf den Prüfstand stellen. Der HEPCA ist schließlich ein Umweltverband, der von Tauchbasen und Hotels vor allem in Ägypten getragen wird und damit einen weiteren Pfeiler einer neuen Mittelmeerpolitik thematisiert.

Sanfter Tourismus

See, Sonne und Sand – das sind immer noch die Sehnsüchte, die Menschen mit dem Mittelmeer verbinden und sie dorthin aufbrechen lassen. Zu den 250 Millionen Küstenbewohnern kommt jedes Jahr die gleiche Zahl von Besuchern aus dem Ausland und dem heimischen Hinterland. Das Mittelmeer war die erste Destination von Touristen überhaupt, nämlich überwiegend von Engländern, Franzosen und Deutschen, die sich im 18. Jahrhundert auf die *Grand Tour* machten, ein wesentlich der Bildung, Erbauung und auch erotischen Abenteuern dienendes, durchaus strapaziöses und nicht ganz ungefährliches Vergnügen aristokratischer und intellektueller Eliten auf den Pfaden der Antike und des Heiligen Landes. Auf deren Spuren folgte im 19. Jahrhundert das gehobene und begüterte europäische Bürgertum, für das an der Riviera und an der Côte d'Azur eine originäre touristische Infrastruktur geschaffen wurde, die auch trivialere Freuden der Entspannung bereit und sexuelle Eskapaden in Aussicht stellte. Im 20. Jahrhundert leiteten dann bezahlte Urlaubszeiten, der Ausbau der Transportwege und vor allem der Massenkonsum den bis heute vorherrschenden Massentourismus ein. In dieser Phase fokussierte sich das Branding des Mittelmeeres in Richtung auf die fünf S: Sea, Sun, Sand, Sex & Spirits, das einen periodischen (und dabei geregelten) Ausnahmezustand suggerierte. Die mediterrane Ikonologie – das *romantische* Fischerdorf, der *makellose* Sandstreifen am Meer, die *atemberaubende* Tempelruine – verband sich mit stereotypen Erlebnissen der *unbeschwerten* Lebensart, der Nächte *unter freiem Himmel*, von Wein, Weib und Gesang. Beides fand Eingang in die privaten Fotoalben und in die Werbung und wurde daheim in Gestalt von Souvenirs, Accessoires und Innenarchitektur reinszeniert. Viele Elemente des Mythos Süden haben ihren Ursprung in realen oder imaginierten Reiseerfahrungen, deren Wert keineswegs verachtet und deren Bedeutung nicht gering geschätzt werden soll. Das Besondere war die Überführung der hochkarätigen Vielfalt des Mittelmeerraums in einfache, reproduzierbare und anschlussfähige Stereotype, die eine kommerzielle Zurichtung des Mythos erleichterten.

Außer der Riviera und der Côte d'Azur wurden als durchweg preisgünstigere Zielorte die Adria (Rimini!), die Costa Brava, die griechischen Inseln, die Balearen (Mallorca!), die Türkei (Antalya!) und Nordafrika (Djerba!) erschlossen, was sich heute auf annähernd 5000 Quadratkilometer touristische Infrastruktur summiert. So entstand neben den weiter bestehenden Familienbetrieben ein gewaltiger, durchrationalisierter Dienstleistungssektor und Businesskomplex der großen Reiseveranstalter mit Bettenbanken und Kontingenten für Flugpassagiere. Die angestrebte Küstendestination hat einen immensen Zuwachs der Flugbewegungen hervorgerufen, dazu kommt eine forcierte, an vielen Stellen längst ins stressige Gegenteil umgeschlagene Ausrichtung auf »Fun« alias Dauerparty am Pool. Wie bei vielen Demokratisierungswellen ist der Tourismus mit seiner Verwandlung vom elitären Luxus in ein fast als Menschenrecht deklariertes Massenvergnügen und vielfach in eine kollektive Plage umgeschlagen.

Auch große Reiseveranstalter bieten deshalb neuerdings sogenannten *sanften Tourismus* an, eine nachhaltige Form des Reisens, die der bereisten Natur nicht schaden und sich dem eroberten Kulturraum anpassen will. Die lokalen Gegebenheiten, darunter die Lebensgewohnheiten der ansässigen Bevölkerung, sollen nicht länger mit der im Massentourismus typische Ignoranz überrannt werden, die globale Umweltbilanz soll zum Beispiel durch Minimierung der Emissionen geschont werden. Dazu werden Reisende auf bestimmte Themenrouten gelenkt, lokal übliche Behausungen als Unterkunft und vor Ort erzeugte Produkte als Lebensmittel angeboten; der Tourismus soll keine (saisonale) Monokultur, sondern in die regionale Entwicklung eingepasst sein, zu der die Besucher einen bewussten Beitrag leisten. Verbunden ist dies mit wenig invasiven Fortbewegungsweisen wie Wandern und Fahrradfahren, interkulturellen Übersetzungen und einem echten Erholungsbeitrag für die Gesundheit der Urlauber.

Der für viele Mittelmeerregionen typische Massentourismus mit seinen Bettenburgen und monströsen Verkehrsinfrastrukturen, mit enormem Wasser- und Ressourcenverbrauch, mit aufwendigen Importen an Nahrungsmitteln und opulenten Einnahmen für multinationale Reiseveranstalter oder einheimische Nutznießer kann diese Kriterien per se nicht erfüllen. Andererseits haben natürlich nicht nur ökologisch aufgeklärte und begüterte Schichten ein Recht auf Urlaub am Mittelmeer, ganz abgesehen davon, dass eine »unsanfte« Monokultur nicht über Nacht verschwinden kann und darf, da von ihr ganze Regionen abhängig sind. Nachhaltiger Tourismus ist also ein mittelfristiges Projekt, das in vieler Hinsicht einen Rückbau der bestehenden Infrastruktur erfordert, damit die vom Massentourismus penetrierten, oft bereits in üblem Zustand verlassenen Landstriche wieder eine Zukunft haben. Es kann auf exemplarische Weise die Interessen nördlicher Touristenpopulationen und einheimischer Bevölkerung zum Ausgleich bringen, wenn das Reisen maßvoller, angepasster und rücksichtsvoller wird. Weniger ist gerade in diesem Bereich mehr, denn mit sanftem Tourismus steigt die Erholung und kulturelle Kompetenz der Reisenden ebenso wie die Autonomie, die Sicherheit und Zufriedenheit der Einheimischen.

Überwiegend reisen Besucher der Mittelmeerregion mit dem Flugzeug an, womit sie bei im Durchschnitt ein bis zwei Reisen pro Jahr bereits so viel CO_2 emittieren wie ein Mittelklassewagen im Verlauf eines ganzen Jahres. Diese Emissionen müssen und werden nach den Vorstellungen der EU mit einer Kohlenstoffsteuer belegt werden, sodass Flugreisen ans Mittelmeer teurer und seltener werden; die seit den 1950er Jahren bekannte Erscheinung langer Staus in den Süden durch den Individualverkehr ist dabei keine probate Alternative, Anreisen mit dem Zug oder Schiff weisen bei Weitem nicht die erforderlichen Kapazitäten auf.

Eine weitere negative Rahmenbedingung sind die Arbeitsverhältnisse der Hotelangestellten in den »Ferienparadiesen« mit niedrigen Löhnen und prekären Saisonverträgen, eine andere die in keinem Verhältnis stehende Umweltbelastung etwa von aufwendigen Golfanlagen in wasserarmen Zonen, die auf Kosten der lokalen Landwirtschaft gehen. Die von kleinen und mittleren Betrieben getragenen Strukturen sind in der Regel gerechter und angemessener als solche, die von Großunternehmen betrieben werden, aber nicht jede Individualreise ist per se umwelt- und sozialverträglicher. Auch ein vom Kunden selbst aus dem Internet zusammengestelltes Reisemenü entspricht den Kriterien des sanften Tourismus nur dann, wenn es sich nicht rasch zum günstigsten und hochgerankten Angebot durchklickt, sondern gründlichere Informationen einholt und die allseits zugänglichen Zertifizierungskriterien nachhaltiger Touristik berücksichtigt oder entsprechende Beratung in Anspruch nimmt.

In diesen Komplex hinein gehört auch die Förderung einer nachhaltigen Landwirtschaft, die zugleich im Agro-Tourismus auftreten kann. Zu erwähnen ist dieser Aspekt, weil die Europäische Union einen großen Teil ihres Budgets nach wie vor für Agrarsubventionen verausgabt und das Konzept des fairen, die lokalen Produzenten ins Zentrum rückenden Handels nicht auf klassische Entwicklungsländer beschränkt bleiben muss. Die Produktion und Vermarktung von Orangensaft ist beispielsweise ein guter Anwendungsfall für Fair-Trade-Konzepte im Mittelmeerraum. Neben Brasilien, Mexiko und China gehören die mediterranen Länder zu den größten Produzenten von Fruchtsäften, von denen in Deutschland rund 36 Liter pro Kopf im Jahr getrunken werden. In der Regel ist die Herstellung und Vermarktung in den Händen von Großunternehmen, die Kleinproduzenten werden nur in Fair-Trade-Arrangements hinreichend berücksichtigt. Dazu gehören ihre Mitwirkung an Geschäftsentscheidungen der (meist genossenschaftlich ausgerichteten) Plantagen, die Beachtung ökologischer, arbeits- und sozialrechtlicher Mindeststandards und die Unterstützung durch Netzwerke fairen Handels.

Die kulturelle Symbolik des »O-Saftes«, den man in der Regel achtlos genießt, ist dabei nicht zu übersehen – er gehört fast ikonisch zu einem »gesunden Frühstück« (obwohl sein Nährwert umstritten ist) und ruft die einstmals rare Existenz von Zitrusfrüchten im europäischen Norden auf. Sie waren einmal das herausstechende Lebensmittel zwischen Süd- und Nordeuropa und lange Zeit ein Hauptexportgut, und es wäre angesichts des steigenden und selbstverständlichen Konsums von Früchten und Fruchtsäften, aber auch von Olivenöl und vielen anderen Massengütern geboten, ihre Herkunft und Vermarktung genauer zu reflektieren, wie es für edle mediterrane Produkte wie Fisch und Wein längst gilt.

Ein realistisches Reformkonzept für die Mittelmeertouristik läuft auf einen ausbaufähigen Kompromiss hinaus. Ein Beispiel dafür ist, dass Reisende, die auf einen Flug nicht verzichten können oder wollen, wenigstens CO_2-bezogene Kompensationen vornehmen, in Gestalt von proportional zur Flugstrecke errechneten Klimakollekten, deren Einkünfte beispielsweise für Wiederaufforstungsprojekte in Mittelmeerländern eingesetzt werden. Hier kann man sich eine generelle Einbeziehung von Flug- und Schiffspassagieren in einen Emissionshandel vorstellen, unterstützt durch entsprechende Regulierungen seitens der EU(-Staaten), die Subventionen von Flugbenzin aussetzen und den CO_2-Verbrauch in der Luft- und Schifffahrt durch Steuern und Anreize drastisch verringern. Konsumenten werden aber auch unter solchen Bedingungen aus Kosten- und Vernunftgründen zunehmend zu dem Entschluss kommen, auf Fernreisen zu verzichten und die klassische Sommerfrische in der näheren Umgebung vorzuziehen.

Der Verzicht auf zu viele Reisen bedingt nicht den Verzicht auf das Reisen an sich. Was dieses ausmacht, kann man dann tatsächlich im Rekurs auf die Grand Tour lernen. Ohne sie idealisieren oder kopieren zu wollen, war an den frühen Formen des Tourismus die ästhetisch-kulturelle Lernbereitschaft, die Kontemplationsfähigkeit, der weitgehende Verzicht auf Luxus und die Anpassung an lokale Gegebenheiten bemerkenswert. Diese Form zivilisierten, wenn man will: aristokratischen Reisens muss heute nicht mehr der Aristokratie vorbehalten sein.

Neugier, Traditionsbewusstsein, Respekt, Einfachheit und Kosmopolitismus können auch heute Leitlinien einer Wissensgemeinschaft rund ums Mittelmeer sein, die schon im Römischen Reich und im Hellenismus verschiedener Prägung, dann in der kosmopolitischen Gelehrtengemeinschaft des späten Mittelalters und der Renaissance sowie in den modernen Universitäten ausgeprägt war. Die Europäische Union hat mit dem Bologna-Prozess und den Forschungsrahmenprogrammen unterdessen neue Lerngemeinschaften eingerichtet, doch müssen sich diese von ihrer neoliberalen Fixierung auf die Standortkonkurrenz lösen und eine echte interkulturelle und politische Begegnung anstreben.

Wissensgesellschaft, Energiewende, Blaue Transformation – Politikvorhaben wie diese können die Länder der südlichen Peripherie nicht jedes für sich vorantreiben, sie müssen in eine euro-mediterrane Initiative eingebettet sein und sich als Konkretisierung des vorgesehenen Wachstumspaktes (oder Herkules-Projektes) anbieten. Dann können sie auch zum Ferment einer subregionalen Integration werden, die zugleich die Europäische Union und ihre Nachbarschaftspolitik in einen föderalen Rahmen einordnet und die Krise überwinden hilft.

VI. Fazit
Europa in besserer Verfassung

> *»Zur Verwirklichung eines vereinten Europas wirkt die Bundesrepublik Deutschland bei der Entwicklung der Europäischen Union mit, die demokratischen, rechtsstaatlichen, sozialen und föderativen Grundsätzen und dem Grundsatz der Subsidiarität verpflichtet ist und einen diesem Grundgesetz im Wesentlichen vergleichbaren Grundrechtsschutz gewährleistet.«*
> GRUNDGESETZ DER BUNDESREPUBLIK DEUTSCHLAND
> ART 23 (1) (1949)

Die Europäische Peripherie, die krisengeschüttelten Mitgliedstaaten und Beitrittskandidaten ebenso wie die im Umbruch befindlichen Gesellschaften Nordafrikas und des Mittleren Ostens stellen keine Bedrohung für die ökonomische Stabilität, die politische Sicherheit und die kulturelle Identität der Europäischen Union dar. Insolvenz, Islamismus, Illegale – das seit Jahren gezeichnete Zerrbild droht aber gerade zur selbsterfüllenden Prophezeiung zu werden, wenn, beginnend mit Griechenland, die Desintegration der Europäischen Union einsetzt und sich ein geschrumpftes Kerneuropa gegen die arabische Transformation abschotten würde. Henri Pirenne würde sich die Augen reiben angesichts dessen, wie seine Ängste vor südlich-islamischer Dekadenz heute die Tagesordnung bestimmen.

In der europäischen Debatte wird, wie eingangs festgestellt, zu viel Vergangenheit bewältigt. Ältere beklagen, dass die jüngere Generation nicht begreifen will, was Europa als Friedensprojekt nach 1945 bedeutete, Jüngere rechten, wie man Griechenland nur in den Euroraum hatte aufnehmen können. Nur wenn die Zukunft auch im Süden erkannt wird, lässt sich ein neues, über Kerneuropa hinausreichendes Friedens- und Entwicklungsprojekt gestalten. Nur dann können die Konstruktionsfehler der Wirtschafts- und Währungsunion behoben werden, nur dann wird Europa als globaler Akteur in der G20-Welt wieder erkennbar und ernst genommen.

Die Krise des Südens, die eine Midlife-Krise der gesamten EU ist, muss zum Ausgangspunkt einer grundlegenden Reform werden, die Erweiterung *und* Vertiefung in einem euromediterranen Verbund betreibt. Dazu kann der starke Mythos des Mittelmeers genutzt und zugleich dekonstruiert werden, denn er eignet sich weder als Projektionsfläche spätkolonialer Vormundschaft noch als Verdichtung antiimperialer Ressentiments. Wie Südeuropäer ihre Volkswirtschaften und Staatshaushalte nachhaltiger ausrichten und Nordafrikaner zu einer glücklichen Synthese von Islam und Demokratie gelangen, dazu kann der Norden höchstens Ratschläge und Finanzhilfen beitragen, die Konzepte und Lösungen müssen aus eigenem Antrieb und eigener Kraft gefunden werden. Aber an die Stelle der fruchtlosen Alternative Totsparen (Fiskalpakt) versus Löcherstopfen (Wachstumspakt) können sinnvolle Anreize der Europäischen Union treten, die sich damit als politisches Subjekt im Mittelmeerraum zurückmeldet.

Die historischen Stärken des Mittelmeerraums lagen in einem Netzwerk lebendiger Städte, in der Flüssigkeit seiner Grenzen und in der hohen Dichte des Personen- und Warenverkehrs an seinen Küsten. Die Verlagerung der globalen Zentralachse in den nordwestlichen Atlantik und die spätere Container-Globalisierung haben die Méditerranée an den Rand gedrängt, sie zur Touristendestination für *Sun, Sea & Sex* degradiert und als globales Branding überleben lassen. (Als *mediterranean chic* gelten bei der indischen Mittelklasse Interieurs aus Kalifornien.) Doch ihre geistige und lebensweltliche Inspiration ist ungebrochen und lebendig genug für eine neue Convivencia der Kulturen und Religionen, die durch harte Kulturkämpfe und blutige Purifikationsübungen in Vergessenheit geraten ist und der Lächerlichkeit preisgegeben wurde, obwohl ihr die wichtigsten Übersetzungsleistungen der europäischen und Weltkultur zu verdanken sind.

Politisch zu einen, lehrt dieser Verlust, ist der mediterrane Raum zwischen Europa, Afrika und Asien nicht durch imperiale Hegemonie oder nationalstaatlichen Wettbewerb, sondern durch die Kooperation seiner urbanen Agglomerationen. Also nicht vornehmlich durch Ökonomie und Staatlichkeit, sondern durch neue kulturelle Übersetzungsleistungen und Wissensaustausch. Aber wer hat schon davon gehört, dass in Piran und Fes euro-mediterrane Universitäten entstehen sollen?

Der Mittelmeerraum ist eine Region ohne Form, die Schwächen der euro-mediterranen Vergemeinschaftung nach 1945 lagen nicht nur im Bildungsbereich. Weder ein formeller Beitritt noch die gut gemeinte Kulturalisierung des Südens führen Türken und Griechen, Muslime und Juden, Israelis und Palästinenser (oder Zyprioten und Schweden) zusammen, sondern eine lockere Föderation, bei der die Form der Funktion folgt. Die Grundideen der von Sarkozy initiierten, von Merkel verwässerten und vom Rest Eurabiens ignorierten Mittelmeerunion waren ja nicht falsch: Förderung der Demokratie und der Menschenrechte, nachhaltige Entwicklung, euro-mediterrane Wissensgemeinschaft. Aber in der Realpolitik kaprizierte sich der reiche Norden auf Flüchtlingsabwehr, gerierte er sich als Kumpan der Mubaraks, Gaddafis und Ben Alis, nicht als Freund der Rebellen und Aufständischen, die nun zwischen den Gnomen des Ancien Régime und den Bruderschaften erdrückt zu werden drohen.

Der erste, bitte nicht an Goethe-Institut und Institut Français zu delegierende Akt der Wiedergutmachung ist die Unterstützung der couragierten Bürgerbewegungen rund ums Mittelmeer, der zweite eine Revision der repressiven Flüchtlingspolitik, an deren Stelle eine rationale Migrations- und Entwicklungspolitik zum gegenseitigen Nutzen treten muss. Tritt man dann auch den Regierungen der Euroméditerranée respektvoll und auf Augenhöhe entgegen, lassen sich die »Körbe« der Mittelmeerunion aufgreifen und die besagten zukunftsträchtigen Politikfelder bündeln: eine transmediterrane, bis nach Afrika südlich der Sahara ausstrahlende Energieunion, eine Schutz und Nutzung klug verbindende Meeres-Governance, eine faire Arbeitsteilung vor allem in der landwirtschaftlichen Produktion, die Umstellung auf sanften

Tourismus und unverzichtbar: interkulturelles Lernen – die Bibliotheken und Blogs sind voll von Traditionen und Visionen.

Das sind Ansätze konkreter Utopien für eine europäische Zukunft im Süden, deren Verwirklichung freilich noch von zwei wichtigen Voraussetzungen abhängt, die hier zum Abschluss verhandelt werden müssen: erstens dem Durchbruch zum Vereinten Europa, das sich nicht im Direktorat einer Brüsseler Wirtschaftsregierung erschöpfen darf, sondern Legitimität durch parlamentarische Kontrolle und zivilgesellschaftliche Beteiligung erhält und einen dann wahrhaft europäischen Demos begründet. Und zweitens muss sich Europa im Süden wie im Norden aus der primitiven Fuchtel der Finanzmärkte lösen, denn wer, wenn nicht eine politische Union Europas und des Mittelmeers kann die Welt vom reinen Nutzendenken befreien und Wege zu einem modernen Gabentausch weisen?

Eine Woche im Juni: die Krise als Integrationsmotor Europas?

Martin Schulz, der sozialdemokratische Präsident des EU-Parlaments, erinnerte im Frühsommer 2012 an einen historischen Tag für Europa: »Heute vor 98 Jahren, am 28. Juni 1914, wurde der österreichisch-ungarische Thronfolger Franz Ferdinand in Sarajevo bei einem Attentat ermordet. Mit diesem Datum beginnt für Europa die grausame erste Hälfte des zwanzigsten Jahrhunderts. Es folgen Hass, Krieg, Völkermord und Vertreibung. Als Lehre aus dieser europäischen Katastrophe haben wir die europäische Einigung hervorgebracht.« (Rede vor dem Europäischen Rat, Frankfurter Allgemeine Zeitung, 29.06.2012) Erinnerungsort und -tag wurden hier sicher nicht falsch interpretiert, doch beeindruckt diese Rhetorik von Krieg und Frieden weder die Krisenmanager, die am gleichen Tag und Ort »Alle Macht für Brüssel« forderten, noch die Millionen Fernsehzuschauer und Fans, die am gleichen Abend das Warschauer Halbfinale Deutschland–Italien der Fußball-Europameisterschaft anschauten, darunter – in einer kurzen Pause – die Krisenmanager um Angela Merkel und Mario Monti beim *private viewing* in Brüsseler Tagungsräumen.

Das europäische Drama konnte nicht besser als durch diesen Abend mit dem und der Euro symbolisiert werden: Der Fußball-Euro rollte und brachte zugleich Millionen Europäer zusammen (wie so oft bei der UEFA Champions League, die ja auch weit über Kerneuropa hinausragt, oder, für weniger Fußballbegeisterte, der Eurovision Song Contest), der Währungs-Euro verdross die Armen und ängstigte die Reichen. Und dieser 28. Juni könnte wieder ein historischer für Europa gewesen sein, denn vielleicht wurde – vor dem Hintergrund der ewigen Fußball-Demütigung der DFB-Auswahl durch die *Squadra azzura* – erneut ein Stück Geschichte geschrieben, indem nämlich die Weichen für die Vertiefung (oder eben für das Scheitern) der europäischen Einigung gestellt wurden.

Durchstarten oder Vollbremsung, die krude Alternative kennen Autofahrer in der brenzligen Situation, wenn bei laufendem Überholmanöver ein Fahrzeug entgegenkommt. Der in der Krise zum ernst zu nehmenden Herausforderer gewordene Komiker Beppo Grillo empfahl Italien die Vollbremsung: »Wenn wir, um im Euro zu bleiben, unsere Wirtschaft töten müssen, dann ist es vielleicht Zeit, innezuhalten und nachzudenken.« (taz, 27.06.2012) Ähnlich rechnen die Euro-Kritiker im Norden, die den »Pleitestaaten« im Süden den Abschied geben wollen, wie der liberale Abgeordnete und »Euro-Rebell« Frank Schäffler, dem dafür sogar ein Sieg der Syriza-Partei bei den griechischen Wahlen recht gewesen wäre (Süddeutsche Zeitung, 17.06.2012).

Die Euro-Krise hat zwei wesentliche Ursachen – erstens die (meist übersehene) Spekulation der Finanzmärkte gegen die europäische Währung, zweitens die Fehlkonstruktion einer Währung ohne Staat. Beide Faktoren hängen miteinander zusammen. Der Euro war ein *politisches* Projekt zur Erweiterung Europas – mit dem paradoxen Effekt, dass die Souveränität der 17 Euro-Staaten formal nicht angetastet werden sollte, sie aber genau dadurch praktisch unterminiert wurde. Dieser lange verdrängte Geburtsfehler ist mit der Finanzkrise seit 2008 ans Licht gekommen, und sein Hauptschauplatz ist nun die Mittelmeerregion.

Natürlich wussten die Erfinder und Promotoren des Euro um das Risiko, dass eine gemeinsame Währung nur funktionieren kann, wenn sich die Wirtschafts- und Finanzpolitik der Euro-Länder angleicht. Stabilitätspakt und Europäische Zentralbank sollten mittelfristige Konvergenz durch Haushaltsdisziplin erreichen, was aber nur aufging, solange das Zinsniveau in allen Staaten etwa gleich niedrig war und Deutschland und die anderen Überschussstaaten, die vom Euro am meisten profitierten, im Süden Europas investierten. Billiges Kapital aus dem Norden strömte in den Süden, Privatleute und öffentliche Haushalte verschuldeten sich bis über beide Ohren.

Als die Immobilienblase in Irland und Spanien platzte und zusätzlich die Verschuldung der öffentlichen Haushalte die Zinsen nach oben trieb, fehlten den »Schuldenstaaten« die probaten Abwehrmittel, nämlich die Abwertung von Drachme, Peso und Lire. Stattdessen hatte sie der Maastricht-Vertrag zum Sparen verpflichtet, das heißt zur Erhebung von Steuern, dem Verzicht auf öffentliche Investitionen und Kürzungen der Sozialleistungen, um die Staatshaushalte zu sanieren, was den ohnehin lahmenden Volkswirtschaften dann den Todesstoß gab. Jetzt rächte sich, dass Deutsche Bundesbank und Europäische Zentralbank ganz auf die Vermeidung von Inflation fixiert waren (die es nicht gab), auf die gigantische Verschuldung der Banken und der Privathaushalte aber nicht achtete.

Für Deutschland, das von dieser Schieflage zunächst massiv profitiert hat, ist die Situation nicht besser. Denn das arrogant gepriesene »Wachstum XXL« (Rainer Brüderle) beruhte auf den Exportüberschüssen, die wiederum eine Senkung der Realeinkommen und prekäre Arbeitsverhältnisse erlaubten und die soziale Ungleichheit auch hierzulande massiv verstärkt haben. Spätestens 2013 kann das den deutschen Exportfirmen auf die Füße fallen, weil sie im Fall einer Weltmarktkrise zum Ausgleich nicht auf den schwachen Binnenmarkt setzen können. Und der deutsche Mittelstand, der über seine Verhältnisse leben konnte, wird überaus mürrisch reagieren, wenn ihn die Austerität trifft oder ein Viertel und mehr der Spareinlagen verloren gehen.

Den Austeritätskurs in der zugespitzten Krise weiterzuverfolgen, war der Denkfehler, mehr noch: der strategische Irrtum der deutschen Bundeskanzlerin, der durch die Wahlen in Frankreich und Griechenland im Mai und Juni 2012 partiell korrigiert worden ist. Merkel beschränkte sich zu sehr aufs Krisenmanagement und tat dazu viel Richtiges aus dem Lehrbuch und aus der Intuition einer wirklich guten Staatsfrau – zu Recht merkte sie auch zur Opposition im eigenen Land, die nach »Wachstum« rief, trocken an, Schulden machen sei auch nicht besonders nachhaltig. Aber es fehlte ihr die Vision, die eine auf Erneuerung und Reform gestimmte Bürgergesellschaft im Norden und Süden verbinden könnte.

Deswegen musste sie 2012 ihren Kurs Stück für Stück korrigieren – für den längst von der Krisenwirklichkeit überholten Fiskalpakt konzedierte sie den Wachstumspakt und musste schließlich sogar einer europäischen Haftungsgemeinschaft zustimmen, die sie doch verhindern wollte, solange sie lebe. Die Alternative, die seit 2010 unter dem Titel »Herkulespakt« (so der FDP-Europaabgeordnete und Talkshow-Dauergast Jorgo Chatzimarkakis) firmierte, lautete jetzt, die in ihrer Wirkung gemilderte Schuldenbremse zu ergänzen durch eine Initiative für Beschäftigung, vor allem von Jugendlichen im Süden, durch eine (dereinst nur von attac geforderte) Finanztransaktionssteuer und einen Schuldentilgungsfonds. Merkel hatte recht, wenn sie Letzteres, die dem Grundgesetz wie den EU-Verträgen zuwiderlaufende Vergemeinschaftung der Schulden, an die Möglichkeit der supranationalen Kontrolle der Haushalte zu binden versuchte. Sonst hätte sich ja der Konstruktionsfehler des Euro nur verschoben – der griechische Staatshaushalt und die spanischen Banken hätten sich aus schwedischen, niederländischen und deutschen Steuereinnahmen bedienen können, sich ansonsten aber weiter verschulden dürfen. Eine (wie auch immer konkret ausgestaltete) Haftungsgemeinschaft, die nicht im *moral hazard*, in wechselseitiger Verantwortungslosigkeit, enden will, oder überhaupt ein europäischer Finanzausgleich, der Europa nicht weiter entsolidarisieren soll (wie es auf nationaler Ebene Flamen, Lombarden und Bayern mit ihren Landsleuten praktizieren), müssen Gläubiger und Schuldner politisch-institutionell, etwa in einer europäischen Finanzregierung, vermitteln.

An diesem *point of no return* regte Finanzminister Wolfgang Schäuble konsequent an, was wenige Monate zuvor undenkbar gewesen wäre – das Durchstarten zum Vereinten Europa. Atemberaubend war diese Krisendynamik, weil nun nicht nur Spanien und Griechenland, sondern auch die Bundesrepublik Deutschland ihre Souveränität einschränken, wenn nicht abgeben müsste. Was nämlich hatte Schäuble vorgeschlagen: gemeinsame Regeln für die nationale Restrukturierung der Banken und Einlagensysteme, also eine Bankenunion, die Vertiefung der Wirtschafts- und Währungsunion durch eine gemeinsame, von einem EU-Finanzminister kontrollierte Finanz- und Steuerpolitik, ferner die Direktwahl eines europäischen Präsidenten durch das europäische Volk (das damit konstituiert wäre), die Stärkung des Europäischen Parlaments (das dann die Haushaltskontrolle beanspruchen muss) und die Umwandlung des EU-Ministerrats in eine zweite Kammer der Nationalstaaten (Die ZEIT, 21.06.2012, vgl. die Karlspreis-Rede).

Und als sich die Dinge in Brüssel zuspitzten und deutsche und europäische Parlamentarier zu meutern begannen, brachte Schäuble mit einem sardonischen Lächeln sogar eine Volksabstimmung über eine europäische Verfassung ins Gespräch. Es gibt keinen Grund, den Finanzminister (und 1990 Statiker der deutschen Einheit) nicht für einen deutschen Patrioten zu halten, aber er verstand und akzeptierte den europäischen Krisenmechanismus – jede Krise schafft mehr Integration. Wer in dieser Lage Europa nicht renationalisieren und implodieren lassen wollte, der *musste* durchstarten zu »mehr Europa«.

Das ist aber nur der erste Schritt. Denn als der europäische Parlamentspräsident historisch wurde, war er ja alles andere als beglückt, sondern zornig: Die Masterpläne der deutschen und europäischen Exekutive waren ohne seine und die Beteiligung des Straßburger Parlaments zustande gekommen – Italiens Ministerpräsident Monti sollte bald darauf in einem Interview beinahe zur Außerkraftsetzung des Bundestags aufrufen (Der Spiegel, 05.08.2012). In der »Stunde der Exekutive«, dem finanzpolitischen Ausnahmezustand, drohte der nationale wie europäische Parlamentarismus unter die Räder zu kommen. Hatte Merkel immerhin beim Ringen um den Fiskalpakt die Opposition eingebunden und ihn (bzw. sich selbst) in Bundestag und Bundesrat zur Abstimmung gestellt, so hatte die »Vierergruppe«, bestehend aus Ratspräsident Herman van Rompuy, Kommissionschef Manuel Barroso, EZB-Präsident Mario Draghi und Eurogruppen-Chef Jean-Claude Juncker, weder Schulz noch sonst eine Delegation von Volksvertretern konsultiert und einbezogen, bevor sie am 25. Juni 2012 ihren sieben Seiten langen Bericht vorstellte, der ein echter

Paukenschlag war. Sie propagierte außer einem Fiskalpakt mit Schuldenbremse eine EU-Wirtschaftsregierung, die das Recht haben soll, Grenzen für die Neuverschuldung der Mitgliedstaaten festzulegen und überzogene Budgetentwürfe zu kassieren. Europa als Haftungsgemeinschaft lag damit nahe. »Die gemeinsame Währung erzwingt den europäischen Superstaat. Man kann das Erpressung nennen – oder eine List der Vernunft.« (Mark Schieritz, Die ZEIT, 28.06.2012)

Der mögliche Durchbruch (als Alternative bleibt immer noch der Zerfall des Euro und die Renationalisierung) zum Vereinten Europa kam also nicht durch politischen Anstoß (man erinnere sich nur an die europäische Verfassungsdebatte), sondern EU-typisch auf ökonomischem Wege: Der Staat zur Wirtschaft wird nachgeliefert und angebaut. Wenn Bundesländer wie Bremen, das Saarland und Berlin pleite sind, garantiert der deutsche Steuerzahler, auch die Rentner in Florida bezahlt der Besserverdienende in Massachusetts. Mehr Europa bedeutet: Wenn Spaniens Banken und Griechenlands Staatshaushalt bankrott sind, haftet von nun an der europäische Steuerzahler – in der Hoffnung, dass die Staaten wieder frisches Geld am Finanzmarkt bekommen, genau wie die (im Übrigen höher verschuldeten) Engländer und Amerikaner auch.

Dieses Kalkül hat den Haken, dass die Situation so lange prekär bleiben wird, wie die globalen Finanzmärkte das letzte Wort behalten. Konkret haben große Banken und Hedgefonds-Gesellschaften die Staaten und ihre Völker schon seit den 1970er Jahren in eine Art Geiselhaft genommen, und, schlimmer noch, das Gebaren der Branche (nicht nur einzelner »schwarzer Schafe« wie JP Morgan in den USA, Hypo Real

Estate in Deutschland, die schweizerische UBS oder Barclays Bank in Großbritannien) hat sich seit 2008 mit Blick auf riskante Anlagen, Bonuszahlungen und Erpressungsofferten an die öffentlichen Haushalte kaum verändert. Am bedrohlichsten ist, dass die G8- und G20-Länder auch nach fünf Jahren Finanzkrise kein Mittel gefunden haben oder finden wollten, Geldhäuser und Börsen zu domestizieren, die sie als »systemrelevant« (too big to fail) einstufen und aus diesem Grunde nicht, wie Karstadt, Opel oder Schlecker, pleitegehen lassen wollen und können.

Ganze Ökonomien, allen voran die US-amerikanische und die britische, indirekt auch die chinesische, erbringen den größten Teil ihrer Wirtschaftsleistung durch wenige transnational agierende Bankhäuser, die als »Experten« in einem von ihnen selbst geschaffenen Chaos computergesteuerter Spekulation sogar noch die Reformvorschläge und Kurskorrekturen diktieren, die den Finanzkapitalismus retten sollen, unterstützt von einem Heer von Wirtschaftsprofessoren und -publizisten, deren Durchblick ziemlich fraglich geworden ist. Einer Europäischen Union, die es nicht schafft, dieses Joch abzuschütteln, den Banken und Börsen Regeln aufzuzwingen und riskante Geschäfte zu verbieten, ihnen auch den gebotenen finanziellen Anteil an der Problemlösung zu verordnen (etwa in Gestalt einer erweiterten Finanztransaktionssteuer), wird es auch nicht gelingen, die notwendigen Mittel für eine neue Infrastruktur der Mobilität, Energieproduktion und Landnutzung zu generieren. Insofern war die in der europäischen Schicksalswoche im Juni 2012 beschlossene Direkthilfe der EZB an die spanischen Banken, ohne das gesamte Bankensystem an die Kandare zu nehmen, eine höchst problematische Entscheidung.

Während Bankenschelte heute schon populär geworden ist (der SPD-Vorsitzende füllte damit Babypause und Sommerloch), weil sie mit dem Finger auf die Kombination organisierter Unverantwortlichkeit mit automatisierten Abläufen (v. a. im Hochfrequenzhandel) zeigt, sind Bürger und Konsumenten von Selbstkritik noch weit entfernt, die durchaus angebracht wäre, da die private Verschuldung im selben Rhythmus angestiegen ist wie die der öffentlichen Hand, um einen Interventions- und Wohlfahrtsstaat zu finanzieren, der im Wesentlichen den Mittelstand bediente, aber die zunehmende Verarmung am unteren Rand der Sozialpyramide nicht aufzuhalten vermochte. Die Staatsverschuldung, die in Deutschland nüchtern betrachtet kaum weniger ausgeprägt ist als in den PIGS-Staaten, ist durch das von einer breiten Wählermehrheit unterstützte Schuldenmachen der öffentlichen Haushalte für Subventionen, Sozialleistungen und Konjunkturprogramme verursacht. Dies begann massiv Ende der 1960er Jahre, seit den 1980er Jahren übertrumpft der Schuldendienst die Kreditaufnahme, und für die »deutsche Einheit« verschuldete sich der deutsche Staat so hoch wie kein anderer Staat zuvor in Krisenzeiten. Der größte Teil der Transfers geht heute an Rentner und Erwerbslose, wobei zugleich die großen Einkommen und Vermögen seit Jahrzehnten durch niedrige Steuerquoten geschont werden.

Der neue Gesellschaftsvertrag, ohne den Insolvenz und Inflation nicht abgewendet werden können, erfordert also, neben einer erheblichen fiskalischen Umverteilung, zum einen die

Beschneidung der Finanzwirtschaft auf eine dienende Funktion für die Realwirtschaft mit besonders starken Anreizen für innovative Investitionen, zum anderen eine zivilgesellschaftlich auferlegte und gestaltete Schuldenbremse. Dazu gehören Bürgerhaushalte und Zukunftskammern. Dieser Vertrag muss zugleich den europäischen Föderalismus befördern und die Europäische Union von dem Odium befreien, eine Demokratie ohne Volk und somit eine reine Elitenveranstaltung zu sein.

Volks-Aufstand: Der europäische Demos rührt sich

Damit zurück zur Reform der Europäischen Union, zu der zwei große Bausteine fehlen: transformative Politik und demokratische Legitimität. Was am 27. Juni 2012 in Rom zwischen Kanzlerin Merkel, Staatspräsident Hollande und den Premiers Monti und Rajoy als »Wachstumspakt« beschlossen worden war, blieb weit entfernt von einem Masterplan für die südeuropäischen Länder nach dem Vorbild des European Recovery Program (Marshallplan) für das zerstörte Europa nach 1945. Dem römischen Vorstoß fehlte jede zündende Idee und im Übrigen echtes frisches Geld, da, jedenfalls fürs Erste, nur schlecht genutzte und verteilte Strukturhilfen der EU umetikettiert und ohnehin geplante Investitionen der Europäischen Investitionsbank aufgemöbelt wurden. So schafft man, wie ich zu zeigen versucht habe, kein ökologischeres und auch kein sozial gerechteres Europa.

Schwerer noch wiegt, dass die Eliten der europäischen Exekutiven der Legitimation ihrer Pläne offenbar keine besondere Bedeutung beimaßen. Wenn die von Schäuble und der Vierergruppe skizzierte Umwälzung des europäischen Institutionensystems *top down* verordnet und exekutiert würde, wäre dies vermutlich die letzte Krise der EU, denn das kumulierte Legitimationsdefizit brächte die Union mit ziemlicher Sicherheit an ihr Ende, und Nationalpopulisten könnten die Reste wie Geier unter sich aufteilen. *No taxation without representation* heißt die Grundregel repräsentativer Demokratie – wer Steuern zahlt, will sich auch selbst regieren. Das heißt aber für ein europäisches Finanzsystem, das nach Lage der Dinge ja auf absehbare Zeit eine nicht egalitäre Finanzierung unterstellt (wie im Finanzausgleich zwischen Bayern und Bremen oder mit dem Aufkommen von zehn Prozent der Steuerzahler für rund 70 Prozent des gesamten Steueraufkommens), dass es mehr europäischen Gemeinsinns bedarf, als derzeit in Griechenland und in Deutschland zu bemerken ist. Doch wenn beide »im Euro bleiben« wollen, müssen die Nutznießer der gemeinsamen Währung (Deutschland, die Niederlande, Finnland) via Zentralbank und EU-Etat schwächeren Ländern bei ihrer Modernisierung unter die Arme greifen.

Jedes Durchstarten zu einer europäischen Wirtschafts- und Finanzregierung erfordert unabdingbar die Zustimmung und Kontrolle durch einen europäischen Demos. Eine »stärkere demokratische Grundlage« hatte zwar auch die Vierergruppe angemahnt, konkreter wurde sie dazu nicht. Demokratische Legitimation und Kontrolle ist aber essenziell für die Verwirklichung von »mehr Europa«. Bürgerinnen und Bürger werden einer Nacht-und-Nebel-Erweiterung die Unterstützung entziehen, und prompt schritten im Juni auch die Hüter der Verfassung in Karlsruhe ein, weil sie den Prozess aus deutscher Sicht nicht für hinreichend demokratisch legitimiert erklärten.

Die deutschen Grünen, wie erinnerlich der außerparlamentarischen Opposition erwachsen, haben sich in der Juniwoche der Entscheidung um den Parlamentarismus verdient gemacht. Ihre Klage in Karlsruhe hatte dem Zweiten Senat des Bundesverfassungsgerichts erneut Gelegenheit gegeben, gegen die Missachtung des Deutschen Bundestages zu entscheiden und die offensichtliche Arkanpolitik der Regierung Merkel anzuprangern. Karlsruhe *dixit*: Die Lösung der europäischen Staatsschuldenkrise und die Rettung des Euro bedarf des Mitwissens und der Mitwirkung des Parlaments. »Das ist der Preis der Demokratie«, verkündete der Präsident des Gerichts, Andreas Vosskuhle, während Bundestagspräsident Norbert Lammert (CDU), der schon öfter mit der christdemokratischen Bundeskanzlerin ob ihrer Missachtung des Hohen Hauses im Clinch gelegen hat, Genugtuung zum Ausdruck brachte. Und es ehrt ihn, dass er eine überfraktionelle Initiative verhinderte, das Rederecht von »Abweichlern«, die nicht die Meinung ihrer Fraktionsvorstände vertreten, zu beschneiden – deutlicher hätten die Volksvertreter ihre eigene Irrelevanz nicht bekunden können.

Die Gewichte in der Gewalten- und Arbeitsteilung zwischen Legislative und Exekutive hatten sich schon in Normalzeiten und bei weniger spektakulären Anlässen auf Kosten der Parlamente verschoben. Überall sind die Materien angeblich zu komplex (Beispiel Gesundheitspolitik), zu technisch (Energiepolitik), zu juristisch (überall). Abgeordnete und ihre Stäbe bekommen allzu häufig nach Dienstschluss von der Ministerialbürokratie dicke Gesetzesentwürfe auf den Tisch, die sie am nächsten Morgen am liebsten in erster bis dritter Lesung durchwinken sollen. Davon sind auch Justitiare, alte Hasen und Fraktionsvorstände zunehmend überfordert. Und nicht zuletzt weist in der Folge dieser Hektik ein guter Teil der Gesetzgebung schwere handwerkliche Mängel auf, während zahlreiche Gesetze unter enormen Vollzugsdefiziten leiden. Bedingt ist die Eile objektiv dadurch, dass die multiplen Krisen der Industriegesellschaft die Steuerungsfähigkeit des Staates einschränken und ihn zu permanenter Krisenintervention zwingen. Die Einschränkung von Parlamentsrechten ist ein Kollateralschaden der Privatisierung von Politik, die nur noch als Feuerwehr gerufen wird – und versagen muss, wo ein gestaltender Staat ordnungspolitisch dringend geboten wäre.

Hinzu kommt die Verlagerung der Entscheidungen von Berlin nach Brüssel. Europäisierung hieß bislang, in Ermangelung eines volltauglichen EU-Parlaments, per se Entparlamentarisierung und Entdemokratisierung. Schon bei früheren Entscheidungen, wie dem Lissabon-Urteil, hat sich das Bundesverfassungsgericht dagegen zum Schutzpatron der nationalstaatlich verfassten Demokratie und des Souveräns in Gestalt des Bundestags aufgeschwungen, konkret zum Hüter von Artikel 23, der die umfassende und frühestmögliche Unterrichtung des Bundestages vorschreibt. Karlsruhe wird immer wieder eingreifen und musste gelegentlich schon rabiat werden (etwa bei den einstweiligen Verfügungen gegen das Durchpeitschen des Europäischen Stabilitätsmechanismus

[ESM], ebenfalls in der besagten Juniwoche), wenn die deutsche Demokratie durch ein von Berlin und Brüssel aus geführtes EU-Regiment ausgehebelt wird.

Die Grünen haben also das nationale Parlament symbolisch gestärkt – aber was ist mit dem Europäischen Parlament, das trotz eines beachtlichen Einflussgewinns noch immer zahnlos wirkt? Was die nationalstaatliche Perspektive verkennt, ist die reale Verschiebung politischer Macht auf die supranationale Ebene, auf der – viel eklatanter als die EU – Clubs wie die G8/20 oder die WTO agieren. Demokratische Kontrolle und Gegenmacht schaffen hier – informell und inhaltsbezogen – höchstens einflussreiche und medienpräsente Nichtregierungsorganisationen (NRO) als Anwälte lokalen Widerstands oder globaler Kollektiv- und Allmendegüter, wobei die NRO ihrerseits dazu neigen, als (Gegen-)Experten im transnationalen Entscheidungssystem aufzugehen. Karlsruhe wird bei allen Schritten auf die Bremse treten, die via Fiskalunion und Wirtschaftsregierung auf die Vereinigten Staaten von Europa hinauslaufen und dabei natürlich auch Straßburg zum Vollparlament aufwerten müssten. Auch dazu muss das Grundgesetz geändert werden, mehr noch: Deutschland muss sich à la longue (aber vielleicht auch schon recht bald!) eine neue Verfassung geben und Europa endlich eine bekommen.

Die Verfassungsrichter können diese Dynamik nicht länger hinhaltend blockieren, denn die im Grundgesetz angelegte europäische Dimension des Demokratieprinzips ist unübersehbar. Zuzustimmen ist der Kritik des Staatsrechtlers Mattias Kumm: »Während das Bundesverfassungsgericht das Gebot demokratischer Staatlichkeit mit einer Verfassungsidentität auflädt, die aus begrifflichen, komparativen, genetischen und historischen Gründen kaum mit dem Grundgesetz zu vereinbaren ist, droht es die Vorgabe des Art. 23 GG zu vernachlässigen: Deutsche Verfassungsorgane sind verpflichtet, an einer Europäischen Union mitzuwirken, die ihrerseits demokratischen Grundsätzen genügt.« Unterstützen möchte ich ausdrücklich auch seine Vision:

»Wenn es bei den Europawahlen um Programm- und Politikfragen ginge, die auch an Personen festgemacht werden könnten, würde das Interesse an den Europawahlen stark zunehmen. Es ginge plötzlich um etwas Nachvollziehbares. Europa wäre politisch nicht nur repräsentiert durch die ewig gleichen Bilder der Gipfeltreffen, bei denen spät in der Nacht Beschlüsse verkündet werden, zu denen es angeblich keine Alternative geben soll. Bürger könnten nicht nur für oder gegen Europa sein, sie könnten sich für ein bestimmtes und gegen ein anderes Europa, festgemacht an konkreten Personen und Programmen, aussprechen. Das wäre aus demokratischer Sicht ein hohes Gut, dem weder die degressive Proportionalität des Wahlrechts noch kulturelle Differenzen oder eher national strukturierte Öffentlichkeiten Abbruch tun würden. Eine Europäische Union, die demokratischen Grundsätzen zu genügen hat, ist weder mit der exekutiv geleiteten Vergipfelung europäischer Krisenpolitik noch der Autonomisierung kommissarischer Kompetenzen vereinbar. Es ist Zeit für das Bundesverfassungsgericht, verfassungsrechtlich nicht haltbare nationale Defensiv-

> positionen aufzugeben und die europäische Dimension des grundgesetzlichen Demokratieprinzips ernst zu nehmen.« (Frankfurter Allgemeine Zeitung, 09.08.2012)

Die Kehrseite der weit, aber nicht weit genug reichenden Vorschläge von Wolfgang Schäuble und der Vierergruppe ist, dass sie auf ein Kern- oder Resteuropa zugeschnitten bleiben und die Kluft zwischen den Euro-Staaten und den Nichtmitgliedern der Währungsunion, speziell zu Großbritannien oder Tschechien, vertiefen würde – also Distanzierungstendenzen beschleunigen würde, die in London oder Prag ohnehin zugenommen haben. Wer meint, Kerneuropa wäre stärker als die EU der 27 oder eine euro-mediterrane Großregion, irrt – nur als große Macht kann Europa die *politischen* Wettbewerbsvorteile der Vereinigten Staaten und Chinas ausgleichen.

Darauf also spitzen sich die Alternativen – und es ist *unsere* Wahl – zu: auf ein kleines, auf seine Nationen zurückgefallenes Wirtschaftseuropa mit geschrumpftem Binnenmarkt in defensiver politischer Gemeinschaft oder auf eine föderal verfasste politische Union, die auf subregionalen Einheiten ruht und vom europäischen Volk kontrolliert wird. Und sich auf seine ureigenen Werte besinnt.

Go South!
Eine Utopie der Gabe

> *»Das menschliche Leben könnte gar nicht weitergehen, wenn Menschen sich nicht ständig gegenseitig von den Folgen dessen befreien würden, was sie getan haben, ohne zu wissen, was sie tun.«*
> HANNAH ARENDT (1958)

Wenn Europa nach Lösungen für die Leiden seiner südlichen Peripherie und die Mängel seiner Integration sucht, dann muss es offenbar einerseits pragmatischer werden, sich also von Sonntagsbeschwörungen zur Alltagspraxis wenden, andererseits utopischer, weil Durchwurschteln wie bisher nicht mehr hinreichen dürfte und Europa im Kontext eines neoliberalen *Business as usual* sein Potenzial nicht entfalten kann. Die Rhetorik der Reden über Europa hat ohnehin und erfreulicherweise bereits den Aggregatzustand einer Affirmation vergangener Errungenschaften verlassen und die Zukunft adressiert, ohne in der Regel klarzumachen, was mit dieser futuristischen Wende gemeint sei. Wohl kaum der schmale Zukunftshorizont des Bankenwesens oder der nächsten Gipfeltreffen, der über ein Quartal selten herausschaut, und auch nicht der Realismus seiner Funktionäre; der Stoff, aus dem Europas Zukunft gewebt wird, dürfte eher der Zorn über seinen mediokren Zustand sein, die politische Leidenschaft also, die sich auf den Straßen und Plätzen in den vergangenen Monaten gesammelt hat.

Wer in die Gesichter der jungen Demonstranten in Athen oder Kairo geblickt hat, hat dort vornehmlich Verzweiflung erblickt – und Zorn über eine politische Klasse im eigenen Land, in Brüssel oder Washington, die ihnen die Zukunft verbaut und jene lichten Momente der Hoffnung rasch wieder verdunkelt hat, die am Tahrir-Platz in Kairo, am Rothschild-Boulevard in Tel Aviv oder an der Puerta del Sol in Madrid aufgeblitzt waren. In den südeuropäischen Ländern regiert die harte Faust »der Märkte« und der EU-Revisoren; und die arabische Zivilgesellschaft ist zwischen die Mühlsteine des radikalen Islamismus und der Militärregime geraten.

Berechtigter Zorn also. Kann daraus noch einmal Courage werden, kann aus diesem »thymotischen« Antrieb etwas Neues, Besseres entstehen? Einem Vorschlag Peter Sloterdijks folgend, der das Phänomen Zorn in alle Richtungen gründlich durchleuchtet hat, möchte ich hier die produktive Leidenschaft eines Zornesausbruchs auf ein Zukunftsprojekt jenseits des kapitalistischen Realismus lenken, bei dem nicht alles a priori vergeblich wirkt. Gesucht wird also eine intellektuelle Alternative sowohl zum blinden Solipsismus der Märkte wie zum spiegelbildlichen Ökonomismus der politischen Linken, die zugleich deren Erbe – Freiheit, Gleichheit und Gerechtigkeit – anders bewirtschaften kann.

Dazu mache ich eine (dialektisch verkoppelte) Opposition zwischen der Vergangenheitsfixierung des Kapitals und der Zukunftsorientierung einer alternativen Ökonomie auf. Vergangenheitsfixiert, ausgerechnet das Kapital? Auch wenn Investitionen und Unternehmertum so gezielt nach vorn gerichtet scheinen mögen – sie sind es nicht, weil sie eigentlich nur die Früchte alter Anlagen ernten wollen. Aber zukunftsorientiert, die »grüne« Alternative? Auch wenn sie prima facie weit mehr an Bewahrung interessiert und auf Stagnation, ja Schrumpfung aus zu sein scheint – stärker ist ihre Sorge um Nachhaltigkeit und Zukunft. Weniger an dem, was gestern investiert wurde, ist sie interessiert als an dem, was morgen übrig und zu tun bleibt.

Sind die beiden Pole von Herkunft und Zukunft damit bestimmt, kann man ihnen einige Begriffskomplexe aus der moralischen Ökonomie zuordnen und gegenüberstellen.

Moralisch ist diese Ökonomie entgegen dem (etwa von Niklas Luhmann verbreiteten) Anschein prinzipiell unmoralischer Märkte und Marktakteure, weil Schulden ihr wesentliches Antriebsmoment sind und diese, wie zuletzt David Graeber überzeugend in Erinnerung gerufen hat, intensiv mit Schuld verkoppelt. Moralische Schulden werden monetarisiert. »Die Frage lautet also: Gibt es eine Alternative zu dem triebhaften Anhäufen von Wert, zum chronischen Zittern vor dem Augenblick der Bilanz und zu dem unerbittlichen Zwang des Zurückzahlens von Schulden?« (Sloderdijk).

Die Zornigen im heutigen Athen sähen diese Frage gern anders beantwortet als von den Anwälten des Tilgungszwangs, der ganze Gesellschaften stranguliert und nicht, wie es Joseph

Schumpeters Theorem der schöpferischen Zerstörung unterstellt, in unternehmerische Aufbruchstimmung versetzt. Die Behandlung »der« Griechen durch den Währungsfonds, die Massenpresse und selbst wohlmeinende Beobachter hat gezeigt, dass man Griechenland als Ganzes auf eine Weise an eine belastete Vergangenheit kettete, die eine mögliche Zukunft kolonisiert oder ausschließt. Die Deutschen, denen Abzahlen und Heimzahlen nach 1945 (ohne Zweifel zu Recht) widerfahren ist, müssten wissen, wie man sich dabei fühlt; und es verwunderte kaum, dass zahlungsunwillige Griechen ihre deutschen Zuchtmeister im Gegenzug an den Holocaust und die Nazi-Okkupation erinnerten und ihrerseits Ansprüche auf Wiedergutmachung ableiteten (Frankfurter Allgemeine Zeitung, 20.03.2012).

Gibt es zu diesem Schuldenzyklus eine Alternative? Gegen Abzahlen stünde Vergebung, gegen Schuldknechtschaft Freiheit. »Für eine transkapitalistische Ökonomie können darum nur die vorwärtsweisenden, die stiftenden, gebenden und überschießenden Gesten konstitutiv sein. Allein futurisch engagierte Operationen sprengen das Gesetz des Äquivalententauschs auf, indem sie dem Schuldigwerden und Schuldenmachen zuvorkommen.« (Sloterdijk) Nur die radikale Unterbrechung des »öden Rückzahlungsgeschäfts« erlaube einen neuen Anfang und gebe – vermutlich zur Verwunderung des Geschädigten selbst – auch diesem die Freiheit wieder. Die ausweglose Verstrickung der reichen Schuldnerländer in die aporetische Situation des griechischen Schuldners ist der jüngste Beleg dafür. Solche Überlegungen wirken nicht nur auf den Mainstream der Wirtschaftswissenschaft utopisch, ja verrückt, aber man kann ihnen einen alternativen ökonomischen Dogmenkern unterlegen: das Theorem des Gabentauschs, der dem Äquivalententausch formal verwandt scheint, ihm aber konträr entgegensteht. Marcel Mauss hat vergleichende ethnologische Forschungen in dem *Essai sur le don* (1925) systematisch ausgeführt. Geben ist demnach kein rein ökonomisches Tauschphänomen *(do ut des)*, sondern ein »fait social total«, das rechtliche, ästhetische, moralische und politische Interaktionen beinhaltet. Übergeordnet ist die von Mauss nicht systematisch betrachtete religiöse Dimension: die Gabe an die Götter in Form von Opfertieren oder Selbstopferung. In diesem Akt – und in der generösen Annahme, Geben sei wichtiger (oder seliger) als Nehmen – entpuppt sich eine Grundeigenschaft der Gabe, die aus dem Schema der Gleichwertigkeit und dem Zwang zur Gegengabe heraustritt: Sie schöpft die Freiheit der gebenden Person oder Gruppe aus und belässt der nehmenden Seite dabei ihre Freiheit.

Die Gabe ist für Mauss Träger einer Art bindenden Kraft *(mana, hau)*. Dabei geht es nicht um den materiellen oder ideellen Wert der weggegebenen Sache (allein), vielmehr bleibt ihr ein Stück des Gebers selbst anhaften, von dem sie »etwas« (das heißt: *mana*, *hau*) behält.

> »Der Empfänger nimmt den Anderen in sich auf, der wiederum von ihm Besitz ergreift. Folglich heißt Geben auch immer, dass man sich selbst gibt, dass man etwas von sich selbst, einen Teil seiner Person, von dieser Kraft und vom *hau*, dem ›Geist der Dinge‹, weggibt, dass man sich selbst transzendiert. In der Zirkulation der Gaben

wird auf diese Weise eine die Sozialität konstituierende und zugleich stabilisierende Verpflichtung geschaffen. (…) Der Geber und die gegebene Sache sind demnach nicht völlig getrennt. In der Annahme der Gabe nimmt man gleichzeitig die fremde Person in sich auf.« (Stephan Moebius)

Die Gabe geht über einfache Reziprozität (im Sinne der Wechselwirkung) insofern hinaus, als dem freiwilligen Akt des Gebens ein ekstatischer, selbsttranszendierender Charakter der Beziehung zum Anderen innewohnt; in der Annahme der Gabe liegt die Erfahrung des Ergriffen-Seins durch den Anderen und dessen Sache. Für erklärungsbedürftig hielt Mauss und die ihm folgende Ethnologie und Anthropologie das vermeintliche Paradox, dass die Gabe zwar in einer eher freiwilligen Form geschieht, dennoch aber immer erwidert werden *muss*, also einen zur Gegengabe *verpflichtenden* Charakter hat. Die Gabe umfasst in der Tat drei Pflichten: Geben, Nehmen und Erwidern. Aber die Erwiderung muss nicht direkt an den Geber adressiert sein, die Gegengabe zirkuliert zwischen diversen Kollektiven und über Generationen hinweg. Das ist der wesentliche Unterschied zum Äquivalententausch:

»So ist die Gabe nach Mauss auch weniger dem materiellen oder ökonomischen Tausch geschuldet; die materiellen Dinge sind vielmehr Medien für die symbolische Herstellung, Artikulation und Stabilisierung sozialer Beziehungen. Allerdings liefern der zunehmende Mangel an lebensweltlichen und institutionalisierten Strukturen des Gebens, Nehmens und Erwiderns, die Reduktion der Gabe auf einen ökonomischen Warentausch sowie die gesamtgesellschaftliche Ausbreitung eines utilitaristischen Individualismus aus Mauss' Perspektive die Gründe dafür, dass Gabestrukturen in der Moderne ihre integrative Kraft weitgehend verloren haben.« (Moebius)

Es ist interessant, dass Mauss sich in der Zwischenkriegszeit für eine freiheitlich-sozialistische Bewegung eingesetzt hat und im Gabentausch eine Matrix für grenzüberschreitende Solidarität sah. Die Vertreter eines Marcel Mauss weiterführenden »anti-utilitaristischen« Denkens interpretieren die Gabe vor allem im Hinblick auf die ihr anhaftenden Momente »unproduktiver Verschwendung«, der Generosität und der nicht an einem ökonomischen Vorteil interessierten Konzeption des Sozialen: Georges Bataille sowie Michel Leiris und das 1937 von ihnen gegründete *Collège de Sociologie* sind hier zu nennen, die in Paris erscheinende Denkschule um die »Revue du M.A.U.S.S.« bemüht sich aktuell um die Pflege einer »anti-utilitaristischen« Internationale.

Batailles bereits auf Nietzsche zurückgehende Idee der Vergeudung und Verschwendung als dem eigentlichen Antriebsmotiv der Ökonomie liegt in der Logik eines das Schema der Gleichwertigkeit (Äquivalenz) und des Gleichgewichts sprengenden Gabentausches, bei dem Gebende und Nehmende sich feierlich verausgaben und dadurch ihre Würde behalten und ihr Glück bezeugen. Allein das schafft Reputation und motiviert die Nehmer eventuell dazu, über »angemessene« Rück-Zahlungen nachzudenken. Hier setzt die Idee der Stiftung oder »fo(u)ndation« (Gründung) an, die Zukunft entwirft und damit einen Raum der Möglichkeiten eröffnet für Individuen, Kollektive und ganze Gesellschaften, deren Vergangenheit sie, »realistisch« gesprochen, zur Aufgabe und Stagnation zwingt.

Es scheint, als müsse dieser grandiose Gedanke am traurigen Realismus der »Schuldenkrise« notwendig scheitern. Gescheitert oder zum Scheitern verurteilt sind jedoch sämtliche Rettungspläne, die dieser »Realität« zu genügen trachten, dabei aber alle Möglichkeiten unbeachtet lassen, die in einem großzügigen, nicht einmal auf Gegenleistung – dem künftigen Wohlverhalten der Griechen etc. – bestehenden Erlass von Schulden liegen könnten. So wirkt der Gedanke an Schuldvergebung weniger bizarr, wenn man noch einmal die *wechselseitige* Verstrickung von Schuldner und Gläubiger in Rechnung stellt und den damit verbundenen Verlust an Handlungsfreiheit auch für diejenigen, die im Fall des Zusammenbruchs der mit Forderungen überzogenen Volkswirtschaften Südeuropas *ad calendas graecas* auf die Zahlung von Zinsen und die Rückzahlung von Schulden warten müssen und auf diese Weise mit in den Strudel geraten. Man müsste einsehen, dass bereits die Fabrizierung der aktuellen Finanzkrise ein Werk *beider* Seiten gewesen ist.

Zu verhindern ist ein Kollaps nur durch – weitere Gaben und die Hoffnung, dass diese Investition bessere Früchte trägt. Dafür kommt ein weiteres *tu quoque*-Argument in Betracht: Bis über alle Ohren verschuldet sind nicht allein die Volkswirtschaften des globalen Südens, der nun weit in die Europäische

Union hineinragt, sondern auch die privaten und öffentlichen Haushalte des reichen Nordens, der seinen Wohlstand zum großen Teil auf Pump erworben hat. Hier liegt auch die Analogie zwischen Finanz- und Umweltkrise – in beiden Fällen haben die heute Lebenden auf Kosten künftiger Generationen gewirtschaftet, denen sie enorme Schäden und Schulden hinterlassen werden. Speziell seit den 1960er Jahren hat man in Zentral- und Nordwesteuropa auf dieser prekären Erwartungsgrundlage Zukunft verzehrt – Konsumenten haben langlebige Konsumgüter erworben, die öffentlichen Hände haben kostspielige Infrastrukturen errichtet, die Sozialpolitik hat die Zerklüftung der kapitalistischen Klassengesellschaften durch Transferleistungen geglättet. Nach einigen Dekaden schon stehen viele europäische Städte und Gemeinden (das ist die Lebenswelt der meisten Menschen, die sich nicht hinter Mauern aus Superreichtum verschanzen können) vor dem Ruin, nicht nur in einigen Nothaushaltskommunen. Sie werden dem Teufelskreis nicht durch die erhofften Folgen eines (wiederum nur auf Pump finanzierbaren) Wachstums entrinnen, sondern einzig durch einen Schuldenschnitt, der sie genau wie ihre Gläubiger in die Freiheit entlässt.

In diese Richtung weisen Experimente, Geld nicht mehr von den Zentralbanken zu beziehen, sondern selbst in Umlauf zu bringen. An vielen Orten sprießen alternative lokale und soziale Währungen – Time-Banks, LETS- und Bartersysteme. Das sei bloß Spielgeld, wird dem von Professionellen entgegengehalten:

»Doch auch in diesem Punkt wäre gleiches Recht für alle zu fordern: Vielleicht ist es Zeit, ein paar neue Spiele mit Geld zu spielen – Spielgeld für alle! So betrachtet hätten die Fürsprecher von Gemeinschaftswährungen am Ende recht: Alternativgeld kann die kommunale Ökonomie tatsächlich einer Geschenkökonomie wieder annähern, solange das dabei eingesetzte Geld nur hinreichend zweifelhaft und unwahrscheinlich ist. Akzeptiert jemand Abenteuergeld für eine Ware, kommt das einem Geschenk schon ziemlich nahe. Und doch gilt: Sobald andere, Freunde und Fremde, dasselbe tun, können sich alle als Teil einer neuen Art von Öffentlichkeit wiederfinden, in der das Abenteuergeld sich als gültig und wertvoll erweist. (…) Der Wert ihrer Währungen ist eine Wette auf eine zukünftige Version öffentlichen Lebens, die ebenso wünschenswert wie unwahrscheinlich ist. Damit erscheinen sie potenziell als Verschwendung von Zeit und Geld. Und gerade deswegen könnten sie funktionieren.« (Sibylle Peters)

Ganz offenbar wächst die Zahl der »ordentlichen« Ökonomen, die solche Kalküle auf die Volkswirtschaften als Ganze übertragen: Anstatt darauf zu warten, die Schulden durch Bankrotte loszuwerden, sollten Regierungen Schuldenerlasse anordnen, fordert John Geanakopoulos von der Universität Yale, und der nicht minder anerkannte Robert Skidelsky ruft mit John Maynard Keynes einen Säulenheiligen der Wirtschaftswissenschaft zum Zeugen auf:

»Sowohl Kreditgeber als auch Schuldner wären mit einem umfassenden Schuldenerlass besser gestellt. So auch die Bürger, deren Lebensgrundlagen durch die verzweifelten Versuche der Regierungen, ihre Schulden abzubauen, zerstört werden. Philosophisch betrachtet beruht der Schuldenerlass-Ansatz auf der Überzeugung, dass Gläubiger die Schuld für Zahlungsausfälle mit den Schuldnern teilen, da sie es waren, die die faulen Kredite überhaupt vergeben haben. Sofern der Kreditnehmer den Kreditgeber zum Zeitpunkt der Kreditaufnahme nicht getäuscht hat, trägt der Kreditgeber zumindest teilweise Verantwortung für die Transaktion. Im Jahr 1918 drängte Keynes auf den Erlass der interalliierten Kriegsschulden, die im Ersten Weltkrieg aufgelaufen waren. ›Wenn es uns nicht gelingt, unsere Glieder von diesen Fesseln aus Papier zu befreien, werden wir uns nie wieder bewegen können.‹ Und im Jahr 1923 wurde seine Aufforderung zu einer Warnung, die die politischen Entscheidungsträger von heute besser beherzigen sollten: ›Die Fanatiker der Vertragsheiligkeit (…) sind die wirklichen Väter der Revolution.‹« (Financial Times Deutschland, 19.04.2012)

Enden möchte ich mit einem über die Ökonomie wieder hinausführenden Gedanken Hannah Arendts, deren gesamtes Werk der Frage nach den Möglichkeiten politischen Handelns gewidmet war. In *Vita activa* (zuerst 1958) untersuchte sie,

»... wie der Mensch qua Animal laborans den Kreislauf des Lebensprozesses, der ihn in die immer wiederkehrende Notwendigkeit von Arbeit und Verzehr zwingt, nur dadurch durchbrechen kann, dass er eine andere, ihm eigene Fähigkeit mobilisiert, die Fähigkeit herzustellen, zu fabrizieren und zu produzieren, um so als Homo faber und Werkzeugmacher nicht nur die Mühe und Plage des Arbeitens zu erleichtern, sondern auch eine Welt zu errichten, deren Dauerhaftigkeit gegen den verzehrenden Kreislauf des Lebens gesichert ist und ihm widersteht.«

Über die instrumentelle Vernunft des Homo faber hinaus gelangt der politische Mensch, indem er »die in sich zusammenhängenden Fähigkeiten des Handelns und Sprechens mobilisiert, die so selbstverständlich sinnvolle Geschichten erzeugen, wie das Herstellen Gebrauchsgegenstände erzeugt« (ebd.). Es war zu Arendts Zeiten kaum vorstellbar, wie stark das Narrativ des sinnvollen Handelns und Sprechens im öffentlichen Raum durch Krämer- und Kasinokapitalisten diskreditiert würde. Sie erwecken mit dem TINA-Prinzip (nach Margret Thatchers Diktum »There is no alternative!«) den Eindruck von der Unwiderruflichkeit der Vergangenheit und von der Unabsehbarkeit der Zukunft, die jedes politische Handeln vergeblich wirken lässt. Dagegen hielt Hannah Arendt zwei Fähigkeiten des Zoon politikon hoch: die Fähigkeit zu *verzeihen* (gegen Unwiderruflichkeit) und das Vermögen, *Versprechen* zu geben und zu halten (gegen Unabsehbarkeit).

Arendt hat sich intensiv mit dem Verzeihen befasst, weil es den neuen, unberechenbaren Anfang erlaubt. Sie griff damit ein christliches Motiv auf, wobei sie die Erfahrung der Urgemeinde der Jünger Jesu historisierte und säkularisierte; die personale Liebe Jesu interpretierte sie in einem »durchaus diesseitigen Sinne«, der auch über die individuelle und private Relation zwischen einem Schuldigen und dem, der ihm vergibt, hinausgeht. Wesentlich war ihr, dass beide Seiten ihre Freiheit, neu zu beginnen, erhalten; von den langfristigen Folgen einer schlimmen Tat werden diejenigen befreit, denen verziehen wird, aber eben auch diejenigen, die verzeihen. Genau wie das Strafen leugnet Verzeihen nicht das Unrecht einer Tat, aber es unterbricht eine verhängnisvolle Spirale der Fixierung auf diese schuldbeladene Vergangenheit. Elizabeth Young-Bruehl, eine Schülerin Hannah Arendts, hat diese Überlegungen fruchtbar gemacht für die »Vergangenheitsbewältigung«, also die Aufarbeitung kollektiver Staatsverbrechen gegen die Menschlichkeit. Ich habe zu zeigen versucht, dass man den *politischen* Akt des Verzeihens auch auf andere Facetten der Gegenwart übertragen kann. Mit ihm allein kann der Zorn, der leicht in destruktive, oft selbstzerstörende Wut umschlägt, in einen produktiven Impuls umgewandelt werden.

Die Euro-Méditerranée in Zahlen

	Jahr	Spanien	Griechen-land	Zypern	Israel
BEVÖLKERUNG					
gesamt (in Mio.)	**2010**	46	11	1,1	7,6
Bevölkerung unter 15 Jahren (in Prozent)	**2010**	15	14,6	17,8	27,2
Median Alter	**2010**	40,1	41,4	34,2	30,1
Geburten je Frau	**2010**	1,39	1,44	1,48	3,03
Stadtbevölkerung (in Prozent der Gesamt-bevölkerung)	**2010**	77	61	70	92
WIRTSCHAFT & ARBEIT					
Erwerbsquote (in Prozent)	**2010**	59,3	54,5	64,4	57,3
Erwerbslose (in Prozent der erwerbs-fähigen Bevölkerung)	**2010**	20,1	12,5	6,2	6,6
Jugendarbeitslosigkeit (unter 25 Jahre) (in Prozent)	**2011**	46,4	44,4	22,4	13,7 (2010
BIP pro Kopf (US-Dollar)	**2010**	30.549	26.607	28.779	28.50

atien	Italien	Deutsch-land	Tunesien	Marokko	Türkei	Algerien
	60	82	11	32	73	35
	14,1	13,5	23,5	28	26,4	31,5
6	43,2	44,3	28,9	26,3	28,3	26,2
5	1,4	1,39	2,04	2,28	2,09	2,26
	68	74	67	57	70	67
5	48,3	59,6	47,4	49,5	49,5	43,3
3	8,4	7,1	14,2 (2008)	10 (2009)	11,9	11,4
4 10)	29,1	8,6	31,6 (2008)	17,9 (2009)	16,8	21,3
774	34.075	40.116	4.199	2.796	10.094	4.567

	Jahr	Spanien	Griechenland	Zypern	Israe
WIRTSCHAFT & ARBEIT					
Veränderung BIP (in Prozent)	**2009 – 2010** **2005 – 2010**	-0,1 0,9	-3,5 0,2	1,0 2,4	4,7 4,4
Produzierendes Gewerbe (in Prozent des BIP)	**2010**	25,67	18,13	19,59 (2008)	–
Arbeitskosten pro Stunde (in US-Dollar)	**2010**	26,6	22,19	15,59 Euro	20,12
Handelsbilanz (in Mio. US-Dollar)	**2010**	-62.289	-37.537	-6.022	-2.08
Leistungsbilanz (in Mio. US-Dollar)	**2010**	-63.646	-32.335	-1.745	6.70
Tourismus – Grenzankünfte (in 1000)	**2009**	52.231	14.915	2.141	2.80 (201
– Gesamteinnahmen im internationalen Reiseverkehr (in Mrd. US-Dollar; inkl. Transporteinnahmen)	**2009**	58,6	14,8	2,5	4,3
Hightech-Exporte (prozentualer Anteil an den Gesamtexportgütern)	**2010**	6	10	37	15
Staatsverschuldung (in Prozent des BIP)	**2011**	68,47	160,81	71,84	71,34
Staatsverschuldung pro Kopf (in US-Dollar)	**2011**	19.427	34.305	16.485	21.8

atien	Italien	Deutsch-land	Tunesien	Marokko	Türkei	Algerien
	1,5 -0,2	3,7 1,3	3,7 4,4	3,7 4,6	9,0 3,3	3,3 3,0
'78	25,17	28,17	32,28	29,66	26,65	62,12
) Euro)9)	33,41	43,76	–	–	4,33 Euro (2009)	–
45 . Euro	-24.735	204.720	-5.651 (2009)	-19.028 (2009)	-56.346	25.008 Mio. Euro (2007)
3 .Euro	-67.942	188.370	-884 Mio. Euro (2009)	-3.545 Mio. Euro (2009)	-48.424	22.301 Mio. Euro (2007)
1 10)	43.239	24.220	6.903 (2010)	9.288 (2010)	25.506	2.070 (2010)
	41,9	47,5	–	–	24,6	–
	7	15	5	8	2	1
9	120,11	81,51	43,41	54,39	39,44	8,1
)0	37.314	27.751	2.100	1.725	4.928	431

	Jahr	Spanien	Griechen-land	Zypern	Israe
BILDUNG & LEBENSQUALITÄT					
Bildungsausgaben (in Prozent des BIP)	**2009**	5	3,8 (2004)	7,9	5,8
Ausgaben Forschung & Entwicklung (in Prozent des BIP)	**2009**	1,38	0,58 (2007)	0,46	4,27
HDI / -Rang	**2011**	0,878/ 23	0,861/ 29	0,840/ 31	0,888 17
GINI-Koeffizient	**2000 bis 2011**	34,7	34,3	29 (2006)	39,2
Bildungsniveau Index / Rang	**2011**	0,874/ 24	0,861/ 29	0,798/ 43	0,907 15
Bildungsniveau der Frauen (mind. Sekundarstufe, ab 25 Jahre; in Prozent)	**2010**	70,9	64,4	61,8	78,9
Geschlechtsspezifische Ungleichheit Index / Rang	**2011**	0,117/ 13	0,162/ 24	0,141/ 21	0,145 22
Von Armut oder sozialer Ausgrenzung bedroht (in Prozent)	**2010**	25,5	27,7	23,6	–
MOBILITÄT & KOMMUNIKATION					
Pkw (pro 100 Einwohner)	**2009**	478	455	529	265
CO_2-Emissionen (metr. t pro Kopf)	**2008** **2010**	7 6,8	9 8,7	8 8,4	5 9,6

atien	Italien	Deutschland	Tunesien	Marokko	Türkei	Algerien
	4,7	4,6 (2008)	6,3 (2008)	5,4	3,1 (2004)	4,3 (2008)
3	1,27	2,82	1,1	–	0,85	–
96/	0,874/ 24	0,905/ 9	0,698/ 94	0,582/ 130	0,699/ 92	0,698/ 96
7	36	28,3	40,8	40,9	39,7	–
78/	0,856/ 32	0,928/ 9	0,645/ 109	0,447/ 146	0,583/ 120	0,652/ 106
4	67,8	91,3	33,5	20,1	27,1	36,3
70/	0,124/ 15	0,085/ 7	0,293/ 45	0,510/ 104	0,443/ 77	0,412/ 71
3	24,5	19,7	–	–	72,4 (2006)	–
[illegible]	596	510	76 (2008)	5,3 (2007)	95	74
2	7 7,16	10 9,65	2 1,8	2 1,13	4 3,39	3 3,21

	Jahr	Spanien	Griechenland	Zypern	Israel
MOBILITÄT & KOMMUNIKATION					
Internet-Nutzer (je 100 Einwohner)	**2010**	65,8	44,4	53	67,2
Mobilfunkverträge (je 100 Einwohner)	**2010**	112	108,2	93,7	133,1
Facebook-Nutzer – gesamt (in 1.000) – (in Prozent der Bevölkerung)	**2012**	15.895 34,18	3.764 35,01	543 49,24	3.578 48,65
Flüchtlinge und Personen in flüchtlingsähnlichen Situationen – (absolute Zahlen) – (pro 1.000 Einwohner)	**2010**	3.820 0,08	1.444 0,13	3.394 3,09	25.13 3,31
POLITISCHE KULTUR					
Freedom House Rating (1 – 7)	**2012**	1,0	2,0	1,0	1,5
Korruptionsindex (Rang / Index 0 – 10)	**2011**	31/ 6,2	80/ 3,4	30/ 6,3	36/ 5,8
Politische Teilhabe (Index 0 = niedrigster Rang, 100 = höchster)	**2010**	85,8	73,5	82,9	67,8

atien	Italien	Deutschland	Tunesien	Marokko	Türkei	Algerien
3	53,7	82	36,8	49	39,8	12,5
,5	149,6	127	106	100,1	84,9	92,4
0 1	21.680 37,32	23.656 28,75	3.088 29,16	4.698 14,86	31.260 40,18	3.681 10,64
	56.397 0,94	594.269 7,3	89 0,008	792 0,025	10.032 0,14	– –
	1,0	1,0	3,5	4,5	3,0	5,5
	69/ 3,9	14/ 8,0	73/ 3,8	80/ 3,4	61/ 4,2	112/ 2,9
7	75,8	92,9	10,4	28,4	43,1	18,5

	Jahr	Spanien	Griechen-land	Zypern	Israe
KLIMA & ENERGIE					
Kohlenstoffintensität (metr. t CO_2 pro 1.000 US-Dollar)	**2010**	0,27	0,37	0,49	0,43
Netto Energieimporte (in Mtoe)	**2009**	110,69	22,18	2,91	19,4
Anteil erneuerbarer Energien an der Elektrizitätsproduktion (in Prozent), **Anteil Wasserkraft in Klammern**	**2009**	25,3 (9,1)	13,4 (8,8)	–	0,2 (0,1)
Anteil erneuerbarer Energien am Primärenergieverbrauch (in Prozent)	**2009**	9,6	6,4	3,9	5
Energieeffizienz der Wirtschaft (Kaufkraft in 2005 US-Dollar pro kg Öläquivalent)	**2009**	9,8	9,6	8,2	8,8
Ölrenten (in Prozent des BIP)	**2010**	0	0	0	0

Quellen:
UNDP, UN University, Eurostat, Statistisches Bundesamt, CIA Factbook, Socialbakers, Freedom House, Tra
US Energy Information Agency, The Economist

atien	Italien	Deutsch-land	Tunesien	Marokko	Türkei	Algerien
	0,24	0,27	0,46	0,47	0,47	0,92
9	141,21	202,94	1,60	14,84	70,25	-111,67
,3)	24 (17)	16 (3,2)	1 (0,25)	14 (12)	19,6 (18,5)	0,75 (0,75)
9	9,7	8,7	14,2	4,9	10,2	0,2
	9,8	8,3	9,5	8,8	8,6	6,5
	0,1	0	4,4	0	0,2	17,6

national, Weltbank, Schröder, Industrielle Arbeitskosten (2010), UNHCR, IEA,

Literatur zum Nach- und Weiterlesen

Zur Einleitung

Das Buch ist seit 2008 entstanden, führt aber auf eine weit längere Befassung mit der Politik, Ökonomie und Kultur der Mittelmeerregion zurück (Claus Leggewie/Marios Nikolinakos (Hrsg.), *Europäische Peripherie. Zur Frage der Abhängigkeit des Mittelmeerraumes von Westeuropa, Tendenzen und Entwicklungsperspektiven*, Meisenheim/Glan 1975), darunter zwischen 1977 und 1994 Forschungsaufenthalte in Algerien und weitere, in Kapitel III reflektierte Aufenthalte in Israel, (Ex-)Jugoslawien und der Türkei. Die Beschäftigung mit Fragen der Klima- und Energiepolitik als Mitglied im Wissenschaftlichen Beirat der Bundesregierung Globale Umweltveränderungen (WBGU) führte zur Skizze einer euro-mediterranen Energieunion in einer Außenansicht der *Süddeutschen Zeitung* (25. Oktober 2011), die auf breite Resonanz gestoßen ist. Den letzten Anstoß zur Ausformulierung gab ein Seminar zum Thema »Euro-arabische Energieunion« an der Universität Witten-Herdecke, das mir exemplarisch das große Interesse an der europäischen Zukunft auch in der jungen Generation gezeigt hat.

Für wertvolle Hilfe danke ich außerdem den Kollegen Manuel Borutta, Norbert Jegelka, Otto Kallscheuer, Dirk Messner und wie immer meinen engsten Mitarbeitern Anne Kroh, Jan Schuster, Marcel Siepmann und Bernd Sommer sowie den Mitgliedern des Graduiertenkollegs »Demokratie und Klimawandel« der Hans-Böckler-Stiftung am Kulturwissenschaftlichen Institut. Eine große Hilfe war die Vorbereitung des Gutachtens »Die Blaue Revolution«, das der WBGU 2013 vorlegen wird, ebenso die Vorbereitung des Käte Hamburger-Kollegs »Politische Kulturen der Weltgesellschaft« an der Universität Duisburg-Essen. In diesem Rahmen wird die Thematik weitergeführt und eine erweiterte englischsprachige Fassung des Buches entstehen.

Die Sozial- und Kulturwissenschaften kümmern sich wieder um das Mittelmeer. Zu erwähnen sind das *Zentrum für Mittelmeerstudien* der Ruhr-Universität Bochum, David Abulafias souveräne Synopsen *The Mediterranean in History*, London 2003 (als Hrsg.), und *The Great Sea. A Human History of the Mediterranean*, London 2011, sowie die grundlegende Studie von Peregrine Horden und Nicholas Purcell, *The Corrupting Sea. A Study of Mediterranean History*, Malden 2000, beide mit unschlagbaren Bibliografien; zudem erscheinen in Kürze *The Liquid Continent: A Study of Mediterranean History,* London 2012, und ein *Blackwell Companion to Mediterranean History.*

Das Interesse der Politikberatung und außenpolitischen Denkfabriken war in den letzten Jahren vergleichsweise gering, hervorzuheben ist aber die Berliner Stiftung Wissenschaft und Politik (SWP) vor allem für ihre Arbeit über den und im arabischen Raum (*Süddeutsche Zeitung*, 25. Juli 2012). Das Auswärtige Amt hat hierzu ein Forschungsprojekt vergeben (Muriel Asseburg / Heiko Wimmen, *Elite Change and New Social Mobilization in the Arab World*, Berlin 2012) und engagiert sich in der Wahlbeobachtung, bei der Verfassungsreform und der Organisation Nationaler Dialoge. Im August 2011 wurde mit Volkmar Wentzel ein erster Beauftragter für die arabische Welt ernannt; für 2012 / 13 hat das AA 100 Millionen Euro u. a. für die »Stabilisierung des Demokratisierungsprozesses«, die »Stärkung der Zivilgesellschaft« und die »Unterstützung guter Regierungsführung« bereitgestellt sowie 30 Millionen Euro für Projekte deutscher und internationaler NGO. Unterstützt wird damit auch die wichtige Arbeit der politischen Stiftungen und der Goethe-Institute in der Region.

Zum Krisenintegrationsmodus der Europäischen Union schrieben Andreas Wirsching, *Der Preis der Freiheit. Geschichte Europas in unserer Zeit*, München 2012, sowie Monika Eigmüller / Steffen Mai (Hrsg.), *Gesellschaftstheorie und Europapolitik. Sozialwissenschaftliche Ansätze zur Europaforschung*, Wiesbaden 2010. Zur Kapitalismuskritik greife ich zurück auf jüngere Beiträge von Wolfgang Streeck (z. B. How to Study Contemporary Capitalism? *European Journal of Sociology*, 53, 2012, No. 1, 1–28, und Die Fiskalkrise und die Einheit Europas (mit Jens Beckert), *Aus Politik und Zeitgeschichte*, 4 / 2012, 7–17), aber auch auf Anregungen durch David Graeber, *Kampf dem Kamikaze-Kapitalismus. Es gibt Alternativen zum herrschenden System*, München 2012, und sein Werk *Schulden: Die ersten 5000 Jahre*, Stuttgart 2012, ferner auf die Beiträge in Klaus Kraemer / Sebastian Nessel (Hrsg.), *Entfesselte Finanzmärkte. Soziologische Analysen des modernen Kapitalismus,* Frankfurt am Main 2012; siehe auch die Literatur zum Ausblick.

Zum I. Kapitel

»Abschied vom Süden« war der Aufmacher der ZEIT vom 26. Juli 2012. Zur Entstehung des Akronyms PIGS in der Lokalpolitik Gibraltars: Dieter Haller, *Gelebte Grenze Gibraltar. Transnationalismus, Lokalität und Identität in kulturanthropologischer Perspektive*, Wiesbaden, 155f. Zur Exit-Option grundlegend: Albert O. Hirschman, *Abwanderung und Widerspruch. Reaktionen auf Leistungsabfall bei Unternehmungen, Organisationen und Staaten,* Tübingen 1974. Zur jüngsten Eurokrise gibt es naturgemäß noch keine wissenschaftlichen Aufarbeitungen, ich habe mich auf die laufende Berichterstattung in der nationalen und internationalen Wirtschaftspresse, wie den *Economist,* gestützt und auf Beiträge in den *Blättern für deutsche und internationale Politik.* Zur ökonomischen Lage in Südeuropa lässt sich der Default-Index des *Centrums für Europäische Politik* heranziehen, ferner die Studie von G. Semieniuk et al., *Nothing Learned from the Crisis? Reducing Economic Imbalances in the Euro Area*, Düsseldorf, Oktober 2011 (www.boecklerimpuls.de). In Griechenland, Spanien und Italien sind (selbst)kritische Analysen, leider Mangelware, vgl. aber Georgios Prevelakis, *Finis Greciae or the Return of the Greeks? State and Diaspora in the Context of Globalisation*, Paris, Ms. o.J., und ders., Greece: The history Behind the Collapse, *Eurozine,* oder die Arbeiten von

Vincenc Navarro (http://www.vnavarro.org), darunter: The Urban, Economic, and Social Consequences of the Spanish Real Estate Model, dazu auch Paul Ingendaays Artikel: Der Stolz der Demütigen, *Frankfurter Allgemeine Zeitung,* 12. Juni 2012, und Ramón González Férriz, Talking about my Generation, *Eurozine*, 10. Mai 2012. Zu Italiens Staatsverschuldung Bill Emmott, *Good Italy, Bad Italy. Why Italy Must Conquer its Demons to Face the Future*, New Haven 2012, zu den vertanen Berlusconi-Jahren Guido Crainz, *Autobiografia di una repubblica. Le radici dell'Italia attuale*, Rom 2009, und Paul Ginsborg/Enrica Asquer, *Il berlusconismo. Analisi di un sistema di potere*, Rom 2011.

Die Fantasielosigkeit des konservativ-liberalen Lagers ist fatal, vgl. etwa Otmar Issing, Europa in Not – Deutschland in Gefahr, *Frankfurter Allgemeine Zeitung,* 12. Juni 2012, Thilo Sarrazin, Geburtsfehler Maastricht, *Frankfurter Allgemeine Zeitung,* 17. Juli 2012, oder Peter Gauweiler, Alles so großtuerisch, so herzlos und leer!, *Frankfurter Allgemeine Zeitung,* 1. August 2012. Eine kritische Analyse der Austerity-Politik findet man in neueren Politikpapieren der Friedrich Ebert-Stiftung, etwa Gero Maass/Winfried Veit, Kerneuropa, weiche Schale(n), harter Kern, März 2012, Mechthild Schrooten, Europäische Schuldenbremse, Mai 2012, Matthias Kollatz-Ahnen, Ein Wachstumsprogramm für Europa, Juni 2012, Stephan Schulmeister, Ein New Deal für Europa, Juni 2012, und Lothar Mentel/Axel Schäfer, Die Währungsunion in der Krise, Juli 2012. Interessant auch Yanis Varoufakis, *Der globale Minotaurus. Amerika und die Zukunft der Volkswirtschaft*, München 2012, und Daron Acemoglu/James Robinson, *Why Nations Fail. The Origins of Power, Prosperity and Poverty,* New York 2012. Unreflektierte Wachstumspostulate brachte Paul Krugman vor: *End this Depression. Now!*, New York 2012 und http://krugman.blogs.nytimes.com/2012/02/18/austerity-and-growth. Den »Herkulesplan« für Europa fordert Rudolf Hickel in *die tageszeitung*, 28. Juni 2012, ein Rettungsprogramm für den Euro präsentiert Christian Felber, APuZ 13/2012, 29 ff. Die Debatte wird in Deutschland z. B. von Reinhard Loske und Ralf Fücks geführt (*die tageszeitung*, 20. Juni 2012). Zustimmen kann ich Sven Giegold »Mehr falsches Wachstum verschärft die Krise«, Interview in: *die tageszeitung*, 1. Juni 2012.

Zur Rentenökonomie vgl. Michael Dauderstädt/Arne Schildberg (Hrsg.), *Dead Ends of Transition: Rentier Economies and Protectorates*, Bonn 2006, Florian Meyer, *Zur Bedeutung von Renteneinnahmen für die politische und ökonomische Entwicklung der MONA-Region*, Bonn o. J., und Andreas Boeckh/Peter Pawelka (Hrsg.), *Staat, Markt und Rente in der internationalen Politik*, Opladen 1997, ferner Hartmut Elsenhans, *Kapitalismus global. Aufstieg – Grenzen – Risiken*, Stuttgart 2012, und ders., *Das internationale System zwischen Zivilgesellschaft und Rente*, Münster u. a. 2001. Zu ergänzen sind Thomas Richter, Materielle Ressourcen und der Beginn orthodoxer Wirtschaftsreformen in Marokko, Tunesien, Ägypten und Jordanien. Der Rentierstaatsansatz unter Anpassungsdruck?, in: Martin Beck et al. (Hrsg.): *Der Nahe Osten im Umbruch. Zwischen Transformation und Autoritarismus*, Wiesbaden 2010, S. 50–77, Matthias Basedau/Wolfram Lacher, *A Paradox of Plenty? Rent Distribution and Political Stability in Oil States*, Hamburg 2006, Andreas Heinrich/Heiko Pleines (Hrsg.), The Rentier State – Relevance, Scope and Explanatory Power of a Four-Decades-Old Paradigm, in: *Challen-*

ges of the Caspian Resource Boom, London 2012. Zu »Peak Oil« beziehungsweise dem Problem des Globalen Ölfördermaximums: Colin J. Campbell u. a., *Ölwechsel! Das Ende des Erdölzeitalters und die Weichenstellung für die Zukunft*, München 2007, für den hier vor allem interessierenden Zusammenhang vgl. Aviel Verbruggen/Mohamed Al Marchohi, *Views on* Peak Oil *and its Relation to Climate Change Policy*, Oxford 2010.

Eine Variante der Rentenökonomie sind die sogenannten »remittances«, Rücküberweisungen von Arbeitsmigranten in ihre Herkunftsländer. Ihre entwicklungsförderliche Wirkung ist in der Literatur umstritten, vor allem ersetzen sie keine (ausländischen) Direktinvestitionen, und wichtig ist, dass sie nicht nur in den raschen Verbrauch von Konsumgütern oder in spekulative Immobilien fließen, sondern auch für Bildung und Infrastruktur verwendet werden, dazu FEMIP, *Study on Improving the Efficiency of Workers' Remittances in Mediterranean Countries. European Investment Bank*, Rotterdam 2008, B. Hoekman/C. Özden, *The Euro-Mediterranean Partnership: Trade in Services as an Alternative to Migration*? Washington 2009, speziell für die Türkei: A. Tansel/P. Yaşar, Macroeconomic Impact of Remittances on Output Growth: Evidence from Turkey, *Migration Letters*, Vol. 7 (2) (2010), 132–143, M. S. Tosun, *Demographic Divide and Labor Migration in the Euro-Mediterranean Region*, Bonn 2011, und H. Ulku, Hulya, *Remitting Behaviour of Turkish Migrants: Evidence from Household Data in Germany*, Manchester 2010.

Geschichten von jugendlichen Krisenverlierern und Auswanderern aus südeuropäischen Ländern hat unter anderem Paul Ingendaay in der *Frankfurter Allgemeinen Zeitung* dargelegt, auch gegen nassforsche Inanspruchnahmen der südlichen Peripherie als Arbeitskräftelieferant. Zur Jugendarbeitslosigkeit vgl. DIE ZEIT, 31. Mai 2012, und die Darlegung der Forschungsproblematik durch Hans Dietrich, *Youth Unemployment in Europe. Theoretical Considerations and Empirical findings*, Bonn 2012.

Zur »Arabellion« gibt es eine große Zahl von Reportagen und Analysen, vgl. nur Muriel Asseburg (Hrsg.), *Proteste, Aufstände und Regimewandel in der arabischen Welt*, Berlin, Michael Lüders, *Tage des Zorns*, München 2011, Volker Perthes, *Der Aufstand. Die arabische Revolution und ihre Folgen*, München 2011, sowie Michael Thumann, *Der Islam-Irrtum. Europas Angst vor der muslimischen Welt*, Frankfurt am Main 2011. Eine wichtige Debatte entfachte die Frage, ob Oliver Schlumberger (Hrsg.), *Debating Arab Authoritarianism. Dynamics and Durability in Nondemocratic Regimes*, Stanford 2007, die Demokratiepotenziale der Region nicht unterschätzt habe, dazu auch Martin Beck et al. (Hrsg.), *Der Nahe Osten im Umbruch. Zwischen Transformation und Autoritarismus,* Wiesbaden 2010. Worst-Case-Szenarien präsentieren Volker Perthes/Barbara Lippert (Hrsg.), Ungeplant ist der Normalfall. Zehn Situationen, die politische Aufmerksamkeit verdienen, *SWP-Studie* 32, November 2011, Berlin, u.a. zum Ausfall saudischer Öllieferungen, zum Bau von AKW in der arabischen Welt und zu Chancen des arabischen Frühlings für den globalen Dschihad. Eine entsprechende Best-Case-Analyse vermisst man. Zu den Versäumnissen der EU-Außenpolitik Marco Overhaus, Lücken im Instrumentenkasten, *SWP-aktuell* 18/2011, und Annette Jünemann, Europa und der Arabische Frühling. Kritische Anmerkungen zur Lernfähigkeit der Europäischen Union, *Friedenswarte* 87 (2012), 1, 95–119. Zur

Frage »Wer sind die Salafisten?« Guido Steinberg, *SWP-aktuell,* 28/2012 und *Süddeutsche Zeitung,* 17. April 2012. Zur Rolle der Türkei: Bertelsmann Stiftung (Hrsg.), *Europe, Turkey and the Mediterranean Fostering Cooperation and Strengthening Relations,* Gütersloh 2012. Einen guten Eindruck vom schwierigen postrevolutionären Alltag in Ägypten (mit Verarmung, Kriminalität, sexueller Anmache und Minderheitenverfolgung) gibt die Reportage von Christoph Ehrhardt in *Frankfurter Allgemeine Zeitung,* 15. Juni 2012. Zur sogenannten Facebook-Revolution kritisch Jan Hanrath/Claus Leggewie, Revolution 2.0? Die Bedeutung digitaler Medien für politische Mobilisierung und Protest, in: *Globale Trends* 2012 (i. E.) und Dima Tarhini, *Inside The Arab Bloggers' Mind. Europe, Democracy and Religion,* SWP WP, Berlin 2011.

»Eurabia« war ein ursprünglich positiver Neologismus für die europäisch-arabische Zusammenarbeit, der durch rechtspopulistische und islamophobe Gruppen negativ gewendet wurde, vor allem durch die unter dem Pseudonym Bat Ye'Or schreibende Publizistin Gisele Littman. Auch im Manifest des norwegischen Massenmörders Anders Behring Breivik, *2083: A European Declaration of Independence,* und bei Peder Are Nøstvold Jensen (Fjordman) ist Eurabia ein Zentralbegriff; kritisch dazu M. Carr, You are now entering Eurabia. *Race & Class,* 48, 1, doi:10.1177/0306396806066636. Ich erlaube mir, den Begriff zurückzuentwenden. Die »Pirenne-These« des belgischen Historikers Henri Pirenne, in *Mahomet et Charlemagne* (1937, dt. Stuttgart/Zürich 1987), die besagt, dass die kulturelle und wirtschaftliche Einheit der antiken Mittelmeerwelt durch die islamische Expansion im 7. und frühen 8. Jahrhundert zerstört worden sei, kann als weitgehend widerlegt gelten, vgl. Richard Hodges/David Whitehouse, *Mohammed, Charlemagne and the Origins of Europe. Archaeology and the Pirenne Thesis*, Ithaca (NY) 1983. Indirekt aufgenommen und globalisiert wurde sie von Samuel P. Huntington, *Der Kampf der Kulturen*, Wien 1996, dagegen jüngst Husain/Fleming (s. II. Kapitel) mit interessante Fallstudien.

Zum Thema europäische Flüchtlingspolitik kritisch Transit Forschungsgruppe (Hrsg.), *Turbulente Ränder. Neue Perspektiven auf Migration an den Grenzen Europas*, Bielefeld 2007, Sabine Riedel, Illegale Migration im Mittelmeerraum, *SWP-Studie* 10. April 2011, Berlin, Silja Klepp, *Europa zwischen Grenzkontrolle und Flüchtlingsschutz. Eine Ethnographie der Seegrenze auf dem Mittelmeer*, Bielefeld 2011, und Francesca Falk, *Eine gestische Geschichte der Grenze. Wie der Liberalismus an der Grenze an seine Grenzen kommt*. München 2011. Zuletzt die Mitteilung des UNHCR vom 31. Januar 2012, vgl. auch die laufende Presseschau des Vereins *borderline-europe – Menschenrechte ohne Grenzen* sowie Ben Hayes/Mathias Vermeulen, *Borderline. EU Border Surveillance Initiatives*, Berlin 2012. Zum Thema Grenze als »soziologische Tatsache, die sich räumlich formt«, ist der Bezug auf Georg Simmels *Soziologie* (1908) naheliegend. In der Raumsoziologie muss die »liquide« Grenze auf den Meeren noch genauer diskutiert werden. Zu Europas fluiden Grenzen vgl. Georg Kreis, *Europa und seine Grenzen*, Bern 2004, und Wolfgang Schmale, *Geschichte und Zukunft der Europäischen Identität*, Stuttgart 2008. Höchst lesenswert sind das Interview mit Abbas Khider, »Die fremde Sprache bedeutet Freiheit«, *Eurozine*, 31. Juli 2012, und Mathias Énard: *Zone*, aus dem Französischen von Holger Fock und Sabine Müller, Berlin 2010, rezensiert von Jürgen Ritte, in: *Neue Zürcher Zeitung,* 24. November 2010, sowie Katharina Teutsch, in: *Frankfurter Allgemeine Zeitung*, 29. Oktober 2010.

Zum II. Kapitel

Fernand Braudels dreibändiges Werk *Das Mittelmeer und die mediterrane Welt in der Epoche Philipps II.*, Frankfurt am Main 1990, und die »Erfindung des Mittelmeers« ordnen ein Marie-Noelle Bourget et al. (Hrsg.), *L'invention scientifique de la Méditerranée,* Paris 1998, und Jean-Claude Izzo / Thierry Fabre (Hrsg.), *La Méditerranée française*, Paris 2000. Der deutsche Klassiker ist Ernst Kornemann, Hermann Bengtson (Hrsg.), *Weltgeschichte des Mittelmeerraumes. Von Philipp II. von Makedonien bis Muhammed,* 2. Auflage, München 1967 und 1977. Aus der Sicht der neueren Globalgeschichte: Jörn Leonhardt / Ulrike von Hirschhausen (Hrsg.), *Comparing Empires. Encounters and Transfers in the Long-Nineteenth Century,* Göttingen 2011, und Jürgen Osterhammel, *Die Verwandlung der Welt. Eine Geschichte des 19. Jahrhunderts*, München 2009, dort auch zu Land und Meer, 155 ff. Zum allgemeinen Hintergrund: Janet L. Abu-Lughod, *Before European Hegemony. The World System A.D. 1250 – 1350*, Oxford 1989, und William H. McNeill, *The Rise of the West. A History of the Human Community*, Chicago 1991. Zur Geschichte auch Jean Carpentier / François Lebrun (Hrsg.), *Histoire de la Mediterranée,* Paris 2001, zu einzelnen Phasen beispielsweise André Nouschi, *La Mediterranée au 20ième siècle*, Paris 1999, Manuel

Borutta/Sakis Gekas (Hrsg.), *A Colonial Sea: The Mediterranean 1798–1956* (*European Review of History*, 17 [2012], H. 1). Wichtig sind auch Adnan A. Husain/K. E. Fleming (Hrsg.), *A Faithful Sea. The Religious Cultures of the Mediterranean, 1200–1700,* Oxford 2007, F. Tabak, *The Waning of the Mediterranean 1550–1870: A Geohistorical Approach*, New Haven 2001, Alexander Cowan, *Mediterranean Urban Culture 1400–1700,* Exeter 2000, sowie Maria Fusaro, Colin Heywood und Mohamed-Salah Omri, *Trade and Cultural Exchange in the Early Modern Mediterranean: Braudel's Maritime Legacy*, London 2010, und Odile Goerg/Anna Pondopoulo (Hrsg.), *Islam et sociétés en Afrique subsaharienne à l'épreuve de l'histoire. Un parcours en compagnie de Jean-Louis Triaud*, Paris 2012. Ferner Christopher Bayly/Leila Tarazi Fawaz (Hrsg.), *Modernity and Culture: From the Mediterranean to the Indian Ocean*, New York 2002.

Viele Interpreten des Mittelmeerraums von Dido und Homer bis Jacques Derrida und Huda Shaarawi versammelt die Anthologie von Miriam Cooke et al., *Mediterranean Passages: Readings from Dido to Derrida*, Chapel Hill 2008, darin auch Franco Cassano, Mediterranean Thinking, 367 ff. Zu nennen sind hier natürlich Paul Valéry (*Le Centre universitaire Méditerranéen*, Nizza 1960) und Albert Camus (»La pensée de midi« in: *L'Homme revolté*, Paris 1950, und *Die Hochzeit des Lichts / Heimkehr nach Tipasa. Mittelmeer-Essays*, Neuwied 1993). Eine Anthologie der religiösen Virtuosen einer Region fehlt meines Wissens, vgl. aber A. Husain/K. E. Fleming, *A Faithful Sea: Religious Cultures of Mediterranean*, Oxford 2007. Zum Mythos des Südens Frithjof Benjamin Schenk/Martina Winkler (Hrsg.), *Der Süden: Neue Perspektiven auf eine europäische Geschichtsregion*, Frankfurt am Main 2007, und Dieter Richter, *Der Süden – Geschichte einer Himmelsrichtung*, Berlin 2009. Jüngere Beispiele, etwa Gustav Seibt, Armes Mittelmeer, Sebastian Schoepp, Die Stärke des Südens, Andreas Zielcke, Was wir ihnen schulden, und Birgit Schönau, Der Süden, alle in der *Süddeutschen Zeitung* (1. August 2011, 9., 14. und 16. Juni 2012). Für Ethnografen werden soziale Räume und Richtungen symbolisch produziert, dazu Akhil Gupta/James Ferguson, Beyond Culture: Space, Identity and the Politics of Difference, *Cultural Anthropology* 7 (1992), No. 1, 6–23, und Michael Herzfeld, *Anthropology: Theoretical Practice in Culture and Society*, Hoboken/NJ 2001, Christian Bromberger, *L'anthropologie de la Méditerranée*, Aix-en-Provence/Paris 2001, und Ina-Maria Greverus et al., The Mediterraneans: Reworking the Past, Shaping the Present, Considering the Future, *Anthropological Journal on European Cultures*, Münster 2002.

Zur Ökologie grundlegend: A. Grove/O. Rackham, *The Nature of Mediterranean Europe. An Ecological History*, New Haven 2001, und J. Donald Hughes, *The Mediterranean. An Environmental History*, Santa Barbara 2005, sowie Robert Hofrichter, *Das Mittelmeer*, 2 Bde., Heidelberg 2002 und 2006, Matthias Bergbauer/Bernd Humberg, *Was lebt im Mittelmeer?*, Stuttgart 1999, Andreas Bärtels, *Pflanzen des Mittelmeerraumes*, Stuttgart 2003, sowie Horst-Günter Wagner, *Mittelmeerraum. Geographie, Geschichte, Wirtschaft, Politik*, 2. Auflage, Darmstadt 2011. Zur mediterranen Küche außer den Kochbüchern (bei den Lesern) daheim: E. David, *A Book of Mediterranean Food*, London 1950. Zum Mythos Meer: Alain Corbin, *Meereslust. Das Abendland und die Entdeckung der Küste*, Frankfurt am Main 1994, und Michel Mollat du Jourdin, *Europa und das Meer*, München 1993, sowie hier Hans Blumenberg, *Schiffbruch mit Zuschauer. Paradigma einer Daseinsmetapher*, Frankfurt am Main 1979 (Zitat: 118 f.)

Zu den Erdgasreserven etwa die Reportage aus Zypern von Michael Martens, Geliebte, umstrittene Aphrodite, *Frankfurter Allgemeine Zeitung*, 24. Juli 2012, und allgemein der Special Report *Economist*, 14. Juli 2012. Die Allmende-Problematik bei Garrett Hardin, The Tragedy of the Commons, *Science* 1968, 1243–1248, sowie Elinor Ostrom, *Die Verfassung der Allmende: Jenseits von Markt und Staat*, Tübingen 1999 und ihre Nobelpreis-Rede 2009.

Zur antiken Polis natürlich Christian Meier, etwa *Athen. Ein Neubeginn der Weltgeschichte*, München 1995, und Cowan (2000). Zu den Hafenstädten Çaglar Keyder et al., Port-Cities in the Ottoman Empire: Some Theoretical and Historical Perspectives, *Review*, Themenheft *Port-Cities of the Eastern Mediterranean 1800–1914*, Bd. 16 (1993), H. 4, inspirierend auch Julia Ann Clancy-Smith, *Mediterraneans. North Africa and Europe in the Age of Migration, 1800–1900*, Berkeley 2010, sowie Malte Fuhrmann, Meeresanrainer – Weltbürger? Zum Verhältnis von hafenstädtischer Gesellschaft und Kosmopolitismus, *Comparativ* 17 (2007), 12–26.

Zum III. Kapitel

Zur Grand Tour vgl. etwa Joseph Imorde/Jan Pieper (Hrsg.), *Die Grand Tour in Moderne und Nachmoderne*, Tübingen 2008. Eine moderne Grand Tour unternahm der amerikanische

Reiseschriftsteller Paul Theroux, *The Pillars of Hercules. A Grad Tour of the Mediterranean,* London 1995, vgl. auch das aus einer TV-Serie hervorgegangene Buch von David Attenborough, *The First Eden. The Mediterranean World and Man*, London 1987, ferner Scipione Guarracino, *Mediterraneo. Immagini, storie e teorie da Omero a Braudel,* Milano 2007. Wichtig auch Bernhard Klein und Gesa Mackenthun (Hrsg.), *Das Meer als kulturelle Kontaktzone: Räume, Reisende, Repräsentationen*, Konstanz 2003.

Zu Haifa stütze ich mich auf Yfaat Weiss, *Verdrängte Nachbarn. Wadi Salib – Haifas enteignete Erinnerung*, Hamburg 2012, jüngst zu Wadi Salib ein *Ha'aretz*-Artikel von Shanee Shiloh vom 2. April 2012. Zum israelisch-arabischen Konflikt (siehe auch Kap. IV) folge ich Dan Diner, *Zeitenschwelle. Gegenwartsfragen an die Geschichte*, München 2010, 67 ff., vgl. auch Tom Segev, *Es war einmal ein Palästina – Juden und Araber vor der Staatsgründung Israels,* 4. Auflage, München 2000, sowie zuletzt Tamar Amar-Dahl, *Das zionistische Israel. Jüdischer Nationalismus und die Geschichte des Nahostkonflikts*, Paderborn 2012, sowie Diana Pinto, *Israel a démenagé,* Paris 2012. Alternativen zum binationalen Staat analysieren Tony Judt, Israel: The Alternative, *New York Review of Books*, 23. Oktober 2003, http://www.nybooks.com/articles/archives/2003/oct/23/israel-the-alternative/ und Edward Said, *The End of the Peace Process: Oslo and After*, London 2000. Zur Israel- Lobby schrieb Tony Judt in der *New York Times* vom 19. April 2006, unter Bezug auf John Mearsheimer und Stephen Walt, The Israel Lobby, *London Review of Books,* Vol. 28, No. 6, 23. März 2006, 3–12. Als Vermächtnis: Tony Judt, Edge people, *New York Review of Books*, 13. Mai 2010, jetzt in: *Das Chalet der Erinnerungen,* München 2012.

Die Geschichte von Dubrovnik bei Francis W. Carter, *Dubrovnik (Ragusa). A Classic City-state*, London/New York 1972, und Robin Harris, *Dubrovnik. A History*, London 2003. Eine gute Analyse des Jugoslawienkriegs findet man bei Marie-Janine Calic, *Geschichte Jugoslawiens im 20. Jahrhundert,* München 2010, zur kroatischen Geschichte beziehe ich mich auf Marcus Tanner, *Croatia. A Nation Forged in War,* New Haven 2009. Die Reportage Christopher Longs zu dem Rettungsschiff für Dubrovnik findet man noch unter http://www.christopher long.co.uk/pri/sladub.html. Literarische Anthologien haben Nenad Popovic, *Kein Gott in Susedgrad. Neue Literatur aus Kroatien,* Frankfurt am Main 2008, und Richard Swartz, *Der andere nebenan – Eine Anthologie aus dem Südosten Europas*, Frankfurt am Main 2007, herausgebracht. Die Romane der in Deutschland lebenden Kroatin Marica Bodrozic, *Tito ist tot* (2002) und *Der Windsammler* (2007) sind bei Suhrkamp erschienen.

Zu Algier sind zu empfehlen Celik Zeynap et al. (Hrsg.), *Walls of Algiers. Narratives oft he City through Text and Image,* Seattle 2009, und die Fotobände von Mathias von Graffenried, *Algerien. Der Traum von der Demokratie*, Bern 1993, und *Algerien. Der unheimliche Krieg*, Bern 1998. Lesenswert sind auch Pierre Bourdieus *Algerische Skizzen*, Frankfurt am Main 2010, und Benjamin Stora, *Histoire de l'Algérie coloniale,* Paris 2004. Die Romane von Boualam Sansal sind im Merlin Verlag Hamburg erschienen, darunter *Das verrückte Kind aus dem hohlen Baum* (2002), *Der Schwur der Barbaren* (2003), *Erzähl mir vom Paradies* (2004), *Harraga* (2007), *Poste restante: Alger* (2008). In Deutschland am bekanntesten wohl *Das Dorf des Deutschen oder das Tagebuch der*

Brüder Schiller (2009), zuletzt erschienen ist *Rue Darwin* (2012). Für diesen Abschnitt besonders wichtig ist *Postlagernd: Algier. Zorniger und hoffnungsvoller Brief an meine Landsleute*, gefolgt von *Unser Herz schlägt in Tunis. Vier Essays und ein Interview aus Anlass des arabischen Frühlings* (2011). Algeriens politische Verhältnisse kommentiert laufend www.algeria-watch.org.

Zur Stadtgeschichte Konstantinopels/Istanbuls empfehle ich Stéphane Yerasimos, *Konstantinopel. Istanbuls historisches Erbe*, Potsdam 2009, Klaus Kreiser, *Geschichte Istanbuls. Von der Antike bis zur Gegenwart*, München 2010, und Orhan Esen/Stephan Lanz, *Service City: Istanbul*, Berlin 2005/07. Die Romane von Elif Shafak sind im Frankfurter Eichborn Verlag erschienen: *Spiegel der Stadt* (2004), *Die Heilige des nahenden Irrsinns* (2005), *Der Bastard von Istanbul* (2007), *Der Bonbonpalast* (2008).

Karthagos Kulturgeschichte erzählen Collette und Gilbert Charles-Picard, *Karthago. Leben und Kultur*, Stuttgart 1983, und Winfried Elliger, *Karthago. Stadt der Punier, Römer, Christen*, Stuttgart 1990, zur dortigen Biennale 2012: www.carthage contemporary.com und www.ismailbahri.lautre.net/. Einen Ausblick auf Marseille als Kulturhauptstadt 2013 gibt die *Frankfurter Allgemeine Zeitung*, 15. August 2012.

Zum IV. Kapitel

EU-Kommissar Stefan Füle ist zitiert nach http://euobser verom/9/3/31894. Zur Theorie der Europäischen Integration die Synthese von Antje Wiener/Thomas Diez, *European Integration Theory*, 2. Auflage, Oxford 2009, als Vertreter des liberalen Intergouvernementalismus Andrew Moravcsik, *Choice for Europe: Social Purpose and State Power from Messina to Maastricht*, Ithaca/NY 1998 (Zitat: 473), ferner Patrick Holden, A New Beginning? Does the Union for the Mediterranean Herald a New Functionalist Approach to Co-operation in the Region?, *Mediterranean Politics* 16 (2011), 1, 155–169. Aus historischer Sicht sind diese drei Aspekte zu beachten: die Überwindung der europäischen Teilung, die nicht nur zwischen dem Osten und Westen verlief, die Formierung einer europäischen Gesellschaft auf der Grundlage geteilter Werte und kollektiver Erinnerungsorte, konvergenter Sozialstrukturen und politischer Kulturen und eine inklusive Verfassungsgebung, dazu etwa Wilfried Loth (Hrsg.), *Das europäische Projekt zu Beginn des 21. Jahrhunderts*, Opladen 2005, und ders. (Hrsg.), *Entwürfe einer europäischen Verfassung. Eine historische Bilanz*, Bonn 2002.

Die Dokumente der UfM finden sich unter http://www.ufm secretariat.org/en/. Zum Verhältnis der EU zur Mittelmeerregion allgemein Esther Barbé/Anna Herranz-Surallès, *The Challenge of Differentiation in Euro-Mediterranen Relations. Flexible Regional Cooperation or Fragmentation*, London/New York 2012, Tarik Dahou et al. (Hrsg.), *Pouvoirs, sociétés et nature au Sud de la Méditerranée*, Paris/Tunis 2011, Joan Costa-Font (Hrsg.), *Europe and The Mediterranean Economy*, London/New York 2012. Aus maghrebinischer Sicht Hassane Zouiri, *Le partenariat euro-méditerranéen. Contribution au développement du Maghreb. Le cas du Maroc,* Paris 2010.

Der wirtschaftsgeografische Begriff der Region bzw. Subregion ist in den wissenschaftlichen Fächern nicht fest definiert. Vgl. allgemein Tanja A. Börzel, *States and Regions in the European Union*, Cambridge 2001, die Regionen innerhalb von Nationalstaaten und das »Europa der Regionen« im Auge hat, sowie Ludger Kühnhardt, *Region-Building, Vol. I: The Global Proliferation of Regional Integration* und *Vol. II: Regional Integration in the World: Documents,* Oxford, New York 2010, der supranationale Regionsbildungen analog zur EU behandelt.

Zur EU-Mittelmeerpolitik seit 1995 am besten das Themenheft *Aus Politik und Zeitgeschichte* (APuZ 45/2005) mit Beiträgen von Jünemann und Harders, 7–22, ferner Tobias Schumacher, *Die EU als internationaler Akteur im südlichen Mittelmeerraum,* Baden-Baden 2005. In Analogie zum KSZE-Prozess wurden drei »Körbe« bestimmt. Korb I: Politische und Sicherheitspartnerschaft unter Beachtung der Menschenrechte, der demokratischen Normen, des gesellschaftlichen Pluralismus, der territorialen Integrität sowie die gemeinsame Bekämpfung des Terrorismus und der organisierten Kriminalität sowie der Verbreitung von Massenvernichtungswaffen. Korb II (finanziell am besten ausgestattet): Wirtschafts- und Finanzpartnerschaft mit den Leitzielen: Unterstützung der nachhaltigen Entwicklung, Bekämpfung der Arbeitslosigkeit, Verbesserung der Lebensbedingungen und Reduzierung des Nord-Süd-Wohlstandsgefälles, Förderung regionaler Kooperation und wirtschaftliche Integration in den Partnerländern. Korb III:

Partnerschaft der Zivilgesellschaften im kulturellen, sozialen und menschlichen Bereich, Dialog der Kulturen, Förderung von Rechtsstaatlichkeit und Demokratie unter Einbeziehung der Zivilgesellschaften.

Die UfM bilanziert aus der Sicht des Jahres 2010 das Themenheft der Zeitschrift *Mediterranean Politics*, Bd. 16, H. 1, März 2011. Zur Position Spaniens als französischer Juniorpartner Richard Gillespie, »Adapting to French ›Leadership‹: Spain's Role in the Union for the Mediterranean«, *Mediterranean Politics* 16 (2011), 1, 59–78. Aus neuerer Sicht Annette Jünemann, Art. Mittelmeerpolitik, in: Jan Bergmann (Hrsg.) *Handlexikon der Europäischen Union*, Baden-Baden 2012, 664–667 (Zitat: 665), sowie zum arabischen Raum dies., Aus Fehlern lernen? Die europäische Mittelmeerpolitik und der »Arabische Frühling«, in: Martin Hofbauer und Thorsten Loch (Hrsg.), *Wegweiser zur Geschichte: Nordafrika*, Paderborn 2011, 279–297, und dies., Externe Demokratieförderung im südlichen Mittelmeerraum. Ein rollentheoretischer Erklärungsansatz für die Kluft zwischen Anspruch und Wirklichkeit in den EU-Außenbeziehungen, in: Martin Beck et al. (Hrsg.), *Der Nahe Osten im Umbruch. Zwischen Transformation und Autoritarismus*, Wiesbaden 2010. Zuletzt Nathalie Tocci, Pragmatisch statt bürokratisch. Empfehlungen für eine neue Mittelmeerpolitik der Europäischen Union, *Internationale Politik*, H. 4, 16–21 (Zitate: 20), und Almut Möller, Was kommt nach dem »Euro-Sprech«?, *Internationale Politik*, Mai/Juni 2011, 105–109.

Zur Europäischen Nachbarschaftspolitik ENP Katrin Böttger, *Die Entstehung und Entwicklung der Europäischen Nachbarschaftspolitik. Akteure und Koalitionen*, Baden-Baden 2010. Die nach Subregionen unterschiedenen Programme (TACIS für die östlichen Staaten und Russland, MEDA für die Länder im südlichen Mittelmeerraum) sowie die Europäische Initiative für Demokratie und Menschenrechte (EIDHR) wurden im Januar 2007 im Europäischen Nachbarschafts- und Partnerschaftsinstrument (ENPI) zusammengefasst. Die *Priority Projects* bzw. *Key Initiatives* finden sich unter http://eeas.europa.eu/euromed/index_en.htm. Zum speziellen Versagen der EU in der arabischen Welt schreibt Annette Jünemann, *Friedenswarte*, Heft 1 (2012), 95–120 (Zitate: 98). Zitat Diner, *Schwellenzeiten*, 89. Für einen komplexen Sicherheitsbegriff plädieren Fabrizio Tassinari, *Values Promotion and Security Management in Euro-Mediterranean Relations: »Making Democracy Work« or »Good-enough Governance«?*, Kopenhagen (CDR) 2010, und Pinar Bilgin et al., *European Security Practices vis-à-vis the Mediterranean. Implications in Value Terms*, Kopenhagen 2011. Zur Demokratieförderung kritisch A. Jünemann/T. Knodt (Hrsg.), *The EU as an External Democracy Promoter. Die externe Demokratieförderung der EU*, Baden-Baden 2007, und Thomas Demmelhuber, *EU-Mittelmeerpolitik und der Reformprozess in Ägypten*, Baden-Baden 2009. Kritische neue Analysen von Sandra Lavenex/Frank Schimmelfennig, EU Democracy Promotion in the Neighbourhood: from Leverage to Governance?, *Democratization*, Bd. 18 (2012), H. 4, 885–909, und Raffaella A. Del Sarto/Tobias Schumacher, From Brussels with Love: Leverage, Benchmarking, and the Action Plans with Jordan and Tunesia in the EU's Democratization Policy, *Democratization* 18 (2011), 4, 932–955. Nach dem arabischen Frühling analysiert Tobias Schumacher New Neighbors, Old Formulas? The ENP One Year After the Start of the Arab Spring, in: A. Ghali et al. (Hrsg.), *The Arab Spring: One Year After. Transformation Dynamics, Prospects for Democratization and the Future of Arab-European Cooperation,* Gütersloh 2012, 87–105.

Zum V. Kapitel

Wie die soziale Frage sich supra- und transnationalisiert, behandeln Andreas Fischer-Lescano/Kolja Möller, *Der Kampf um globale soziale Rechte*, Berlin 2012. Zur ökonomischen Lage allgemein: Costa-Font 2012 und die Analyse der Europäischen Zentralbank von Michael Sturm, *The Impact of the Global Financial Turmoil and Recession on Mediterranean Countries' Economies*, Frankfurt am Main 2010; in Bezug auf den Energiesektor: Hakim Darbouche, Third Time Lucky? Euro-Mediterranean Energy Co-operation under the Union for the Mediterranean, *Mediterranean Politics,* Bd. 16 (2001), H. 1, 193–211, und allgemein: Diana Hunt, The UfM and Development Prospects in the Mediterranean: Making a Real Difference? Ebd., 171–192. Zu den Potenzialen von Desertec die Selbstdarstellung *2050 Desert Power*, München 2012, ferner Johan Lilliestam/Saskia Ellenbeck, Energy Security and Renewable Electricity Trade – Will Desertec make Europe Vulnerable to the »Energy Weapon«?, *Energy Policy* 29 (2011), 3380–3391, und Markus Haller et al., Decarbonization Scenarios for the EU and MENA Power System, *Energy Policy* 47 (2012), 282–290, weitere Analysen von Thomas Hairer et al., *The expansion of Desertec*, Ms.,

Linköping 2010, sowie Oliver Gnad/Marcel Vietor, Mehr als Wüstenstrom. Desertec als Pilotprojekt einer integrierten Energiepolitik, *Internationale Politik*, Juli–August 2011, 35–41. Nur begrenzte Möglichkeiten für Nordafrika sieht Sören Scholvon, Desertec: Wirtschaftliche Dynamik und politische Stabilität durch Solarkraft?, *GIGA Focus* 11, Hamburg 2009, zur Entkolonisierung von Desertec äußert sich aus geopolitischer Sicht Rudolf Maresch, Europas Zukunft liegt im Süden, *Telepolis*, http://www.heise.de/tp/artikel/29/29492/1.html (31. Januar 2009), unter Hinweis auf Dirk van Laak, *Weiße Elefanten. Anspruch und Scheitern technischer Großprojekte im 20. Jahrhundert*, Stuttgart 1999, und ders., *Imperiale Infrastruktur. Deutsche Planungen für eine Erschließung Afrikas 1880 bis 1960*, Paderborn 2004, vgl. auch dessen ZEIT-Interview vom 3. August 2009. Aus anderer Sicht kritisch urteilt Franz Garnreiter, Desertec. Der Anschlag der Konzerne auf die Solarenergie, www.oeko-sozialismus.net/Desertec-fg-200908.pdf. Eine Einordnung in die europäische Energiepolitik erlauben Oliver Geden/Severin Fischer, *Die Energie- und Klimapolitik. Bestandsaufnahme und Perspektiven.* Baden-Baden 2008, und Pollak/Schubert/Slominski, *Die Energiepolitik der EU*, Wien 2010, sowie die laufenden Analysen des Centrums für Europäische Politik, Freiburg, zur Energieinfrastruktur und zu den erneuerbaren Energien nach 2020. Den bestehenden Energiemix und die Potenziale erneuerbarer Energien in der Mittelmeerregion beleuchten die Daten der Internationalen Energieagentur (IEA); der derzeitige Anteil liegt in allen Mittelmeerstaaten zwischen fünf und zehn Prozent an der Primärenergieversorgung. Zur griechischen Energiepolitik siehe den *IEA Report Oil & Gas Security*,

2010, ferner die *Greek Energy Roadmap to 2020*, www.energia.gr, und E. Litina, *Greening Greece? An Analysis of the Prerequisites for a Sustainable Energy Sector*, Master Thesis Utrecht 2012, sowie der Schriftsteller Yianis Makridakis, *Frankfurter Allgemeine Zeitung*, 30. August 2012.

Genaueres zum Klimawandel bei Christophe Lejeusne et al., Climate Change Effects on a Miniature Ocean: the Highly Diverse, Highly Impacted Mediterranean Sea, *Trends in Ecology and Evolution*, 2009. F. Giorgi / P. Lionello, Climate Change Projections for the Mediterranean Region, *Global and Planetary Change* 63 (2008), 90–104, und N. S. Diffenbaugh et al., Heat Stress Intensification in the Mediterranean Climate Change Hotspot, *Geophysical Research Letters*, Vol. 34 (2007).

Den »Mythos Meer« entfalten populärwissenschaftlich Monika Rößiger / Claus-Peter Lieckfeld, *Mythos Meer. Geschichten – Legenden – Tatsachen*, München 2004, zur Anwältin der Meere hat sich gemacht Elisabeth Mann Borgese, *Das Drama der Meere*, Frankfurt am Main 1975, und dies., *Die Zukunft der Weltmeere. Ein Bericht für den Club of Rome*, Wien 1985, dazu der Katalog der Ausstellung im Lübecker Buddenbrook-Haus von Holger Pils / Karolina Kühn (Hrsg.), *Elisabeth Mann Borgese und das Drama der Meere*, Lübeck 2012; zu empfehlen ist auch die seit 1997 in Hamburg erscheinende *mare. Die Zeitschrift der Meere*. Sehr anregend ist der Band von Hannah Baader / Gerhard Wolf (Hrsg.), *Das Meer, der Tausch und die Grenzen der Repräsentation*, Zürich 2010. Die ökologische Degradation des Mittelmeeres beschreibt jetzt der alarmierende *Wired*-Bericht, www.wired.com/wiredscience/2009/12/mediterranean-degradation/, dort weitere Hinweise. Das Seerechtsübereinkommen

(SRÜ) der Vereinten Nationen findet man zum Beispiel unter http://www.admin.ch/ch/d/sr/c0_747_305_15.html, vgl. auch den Kommentar *Das Internationale Seerecht – ein potentes Regelwerk* unter worldoceanreview.com/wp-content/downloads/WOR_Kapitel_10.pdf. Die Umfrage Baltic 2012 ist hier zu finden: www.mtt.fi/dp/DP2012_1.pdf.

Zum Reisen historisch H. Prescott, *Jerusalem Journey. Pilgrimage to the Holy Land in the Fifteenth Century,* London 1954, Natalie Zemon Davis, *Trickster Travels. A Sixteenth-century Muslim between Worlds*, New York 2006, J. Black, *The British Abroad. The Grand Tour in the Eighteenth Century*, Stroud 1992, I. Littlewood, *Sultry Climates. Travel and Sex since the Grand Tour*, London 2001. Zum Massentourismus mit aufschlussreichen Fallstudien zum Club Méditerranée, den balearischen Inseln, Rimini und zum Package- und Jugend-Tourismus: L. Segreto et al. (Hrsg.), *Europe at the Seaside. The Economic History of Mass Tourism in the Mediterranean*, London 2009, und Y. Apostolopoulos et al. (Hrsg.), *Mediterranean Tourism*, London 2001, sowie P. Obrador Pons et al. (Hrsg.), *Cultures of Mass Tourism. Doing the Mediterranean in the Age of Banal Mobilities*, Aldershot 2009, mit einer anregenden Abhandlung zum Swimmingpool in Küstenhotels. Zu Antalya: Ahmet Aktaş, Tourists Satisfaction and Behavioral Intentions on Destination Attributes: an Empirical Study in Alanya, *Tourism analysis,* Bd. 15 (2010), 2, 243–252; zu den Mittelmeerinseln: Acolla Lewis-Cameron, *Marketing Island Destinations. Concepts and Cases,* Amsterdam 2010. Zum sanften Reisen, auch für die Massen, etwa Torsten Kirstges, *Sanfter Tourismus. Chancen und Probleme der Realisierung eines ökologieorientierten und so-*

zialverträglichen Tourismus durch deutsche Reiseveranstalter, München/Wien 2003, Martin Schmied, *Traumziel Nachhaltigkeit. Innovative Vermarktungskonzepte nachhaltiger Tourismusangebote für den Massenmarkt*, Heidelberg 2009, und Helmut Schneider (Hrsg.), *Nachhaltigkeit als regulative Idee in der geographischen Stadt- und Tourismusforschung*, Hamburg 2006. Mögliche Folgen des Klimawandels erörtern Michelle Rutty, Will the Mediterranean Become »too hot« for Tourism? A Reassessment, *Tourism and Hospitality Planning & Development,* Bd. 7 (2010), 3, 267–281, und Alvaro Moreno, Mediterranean Tourism and Climate (change). A Survey-Based Study, ebd., 253–265.

Zum Fairen Handel, der eine Produzenten- und eine Konsumentenseite hat, vgl. Michael von Hauff/Katja Claus, *Fair Trade – Ein Konzept nachhaltigen Handels,* München 2012, und Markus Raschke, *Fairer Handel. Engagement für eine gerechte Weltwirtschaft,* Ostfildern 2009, und kritischer das Themenheft *Peripherie*, Bd. 128, *Fair Trade – Eine bessere Welt ist käuflich*, Münster 2012. Das O-Saft-Beispiel bei Fair Trade Deutschland, *Statement Fairer Handel am Beispiel Orangensaft*, Köln, August 2011, dazu Pierre Lazlo, *Citrus: A History*, Chicago 2008.

Zum VI. Kapitel

Die Ereignisse des Juni 2012 habe ich aus der Tagesberichterstattung rekonstruiert, darunter Christian Geyer, Anatomie einer Hintergehung, in: *Frankfurter Allgemeine Zeitung,* 21. Juni 2012, Winfried Hassemer, Dalli, dalli, das Haus brennt!, ebd.,

28. Juni 2012, und Andreas Zielcke, Eine neue Kontur Europas, *Süddeutsche Zeitung,* 21. Juli 2012. Zur Europäischen Verfassungsdebatte hat die relevanten älteren Texte Wilfried Loth gesammelt: *Entwürfe einer europäischen Verfassung. Eine historische Bilanz*, Bonn 2002, auch Schmale 2008: 131 ff. Ein offenbar mit dem SPD-Vorstand entwickelter Meinungsartikel von Peter Bofinger, Jürgen Habermas und Julian Nida-Rümelin, Einspruch gegen die Fassadendemokratie, *Frankfurter Allgemeine Zeitung,* 4. August 2012, geht nicht weit genug, dazu Micha Brumlik, Föderalisten mit halbem Herzen, *die tageszeitung,* 13. August 2012; sehr zustimmen kann ich hingegen Ulrich Wilhelm, Gebt Souveränität ab!, *Frankfurter Allgemeine Zeitung,* 7. Juli 2012, und Mattias Kumm, Ein Signal für Europa, *Frankfurter Allgemeine Zeitung,* 9. August 2012, 6. Bemerkenswerte Analogien ziehen Ivan Krastev, The European Dis-Union. Lessons from the Soviet Collapse, *IWMpost* 109, Wien, April 2012, 8 f., und Colin Crouch, Der europäische Netzwerkeffekt, *Frankfurter Allgemeine Zeitung,* 14. August 2008.

Zum Ausblick

Die Anregung zu diesem Kapitel gaben die Neulektüre des soziologischen Klassikers von Marcel Mauss, *Die Gabe. Die Form und Funktion des Austauschs in archaischen Gesellschaften,* Frankfurt am Main 1968 (dazu Stefan Moebius, Art. Mauss, in: C. Leggewie et al., *Schlüsselwerke der Kulturwissenschaften*, Bielefeld 2012, und Harry Liebersohn, *The Return of the Gift: Euro-*

pean History of a Global Idea, Cambridge 2011), und die Lektüre der Schrift von Peter Sloterdijk, *Zorn und Zeit. Politisch-psychologischer Versuch*, Frankfurt am Main 2008 (Zitat: 51 ff.). Wichtig war wie schon oft auch Hannah Arendt, *Vita Activa oder Vom tätigen Leben*, München 1967, deren Kategorie der Vergebung auch bei Elizabeth Young-Bruehl in dem Band von Aleksandra Wagner/Carin Kuoni (Hrsg.), *Considering Forgiveness,* New York 2009, eine Rolle spielt. Einschlägig sind ferner Georges Bataille, *Die Aufhebung der Ökonomie*, hrsg. von Gerd Bergfleth, München 1985, praktische Konsequenzen ziehen David Boyle, *Money Matters: Putting the Eco into Economics – Global Crisis, Local Solutions*, London 2009, und Sibylle Peters, *Geld machen*, Ms., Essen 2012. Das anthropologische Fundament liefert David Graeber, *Schulden: Die ersten 5000 Jahre,* Stuttgart 2012, eine Kulturgeschichte des Geldes Christina von Braun, *Der Preis des Geldes*, Berlin 2012, und aus anderer Sicht Robert und Edward Skidelsky, *How Much Is Enough? Money and the Good Life,* New York 2012, und Michael Sandel, *What Money Can't Buy. The Moral Limits of Markets*, New York 2012. Zur Freisetzung von »Gier« Sighard Neckel, Refeudalisierung der Ökonomie. Zum Strukturwandel kapitalistischer Wirtschaft, in: *WestEnd. Neue Zeitschrift für Sozialforschung*, 8. Jg. (2011), Heft 1, 117–128, und ders., Der Gefühlskapitalismus der Banken: Vom Ende der Gier als »ruhiger Leidenschaft«, *Leviathan*, 39. Jg. (2011), Nr. 1, 39–53. Bankenkritik aus konservativer Sicht bei Paul Kirchhof, Ohne Maß, *DIE ZEIT*, 15. September 2011. Selbst gewöhnlich nahestehende Presseorgane apostrophierten Anshu Jain, den neuen Vorstandschef der Deutschen Bank, aufgrund hochkrimineller Zinsmanipulationen in seinem Verantwortungsbereich den »Skandal-Banker«, so Christian Siedenbiedel in der *Frankfurter Allgemeinen Zeitung* vom 29. Juli 2012, dazu auch im *Economist am* 7. Juli 2012 über »The Rotten Heart of Finance«, und Alexander Hagelüken, Die Bank als Erpresser, *Süddeutsche Zeitung*, 5. Juli 2012. Birger Priddats 28 Fragen zur Finanzkrise, *brandeins* 1/2009, sind vom Mainstream der Wirtschafts- und Finanzwissenschaft weiter unbeantwortet geblieben. Die in diesem Ausblick skizzierten Gedanken stehen auch in Bezug zur »commonistischen Revolution«, die eine Ausarbeitung des Commons-Prinzips darstellt, dazu Silke Helfrich (Hrsg.), *Commons. Für eine neue Politik jenseits von Markt und Staat*, Bielefeld 2012, und Christoph Bieber/Claus Leggewie (Hrsg.), *Unter Piraten. Erkundungen einer neuen politischen Arena*, Bielefeld 2012.

Protest allein genügt nicht

Die Bürger sind wütend: Mangelhaftes Krisenmanagement bei Umweltkatastrophen und Bankencrash oder die selbstherrlichen Entscheidungen der Politik bei Großprojekten wie Stuttgart 21 sorgen für lautstarken Unmut. Die Menschen bezweifeln, dass die gewählten Volksvertreter ihr Handwerk wirklich so viel besser verstehen als jene, die sie gewählt haben.

Claus Leggewie analysiert die Beziehung zwischen der Zivilgesellschaft und den klassischen politischen Institutionen. Er zeigt, worin die Potenziale der »Wutbürger« für Politik und Demokratie bestehen, wie Bürger und Politiker zu neuer Verantwortung finden. Denn auch freiheitliche Gesellschaften stehen vor der Herausforderung, ihre Zukunftsblindheit zu überwinden und ernsthaft Verantwortung für Freiheit und Ökologie wahrzunehmen. Je demokratischer die Welt wird und je innovativer die bestehenden Demokratien agieren, desto eher werden globale Kooperationen möglich, die Antworten auf die drängenden Fragen finden und kommenden Generation im Süden wie im Norden eine faire Chance guten Lebens bieten.

»Leggewie bietet neue Ansätze und Lösungen für Wege in eine so wirkungsvolle wie nachhaltige Partizipation …«

www.3sat.de

Claus Leggewie
Mut statt Wut
Aufbruch in eine neue Demokratie

210 Seiten | Klappenbroschur | 13 x 20 cm
ISBN 978-3-89684-084-4 | Euro 14,– (D)

www.edition-koerber-stiftung.de